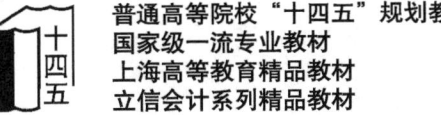

普通高等院校"十四五"规划教材
国家级一流专业教材
上海高等教育精品教材
立信会计系列精品教材

《会计学原理（第七版）》
学习指导书

KUAIJIXUE YUANLI DIQIBAN XUEXI ZHIDAOSHU

主　编　邵瑞庆
副主编　袁国红

立信会计出版社
LIXIN ACCOUNTING PUBLISHING HOUSE

图书在版编目(CIP)数据

《会计学原理(第七版)》学习指导书/邵瑞庆主编.--上海:立信会计出版社,2025.7.-- ISBN 978-7-5429-7968-1

Ⅰ.F230

中国国家版本馆 CIP 数据核字第 2025923R70 号

责任编辑	陈　旻	
美术编辑	吴博闻	

《会计学原理(第七版)》学习指导书

出版发行	立信会计出版社			
地　　址	上海市中山西路 2230 号	邮政编码	200235	
电　　话	(021)64411389	传　　真	(021)64411325	
网　　址	www.lixinaph.com	电子邮箱	lixinaph2019@126.com	
网上书店	http://lixin.jd.com		http://lxkjcbs.tmall.com	
经　　销	各地新华书店			

印　　刷	上海万卷印刷股份有限公司
开　　本	787 毫米×1092 毫米　　　1/16
印　　张	19
字　　数	416 千字
版　　次	2025 年 7 月第 1 版
印　　次	2025 年 7 月第 1 次
书　　号	ISBN 978-7-5429-7968-1/F
定　　价	45.00 元

前　言

本学习指导书是立信会计系列精品教材《会计学原理》(第七版)的配套学习指导书,编写的目的是给予学生有效的学习指导,促进学生巩固所学的知识与开阔专业视野。在内容结构上与《会计学原理》(第七版)相一致,分 10 章,按概要解析、背景资料、复习思考题与练习题和案例分析四部分进行编写。概要解析部分,着重对教材中的重要概念、方法和疑点难点问题作简要的解析,帮助学生对一些重要会计概念、方法与疑点难点问题的理解;背景资料部分,着重对会计学原理涵盖的会计基本理论、基本方法与基本规范的发展背景、变化趋势以及相关学术观点等进行介绍,拓展学生的专业视野;复习思考题与练习题部分,编入与教材同类型的题目,其中练习题包括单项选择题、多项选择题、判断题与业务题四种类型,并附有参考答案,促进学生加深理解和熟练掌握会计的基本理论、基本方法和基本规范;案例分析部分,编入了一些著名案例或者典型案例,培养学生的分析性思维与综合判断能力。本书最后附有五套模拟试卷及参考答案,学生可以通过模拟试卷测试自己对会计学原理课程的掌握程度。

本学习指导书第七版根据第六版使用中获得的信息反馈,由邵瑞庆教授进行全面的修改与完善。本学习指导书由邵瑞庆教授担任主编,袁国红副教授担任副主编;第一章、第二章、第十章以及所附模拟试卷由邵瑞庆编写,第三章由杨鲁博士编写,第四章由杨家亲副教授和邵瑞庆编写,第五章由刘睿洁讲师编写,第六章由付君副教授编写,第七章由周陈莲讲师编写,第八章由章立军副教授编写,第九章由邵瑞庆和袁国红编写。

在第七版的修订中,汇付天下有限公司 CFO 金源正高级会计师与李成智财务分析师提出了一些富有见地的建议,在这里致以衷心的感谢!

尽管本学习指导书已几经修订再版,但限于我们的水平,必定还存在着一些不足,恳请使用者批评指正,以便我们不断提高本书的质量。

邵瑞庆

2025 年 7 月

目　　录

第一章 总 论

一、概要解析

(一) 会计的含义

对于会计的理解,随着对会计工作、会计学科和会计信息作用认识的不断深化而有所变化。目前,对于会计基于不同的视角而形成不同的认识。从采用的方法来看,会计是一种经济活动的管理工具;从信息处理与提供过程来看,会计是一种处理与提供经济活动信息的技艺;从目标来看,会计是一个服务于会计信息使用者作出决策的信息系统;从工作来看,会计是一种经济管理活动。从这四种视角出发对会计的认识是一种互补的认识关系。通过这四种视角,才能全面地认识会计的含义。

会计不同于其他的经济管理活动或者其他经济管理学科,原因在于会计具有四个方面的显著特点:一是以货币为主要计量尺度;二是以会计凭证为基本依据;三是以一套完整的专门方法为手段;四是对经济活动的管理具有全面性、连续性和系统性。正因为这四个方面的特点,会计信息才为使用者所倚重。

观念反映着思想意识,会计的观念反映着会计的思想意识。只有具有了会计的用户观念、经济后果观念和规范观念,才能说真正了解了会计的本质。会计的用户观念是由会计的目标决定的,会计的目标是为会计信息的使用者提供进行决策所需的会计信息,会计提供的,特别是对外提供的会计信息应当能够满足所有使用者群体的共同需求,会计信息在一定程度上具有公共产品的特征。会计的经济后果观念是由会计所提供的信息影响信息使用者的决策决定的,会计信息会对会计信息使用者的决策产生直接影响,会计对提供的会计信息,特别是对外提供的会计信息也就负有法律责任,并受到道德约束。会计的规范观念是由会计信息的特征决定的,会计提供的,特别是对外提供的是一种能够满足所有使用者群体共同需求的会计信息,并且提供的会计信息具有经济后果,会计必须建立与遵循统一的、法定的或公认的规范来生成与提供会计信息。

(二) 会计的基本职能

职能是指人、事物或者机构所能发挥的作用与功能。尽管会计具有多方面的作用与功能,但核算与监督是会计的基本职能。

核算是会计的首要职能。会计通过核算,为信息使用者提供决策所需的会计信息。会计产生的最初动因,就是从数量方面计算和记录经济活动。随着经济社会的发展,生产过程日趋复杂,经济活动日益丰富,会计核算的内容不断拓展,但会计的核算职能依旧未变。

监督是会计伴随核算而出现的一项职能,即对经济活动和相关会计核算的真实性、合法性和合理性进行审查并实施控制。通常以国家的有关法律法规与财经纪律为依据,对于不符合法律法规与违反财经纪律的行为,加以制止或者予以纠正,保证经济活动和相关会计核算的真实性、合法性和合理性。

(三) 会计的目标

会计的最终目标是如何利用有限的经济资源获得最大的经济效益。从企业的角度看,会计的特定目标是向会计信息的使用者提供与一个企业的财务状况、经营成果和现金流量等有关的会计信息,反映管理层受托责任履行情况,有助于会计信息的使用者作出经济决策。

在现代公司制下,企业所有权和经营权相分离,企业管理层受托经营管理企业及其各项资产,负有受托责任。企业管理层所经营管理的各项资产是由投资者投入的资本或者向债权人借入的资金所形成的,企业管理层有责任保证这些资产的保值与增值。因此,会计提供的信息应当能够反映企业管理层受托责任的履行情况,以客观评价企业的经营管理业绩以及资源使用的效率。这种观点被称为会计目标的受托责任观。

会计的产生动因是为了向会计信息使用者提供有助于作出正确决策的信息。这种观点被称为会计目标的决策有用观。

关于会计特定目标的受托责任观与决策有用观并不是排斥的,而是兼容的。受托责任观是决策有用观的基础,反映管理层受托责任履行情况的目的仍在于决策,决策有用观包含了受托责任观。决策有用观与受托责任观的差异表现在两者的侧重点的不同上。

(四) 会计信息的使用者

会计信息存在着供需双方。会计信息提供者所提供的会计信息应该能够满足会计信息需求者的需求,会计信息的需求者也就是会计信息的使用者,即在社会经济活动中需要根据会计信息进行经济决策的组织和个人。

企业向外部使用者提供的会计信息受到法定的或公认的会计规范的约束,通常以资产负债表、利润表、现金流量表与所有者权益变动表等报表及其附注等基本形式与规定内容来满足外部使用者的共同需要,并保证所提供会计信息的中立性;而向内部使用者提供的会计信息可以不受法定的或公认的会计规范的约束,具有较多的个性。

(五) 企业会计与非营利组织会计

组织通常分为营利组织与非营利组织两大类。营利组织是以营利为目的的组织,即一般所说的企业;非营利组织是不以营利为目的的组织,包括政府机关、学校、医院、科研机构、社会团体、基金会和慈善机构等。

企业会计是以企业作为会计主体,以资产、负债、所有者权益、收入、费用和利润为会计要素,通过核算提供与一个企业的财务状况、经营成果与现金流量等有关的会计信息;非营利组织会计是以行政、事业单位以及民间非营利组织作为会计主体,以资产、负债、净资产、收入和费用为会计要素,通过核算提供与一个非营利组织的财务状况、运行情况和现金流量情况以及预算执行情况等有关的会计信息。

(六) 财务会计、管理会计与成本会计

企业经营权与所有权的分离,导致财务会计从传统会计中分离出来成为一个重要的会计分支。财务会计以会计信息的外部使用者为主要服务对象,遵循法定的或公认的会计准则,以复式簿记系统为信息生成基础,以通用的财务报表方式提供会计信息,侧重反映过去并对已经发生的经济活动进行会计确认、计量与报告。

市场竞争的加剧与企业内部管理的强化,导致管理会计从传统会计中分离出来成为另一个重要的会计分支。管理会计以会计信息的内部使用者为主要服务对象,不受公认或法定会计准则的约束,采用灵活多样的方式方法生成与提供多种形式的会计信息,侧重反映未来并对企业将要进行的经济活动作出预测、决策与规划。

追求经济效益必定重视经济活动中的耗费,即成本。成本会计同时包含着财务会计与管理会计的元素。成本会计有关生产费用的确认、成本计算对象的确定、生产费用明细账的设置与登记、产品成本的计算、成本信息的传递与披露等属于财务会计的重要内容;成本会计有关成本习性确定,成本分析,成本水平预测,最优成本方案制定,在经营决策时的成本决策、规划、控制与考核等属于管理会计的重要内容。

(七) 智能会计

智能会计是通过运用 RPA、人工智能、大数据、云计算等技术,实现自动化、智能化的会计处理和决策支持。智能会计的特点是使业务结构流程化、账务处理自动化、信息数据精准化、管理决策智能化,大幅提高会计工作的效率和质量。智能会计的核心技术包括 RPA、人工智能、大数据、云计算等。这些技术的应用,使得会计工作能够自动化处理海量数据,实现智能化决策支持,提高会计信息的准确性和时效性。智能会计的应用场景广泛,包括会计核算与控制的自动化、会计预测、会计决策、会计分析等的智能化,以及税务处理、审计监督、风险管理等方面。通过智能会计的应用,企业可以更加高效地完成会计工作,降低人力成本,提高会计信息的质量和价值。随着信息技术的不断发展和人工智能技术的广泛应用,智能会计将成为未来会计领域的重要发展方向。未来,智能会计将更加注重数据的安全性和隐私保护,同时还将不断拓展新的应用场景,提供更全面、更高效的会计信息服务。

（八）会计学专业的课程体系

大学会计学专业核心课程体系围绕会计学原理→中级财务会计学→高级财务会计学这一课程主线,配以成本会计学、管理会计学、税务会计学、财务管理学、审计学、会计信息系统、智能会计、公司战略与风险管理等课程构成。大学会计学专业课程体系的各门课程之间具有一定的层次结构关系,表明了会计专业高级人才所需的知识层次结构;各门课程之间具有严谨的推进关系,如"中级财务会计学"课程必须以"会计学原理"课程为基础,"高级财务会计学"课程则又必须以中级财务会计学课程为基础;各门课程之间具有一定的交叉关系,如中级财务会计学、成本会计学与管理会计学等课程都有关于成本核算问题的内容,虽然各门课程具有各自的侧重点,但存在着内容交叉。

二、背景资料

（一）会计产生的动因与发展

1. 会计产生的动因

社会生产是人类会计思想、会计行为产生的基本前提,经济管理的需要是会计产生的直接动因。

人类最基本的实践活动是生产活动。人类社会为了生存和发展,就要消费,就必须进行所需消费资料的生产。从整个社会再生产过程来看,其过程是由生产、分配、交换和消费四个要素组成的有机整体,这一过程既是人力、物力和财力的耗费过程,又是新的物质财富的创造过程。如果生产的产品只能用于人们的消费而没有剩余,社会就得不到发展;如果生产的产品在满足人们的生产消费和生活消费之后仍有剩余,社会再生产就能在扩大的规模上进行。剩余产品越多,社会发展就越快。为此,人们都力求用较少的耗费创造出较多的成果,也就是追求所得大于所费,不断增加剩余产品,提高经济效益。那么,用什么方法来计算和比较生产过程中的消耗和取得的成果及其经济效益,就成为人们十分关心的问题。当然,在不同的发展阶段所关心的程度不同。这种关心的结果就产生了对生产过程进行管理和控制的会计,关心的程度也随着社会生产的发展和科学技术的进步而不断加大,包括对会计的重视程度、会计技术方法的发展程度和会计理论的进步程度等。可以认为,会计是适应对生产过程中的耗费和成果进行确认、计量、记录、报告以及管理的客观需要而产生的。

2. 会计的发展

会计从产生的萌芽状态到发展至今已有五六千年的历史。在这漫长的发展过程中,随着社会经济与科学技术的发展,会计的技术水平在不断提高,会计的职能在不断拓展,对会计的认识在不断深化。这里以社会经济与科学技术发展引发的会计技术的重大变革与会计职能的重大拓展为依据,将会计的发展划分为五个阶段。

(1) 简单计量阶段。简单计量阶段是指由新石器时期进入铜器时期,属于会计的萌芽阶段。

在弓箭尚未发明之前的社会生产力水平极其低下的时代,人类还处于以野果、根茎为食时期,这时不需要也不存在计量。人类逐步学会制作弓箭、石器、陶器和青铜器,社会生产力有了较大发展,人类社会也由新石器时期(公元前 4000—公元前 3000 年)进入铜器时期,金属农具的使用引发了第一次生产力革命浪潮。剩余产品从无到有并逐步增加,以刻树、刻竹、刻骨和结绳记事为标志的原始计量活动开始产生。在原始社会末期,我国产生了"书契",用文字来刻记有关经济事项。

(2) 簿记阶段。人类进入奴隶社会后开始了由单式簿记向复式簿记发展的簿记时期。

我国西周奴隶社会,青铜器的广泛使用使畜牧业、农业、手工业和商业,都有了较大发展,与这种社会经济发展相适应,人们对计算和记录有了新的认识,"会计"一词就出现了,表示加总和核算的意思。会计实务上也有了简单的会计报告文件,当时的"日成""月要"和"岁会",分别相当于旬报、月报和年报。当时的账簿称为"籍"或"籍书",至三国、两晋时期,账簿称为"簿"或"簿书"。但从书写工具来看,由于尚未发明纸张,仍以竹简和木版为载体,这时的会计仍处于单式簿记的低级阶段。

在公元前 3 世纪的秦汉时期,我国以农业为中心的科学技术在世界上处于领先地位,随着第一次生产力革命高潮的到来,商品交换逐渐频繁,钱物的进出使人们在会计上开始以固定的一对行为动词"入、出"或"收、付"作为记账符号,向会计记录规范化迈出了重要的一步。到唐宋时期(7—12 世纪),四大发明的运用,使我国封建社会的经济迅猛发展。与此相适应,我国会计的发展也走在世界的前列,会计账簿和会计报表的设置已比较完善,在结算方法上创造了"四柱结算法"。四柱即"旧管""新收""开除"与"实在"四个要素,每届期末,按"旧管＋新收－开除＝实在"的等式进行试算平衡,以表示财产物资的增减变动和结余情况。明末清初,又出现了比四柱结算法更为完善的会计核算方法——"龙门账"和"四脚账",反映出已采用复式记账的思想。"龙门账"就是把全部账目划分为"进、缴、存、该"四大类,分别表示全部收入、全部支出、全部资产和全部负债,对应关系为"进－缴＝存－该"。这实际上是双轨计算盈亏(即从等式两边分别计算)和核对账目的方法,若计算结果是等式两边的值相等,称为"合龙门"。而后产生的"四脚账"也称"天地合",要求对日常发生的全部账项,包括现金收付、商品购销和内外往来等,都应用两笔账,即"来账"和"去账"同时反映,借以达到反映经济事项的来龙去脉。尽管我国会计已产生在当时世界领先的复式记账思想与方法,但从奴隶社会到封建社会的几千年中,会计基本上处于簿记阶段,会计的进步较为缓慢。

(3) 财务会计阶段。财务会计阶段是指从借贷复式记账的确立开始至 20 世纪 40 年代管理会计的形成这一时期。

13 世纪起,我国的四大发明以及欧洲的文艺复兴运动成为产业革命的先导。13—16 世纪,世界科技中心由东方转到以意大利为中心的欧洲。意大利的威尼斯、热亚那等城市成为商业贸易的集散地与经济最发达地区,资本借贷业务逐渐兴起,资本主义生产关系已经萌芽。传统的簿记方法已不能满足核算资本借贷这类经济业务的需要,已在民间流传 200 多年的借贷复式记账方法,终于在 1494 年由意大利数学家卢卡·帕乔利(Luca Pacioli)在所著的《算术、几何、比及比例概要》一书中总结问世,成为近代会计产生的标志,也被认为是会计发展史上的第一个里程碑。1581 年,威尼斯建立了世界上第一个会计学院,从此会计作为一门专门知识被传授。

第一次工业革命(18 世纪中后期至 19 世纪中期)时期,世界科技中心逐渐由意大利转到英国。随着 19 世纪中叶产业革命的完成,人类进入了机器大生产时代,与迅速发展的生产力相适应,出现了股份公司这种财产所有权与经营管理权相分离的新经济组织形式。为评价和证实会计报表的可信性,审计职业得以发展。1854 年英国苏格兰会计师协会的成立,被誉为会计发展史上的第二个里程碑。与此同时,会计实务和理论不断完善,账务处理程序日渐标准化和规范化。

20 世纪初期前后,西方发达国家随着电力技术革命的兴起,带动了交通运输业、农业、轻纺业以及钢铁、汽车等行业的发展,一些国家实现了工业化,市场经济的发展也进一步加剧了企业间的竞争,为了取得竞争优势,预算管理、标准成本等成了企业会计研究的新领域,对外提供的资产负债表和利润表也逐渐规范化。

(4)管理会计产生与发展阶段。管理会计就是在 20 世纪 30 年代在成本会计的基础上,运用现代管理科学理论而形成的。

第二次世界大战以后,科学技术的进一步发展,显示出科学管理对企业的兴亡具有举足轻重的作用。如何利用会计提供的信息为企业的管理服务,使之成为预测经济活动前景、进行经济决策、分析经营活动现状、考核经营成果的依据,成了会计研究的重要课题。管理会计的产生被誉为会计发展史上的第三个里程碑,从而结束了长期以来会计处于事后反映经济活动的被动局面,揭开了会计主动控制经济活动过程的序幕。尽管管理会计在理论与方法上尚未形成完整、稳定的体系,尚待完善,但其加强管理以控制经济活动的思想无疑使会计的职能得到拓展,作用得到了更大的发挥,与财务会计并列成为会计的两大分支之一。

(5)会计信息化阶段。会计信息化是伴随电子计算机的出现与信息技术的不断进步而形成的。

20 世纪 40 年代中期第一台电子计算机诞生后,人们就开始探求如何将它运用到会计工作中。至 50 年代初开始利用电子计算机计算职工的薪酬,实现了电子技术与会计的初步结合,进而模拟手工会计的程序在计算机上进行会计数据处理;至 60 年代后期,电子计算机已在会计中得到广泛运用,并逐步形成了"会计电算化";而后随着当代电子技术和信息技术全面应用到会计领域而成为"电算化会计",会计成为对数据进行收集、存储、加工、传递和维护,为各类用户输出相关的会计信息,以辅助进行管理和决策的电算化的会计信息系统。进入 21 世纪后,随着互联网技术的广泛应用,会计信息的收集、存储、加工、传递、维护、输出和应用进一步趋于标准化,会计信息的作用被发挥到了极致,由此而成为"会计信息化",即将会计信息作为管理信息资源,全面运用计算机、网络通信为主的信息技术对其进行获取、加工、传输和应用等处理,为企业经营管理、控制决策和经济运行提供充足、实时和全方位的信息。会计信息化是信息社会的产物,重整了传统会计模式,将提供业务处理高度自动化的、信息充分开放并高度共享的、实时报告的会计信息。显然,电子计算机的出现与会计信息化的产生,引发了已沿用数千年的传统手工会计模式的重大变革,成了会计发展史上的第四个里程碑。

在大(大数据)智(人工智能化)移(移动互联网)云(云计算)物(物联网)区(区块链)信息科技快速发展的背景下,会计的未来发展主要呈现出四个方面的趋势。一是会计标准的国际化。会计标准的国际统一是经济全球化与现代信息技术应用的内在要求,随着经济全球化与现代信息技术的发展,会计标准的国际统一是大势所趋、潮流所向。二是网络电算化。通过网络电算化,可以实现会计信息的实时反映、在线反馈以及资源共享,能够极大地满足信息使用者对会计信息的需求。三是高度智能化。会计核算与控制伴随业务的进行而进行,操作性的会计核算将被机器人代替,会计预测、会计决策、会计分析等信息可按管理需求即时获得,由此必然引发会计职业的重大变化。四是会计由核算型转型为价值创造型。在现代信息技术的助推下,会计必然地由事后核算与控制转型为实时核算与控制,并侧重管理决策,为企业创造价值。

(二) 影响中国会计从业人员/会计行业的十大信息技术

以"大智移云物区"为代表的新一代信息技术正改变着传统会计的流程、组织、职能和处理方法,甚至改变着会计的基础理论和战略思维。会计从业人员均在面临着信息技术的挑战,为了持续帮助中国会计从业人员和行业相关群体了解信息技术对会计的影响机理,熟悉常见的信息处理工具与平台,掌握会计信息系统建设的成功密码,知晓会计信息化发展的未来趋势,从 2017 年开始,上海国家会计学院领衔组织进行了"影响中国会计从业人员/会计行业的十大信息技术"的评选活动,并将这些对会计工作具有变革性影响的信息技术集合冠以 Acctech(会计科技)的称谓,所评选出的各年度十大信息技术排序,如表 1-1所示①。

---

① 信息来源于影响中国会计从业人员(会计行业)的十大信息技术评选报告(2017—2025)。

表 1-1   2017—2025 年影响会计行业的十大信息技术排序

排序	2025年	2024年	2023年	2022年	2021年	2020年	2019年	2018年	2017年
1	人工智能通用大模型	会计大数据分析与处理	数电发票	财务云	财务云	财务云	财务云	财务云	大数据
2	会计大数据分析与处理	数电票	会计大数据分析与处理	会计大数据分析与处理	电子发票	电子发票	电子发票	电子发票	电子发票
3	中台技术(数据中台、业务中台、财务中台)	流程自动化(RPA和IPA)	财务云	流程自动化（RPA和IPA）	会计大数据分析与处理	会计大数据	移动支付	移动支付	云计算
4	流程自动化(RPA和IPA)	财务云	流程自动化(RPA和IPA)	中台技术	电子会计档案	电子档案	数据挖掘	电子档案	数据挖掘
5	财务云	中台技术	电子会计档案	电子会计档案	RPA	RPA	数字签名	在线审计	移动支付
6	数电票	电子会计档案	中台技术	电子发票	新一代ERP	新一代ERP	电子档案	数据挖掘	机器学习
7	数据治理	数据治理	新一代ERP	在线审计与远程审计	移动支付	区块链技术	在线审计	数字签名	移动互联
8	商业智能(BI)	新一代ERP	数据治理技术	新一代ERP	数据中台	移动支付	区块链发票	财务专家系统	图像识别
9	数据挖掘	数据挖掘	商业智能(BI)	在线与远程办公	数据挖掘	数据挖掘	移动互联网	移动互联网	区块链
10	多模态数据分析	商业智能(BI)	数据挖掘	商业智能(BI)	智能流程自动化	在线审计	财务专家系统	身份认证	数据安全技术

从表 1-1 所示的 2017—2025 年影响会计行业的十大信息技术排序中可以看到数字技术与财务数字化融合的新动向表现为,财务数据挖掘对数据治理和大模型技术的需求、业财融合对数字化平台和新一代 ERP 的需求、财务人员成本过高对数字员工和 AI 智能的需求。

参与评选活动的专家同时评选出影响中国会计行业的五大潜在技术,2024 年分别是生成式人工智能 AIGC、数据资产及其管理的自动化与智能化、风险和安全管理、财务多模态垂直大模型、财务数字员工及其智能调度与管理;2025 年分别是生成式人工智能（AIGC）、财务多模态垂直大模型、智能体（AI Agent）、数字员工及其智能调度管理、业财税融合与数据编织。

以 DeepSeek 为代表的新一代 AIGC 大模型技术对数字中国的建设提供了强有力的支撑,在给社会经济发展带来了新的引擎的同时,也给会计改革发展带来了新的利器。技术的变革一方面推动会计朝着无纸化、自动化、智能化的方向发展,另一方面时代的演变也对会计提出了更高的要求,会计必须保持可拓展性才能与时俱进。

(三)"会计学原理"课程的教与学

会计学原理是大学会计学专业学生进行专业学习的先导课程,是将一名普通的大学生领入会计知识殿堂的入门课程或启蒙课程。会计学原理课程教与学的成效不仅对会计学专业学生掌握本课程的知识具有影响,而且对后续的会计学专业课程,乃至对会计专业知识的终身学习产生深远的影响。

大学会计学专业核心课程体系围绕会计学原理→中级财务会计学→高级财务会计学这一主线,配以其他的会计学分支课程构成。大学会计学专业课程体系具有鲜明的特点,各门课程之间具有一定的层次结构关系、严谨的推进关系与一定的交叉关系。这种关系在大学经济学门类与管理学门类的其他专业核心课程之间就不是那么明显与清晰。由于大学会计学专业核心课程之间的这种关系的存在,目前,在世界范围各大学会计学专业的核心课程是基本一致与相对稳定的。

会计学原理课程的教与学应该注意如下五个问题:

(1)会计作为一种专门的职业,有其显著的职业特征,从事会计职业的人员需要有一种从事会计职业所需的思维方式与职业操守,这种会计职业思维与职业操守是在会计学原理课程的学习时就应建立起来的。

(2)会计学原理课程作为学习会计学专业其他课程的先导课程,在内容的选取上需要进行审慎的考量,为学习其他会计专业课程奠定基础。

(3)会计作为管理经济的一种专门方法或手段,课程教学的方法有别于其他经济管理专业的课程。为取得良好的教与学成效,在会计学原理课程教学中就应体现会计学专业课程的特点,并能够形成对所有会计学专业课程都适用的教学方法。

(4)根据会计学专业课程之间所存在的关系以及会计学专业课程的教学特点,学生对会计专业知识的学习、思考、理解和应用等习惯在进行会计学原理课程学习时就应逐步形成。应该引导学生采用符合会计专业学习特点的方法,包括思考问题导向的课前预习、发现问题导向的精读教材、巩固知识技能导向的练习、培养综合思考能力导向的案例分析以及拓展视野导向的阅读相关文献。

(5)作为会计学专业学习的先导课程,会计学原理课程涉及较多的会计概念,开始学习时可能不适应,只能通过反复的学习思考,才能逐渐予以理解。会计学原理所阐述的一些技术方法较为特殊,只能在理解的基础上经过不断的练习才能掌握。为此,学生在学习会计学原理课程时应下一些功夫,只有领会与熟记各章所附的主要术语,完成各章所附的练习题与业务题,才能熟能生巧,真正掌握会计的基本理论、基本方法和基本规范。

通过会计学原理课程的教与学,学生应该掌握两部分的知识,为后续会计专业课程的学习奠定基础:一是会计学的基本理论和基本方法;二是会计的基本规范。具体包括以下四个方面的内容:

(1) 会计学的基本概念方面,包括会计的概念,会计的产生与发展的背景,会计的职能与目标,会计的学科分支与大学会计学专业的专业课程体系;会计的基本假设,会计基础,会计信息质量要求,会计的基本程序、方法与工作循环等。通过这部分内容的教学,学生应该明确会计是怎样一种活动,其产生与发展的动因是什么;对会计学科分支以及大学会计学专业的专业课程体系有一个总体上的认识;对会计目标→会计基本假设→会计基础→会计信息质量要求→会计程序→会计方法→会计工作循环这一会计理论结构建立起初步的概念。

(2) 会计簿记原理方面,包括会计对象、会计要素与会计等式,账户设置与复式记账方法,会计凭证的填制、审核与传递,会计账簿的设置、登记以及对账和结账,账务处理程序等。通过这部分内容的教学,学生应该具备账户设置与复式记账方法的知识,熟练掌握从会计凭证填制到会计账簿对账和结账的整个会计簿记技能。

(3) 财务报表方面,包括财务报表编制前的准备工作,资产负债表、利润表的编制原理,现金流量表与所有者权益变动表的内容结构,报表附注要求等。通过这部分内容的教学,使学生了解企业财务状况、经营成果与现金流量三类会计信息的生成机制,初步掌握资产负债表、利润表的编制方法与现金流量表、所有者权益变动表的内容结构。其中,关于财务报表编制前的准备工作,需要明确会计信息是可验证的,满足账实相符、账证相符与账账相符的基本要求;关于财务报表编制中,需要了解财务报表与会计账簿之间的勾稽关系。

(4) 会计基本规范方面,包括会计规范的作用与体系构成,会计法律规范,会计工作组织与管理规范,会计核算规范,内部控制规范以及会计职业道德规范。通过这部分内容的教与学,使学生了解会计作为一个人造系统,受到多维度的会计规范制约;使学生具备作为会计核算依据与会计行为依据的基本会计规范知识。按规范办事是每一位从事会计职业的人员必须树立的观念,因此,在会计学原理课程内容中必须包括会计基本规范的内容。其中,关于会计规范体系的构成,需要让学生了解不同的会计规范之间的相互关系;关于会计法律规范,需要让学生明确会计行为受到会计法律规范的强制约束;关于会计工作组织与管理规范,需要让学生了解会计机构与会计岗位设置、会计人员以及会计档案的管理规定;关于会计核算规范,需要让学生建立起会计核算的技术标准的概念;关于内部控制规范,需要让学生了解内部控制的理念与规避风险的基本方法及措施;关于会计职业道德规范,需要让学生从会计专业的入门课程开始就接受会计职业道德规范的熏陶,并逐渐形成良好的会计职业道德。

三、复习思考题与练习题

复习思考题

1. 全面理解会计应确立哪几种观念？为什么？

2. 我国现代会计伴随着环境的变化发生了哪些重大的变革？

3. 会计的职能在不断拓展，你认为会计除核算与监督这两项基本职能外，还有哪些职能？为什么？

4. 会计信息有哪些使用者？他们对会计信息存在何种需求？

5. 什么是企业会计？什么是非营利组织会计？它们之间的主要区别表现在哪些方面？

6. 什么是财务会计？什么是管理会计？什么是成本会计？它们之间存在着什么区别与联系？

7. 会计学原理、中级财务会计学与高级财务会计学各包含哪些内容？存在着何种联系？

8. 你所了解的影响会计从业人员/会计行业的信息技术主要有哪些？

9. 会计职业未来会发生什么变化？

练　习　题

一、单项选择题（在每小题的备选答案中，选出一个最合适的答案）

1. 从会计的目标视角来看，会计可以被认为是（　　）。

　　A. 一种经济活动的管理工具

　　B. 一种处理与提供经济活动信息的技艺

　　C. 一个服务于会计信息使用者作出决策的信息系统

　　D. 一种经济管理活动

2. 会计的主要特点之一是以（　　）为主要计量尺度。

　　A. 劳动量度　　　　　　　　　　　　B. 实物量度

　　C. 定额量度　　　　　　　　　　　　D. 货币量度

3. 会计的用户观念表明，对外提供的会计信息应能够满足（　　）。

　　A. 政府财税部门或其他部门的管理需求

　　B. 会计师事务所等中介机构的审计需求

　　C. 所有用户群体的共同需求

　　D. 企业或单位管理层的管理需求

4. 下列关于会计监督的论述中，正确的是（　　）。

　　A. 会计监督是在会计核算之前进行的　　B. 会计监督是在会计核算之后进行的

　　C. 会计核算与会计监督是分别进行的　　D. 会计核算也是会计监督的过程

5. 会计的受托责任观认为（　　）。

　　A. 会计所提供的会计信息应受资源所有者以及经营者的影响

　　B. 会计所提供的会计信息不应受法定或公认会计规范的约束

　　C. 会计的目标是反映资源受托者的受托责任及其履行情况

D. 会计的目标是向会计信息使用者提供有助于作出正确决策的信息

6. 根据经营的业务性质,企业可分为(　　)。

　A. 集团企业与个别企业

　B. 独资企业、合伙企业与公司制企业

　C. 制造企业、商品流通企业与服务企业等类别

　D. 国有企业与民营企业

7. 下列各项中,属于非营利组织会计的是(　　)。

　A. 社会团体、基金会和慈善机构会计　　　B. 小餐馆、维修铺、小卖店会计

　C. 公共交通公司会计　　　　　　　　　　D. 商业银行会计

8. 下列关于财务会计的论述中,正确的是(　　)。

　A. 主要服务于企业的内部会计信息使用者

　B. 不受公认或法定会计准则的约束

　C. 以通用的财务报表为主要方式来提供会计信息

　D. 根据管理与决策的需要来确定会计程序与报告形式

9. 下列关于管理会计的论述中,正确的是(　　)。

　A. 以会计信息的外部使用者为主要服务对象

　B. 采用灵活多样的方式方法生成与提供多种形式的会计信息

　C. 以通用的财务报表为主要方式来提供会计信息

　D. 以复式簿记系统为信息生成基础

10. 下列关于智能会计特点的论述中,不正确的是(　　)。

　A. 智能会计不影响业务结构流程　　　　B. 智能会计使会计账务处理自动化

　C. 智能会计使会计信息数据精准化　　　D. 智能会计使管理决策智能化

二、多项选择题(在每小题的备选答案中,选出所有合适的答案)

1. 下列各项中,属于会计主要特点的有(　　)。

　A. 对经济活动的管理具有全面性、连续性和系统性

　B. 以货币为主要计量尺度

　C. 以会计凭证为基本依据

　D. 向外部信息使用者提供决策所需的会计信息

　E. 以一套完整的专门技术方法为手段

2. 下列各项中,属于会计基本职能的有(　　)。

　A. 核算　　　　　　　　　　　　　　　　B. 预测

　C. 决策　　　　　　　　　　　　　　　　D. 监督

　E. 考核

3. 下列各项中,属于会计信息外部使用者的有(　　)。

　A. 政府的有关部门　　　　　　　　　　　B. 企业的有关部门

　C. 企业的现实投资者与潜在投资者　　　　D. 企业的原材料供应商和产品经销商

　E. 企业的债权人与债务人

4. 下列各项中,属于会计信息内部使用者的有( )。

    A. 企业的上级主管部门   B. 企业的有关部门

    C. 企业的管理层   D. 企业的工会组织

    E. 企业的员工

5. 按会计管理的内容划分,属于会计分支的有( )。

    A. 工业会计   B. 财务会计

    C. 成本会计   D. 管理会计

    E. 农业会计

6. 下列各项中,属于财务会计基本特征的有( )。

    A. 以统一的复式簿记系统为信息生成基础

    B. 主要反映未来并直接对企业将要进行的经济活动作出预测、决策与规划

    C. 侧重以会计信息的外部使用者为主要服务对象

    D. 以通用的财务报表为主要方式来提供会计信息

    E. 以法定的或公认的会计准则为依据来进行会计确认、计量与报告

7. 下列各项中,属于管理会计基本特征的有( )。

    A. 以统一的复式簿记系统为信息生成基础

    B. 侧重以会计信息的内部使用者为主要服务对象

    C. 采用灵活多样的方式方法生成与提供多种形式的会计信息

    D. 以通用的财务报表为主要方式来提供会计信息

    E. 主要反映未来并直接对企业将要进行的经济活动作出预测、决策与规划

8. 下列关于智能会计的论述中,正确的有( )。

    A. 智能会计能够实现自动化、智能化的会计处理和决策支持

    B. 智能会计的核心技术包括 RPA、人工智能、大数据、云计算等

    C. 智能会计能够大幅提高会计工作的效率和质量

    D. 智能会计的应用场景包括会计核算与控制的自动化,会计预测、会计决策、会计分析等的智能化等

    E. 智能会计尽管具有广泛的应用场景,但尚不能应用于税务处理、审计监督、风险管理等方面

9. 下列各项中,属于目前我国会计专业领域的有( )。

    A. 企业、行政事业单位的会计工作

    B. 会计师事务所的注册会计师审计工作

    C. 各级政府或者监管部门的会计管理工作

    D. 相关咨询机构的会计咨询工作

    E. 有关院校或研究机构的会计教学或研究工作

10. 下列各项中,属于会计未来发展趋势的有( )。

    A. 会计标准的国际化   B. 手工记账与电子计算机记账并存化

    C. 网络电算化   D. 高度智能化

    E. 会计由核算型转型为价值创造型

三、判断题(认为正确的在题目前面括号内打"√",认为错误的在题目前面括号内打"×")

1. ( )从采用的方法来看,会计是一种处理与提供经济活动信息的技艺。

2. ( )会计对经济活动的管理具有全面性、连续性和系统性。

3. ( )由企业提供的会计信息不属于公共产品。

4. ( )对于会计核算,各个国家都制定有法定的或公认的会计准则或会计制度,企业所提供的会计信息必然是公允的。

5. ( )企业对于对外提供的会计信息负有法律责任,并应当受到道德的约束。

6. ( )由意大利数学家卢卡·帕乔利(Luca Pacioli)所著,1494年问世的《算术、几何、比及比例概要》所论述的复式簿记方法及在全世界的广泛应用,成为会计发展史上的一个里程碑。

7. ( )会计信息生成的过程就是会计核算的过程,但不是会计监督的过程。

8. ( )会计目标的受托责任观是决策有用观的基础,决策有用观是受托责任观的发展。

9. ( )根据决策有用观的观点,会计的目标是向会计信息使用者提供有助于作出正确决策的信息。

10. ( )公司制企业的主要特点是具有法人资格和实行有限责任制度,具有较为合理的治理结构,并可聚集资本、扩大经营规模与分散风险。

11. ( )非营利组织会计是以未取得利润的企业为会计主体的会计。

12. ( )现代成本会计阐述生产经营过程中的成本控制以及事后的成本核算和分析问题。

13. ( )中级财务会计学与高级财务会计学是根据会计学原理,主要阐述企业的共性会计业务与特殊会计业务问题。

14. ( )随着"大智移云物区"为代表的信息技术全面融入社会生产生活,会计信息系统将不断向数字化、智能化升级转型。

15. ( )在现代信息技术的助推下,会计必然地由事后核算与监督转型为实时核算与监督,并侧重管理决策,为企业创造价值。

四、案例分析

会计规范的底线岂允挑战——安然神话的破灭

安然公司(Enron Corp.)成立于1985年,是由美国休斯敦天然气公司和北方内陆天然气公司合并而成,公司总部设在美国得克萨斯州的休斯敦,首任董事长兼首席执行官为肯尼斯·雷,他既是安然公司的主要创立者,也是创造安然神话并在后来导致危机的关键人物。安然公司在肯尼斯·雷的领导下,经历了四大步跨越,从名不见经传的一家普通天然气经销商,发展成为世界上最大的天然气采购商和出售商、世界最大的电力交易商、世界领先的能源批发做市商、世界最大的电子商务交易平台,一步一个高潮,步步走向辉煌。

从1985年到2000年短短的15年中,安然公司创造了一个接一个的神话,每一次行动都被媒体津津乐道,每一个战略都成为商学院MBA教学的经典案例。其发展犹如坐上了火箭,才十几年的时间,就与通用、埃克森、美孚、壳牌等百年老店平起平坐,成为一代商业巨擘。从1990年到2000年的10年间,安然公司的销售收入从59亿美元上升到了1008亿美元,净利润从2.02亿美元上升到9.79亿美元,其股票成为众多证券评级机构的推荐对象和众多投资者的追捧对象。2000 年 8 月,安然股票攀升至历史最高值,每股高达 90.56 美元。与此同时,评级媒体对安然公司也宠爱有加,2000 年,安然公司在美国《财富》杂志的"美国 500 强"中位列第 7 名,在"世界 500 强"中位列第 16 位,并在《财富》杂志的调查中连续 6 年荣获"最具创新精神的公司"称号。

安然公司的成功,即使是在美国这样敢于冒险、富有创新精神、奇迹频生的国家,也绝对称得上是个商业神话。它吸引了无数美慕的眼光,也寄托了众多投资者发财的希望。然而,这一切是如此的短暂,当安然公司发表 2001 年第三季度亏损的财务报告后,安然帝国的崩塌就开始了。2001 年 10 月 16 日,安然公司公布第三季度的财务状况,宣布公司亏损总计达到 6.18 亿美元,从安然公司走向毁灭的整个事件看,这次财务报告是整个事件的"导火索"。

2001 年 10 月 22 日,The Street.com 网站发表文章进一步披露出安然公司与另外两个关联企业 Marlin2 信托基金和 Osprey 信托基金的复杂交易,安然公司通过这两个基金举债 34 亿美元,但这些债务从未在安然公司季报和年报中披露。也就在这一天,美国证券交易委员会(United States Securities and Exchange Commission,缩写 SEC)盯上了安然公司,要求安然公司主动提交某些交易的细节内容,并于 10 月 31 日开始对安然公司进行正式调查,至此,安然事件终于爆发。

在政府监管部门、媒体和市场的强大压力下,2001 年 11 月 8 日,安然公司向 SEC 递交文件,承认做了假账:从 1997 年到 2001 年间共虚报利润 5.86 亿美元,并且未将巨额债务入账。

就在向 SEC 承认做假以后,安然公司又犯下了一次重大决策错误,同时遭受了一次收购失败的重大打击,最终导致崩塌。2001 年 11 月 8 日,安然公司在承认做假之际,预期美联储降息已近尾声,进一步降息的可能性不大,随着利率的逐步上升,美国国债价格将持续下降,于是安然公司放量卖出其持有的将在 2～3 年内到期的欧洲美元期货,欲通过杀跌国债,获取投机利润。同时,由于 2001 年以来国际能源价格下跌,安然公司还想利用欧洲美元期货合同交易与下跌的石油价格对冲,达到套期保值的目的。但出乎意料的是,从 11 月 12 日开始的两周内,美国国债收益率大幅增长,与此同时,原油的价格一再下跌,安然公司在国债和原油市场上遭受双重损失。就在同一时间,安然公司找到一家大的能源公司,希望通过兼并来摆脱困境。这家能源公司叫迪诺基公司,总部也设在美国休斯顿,2000 年《财富》世界 500 强排名中位于第 139 位,是安然公司的主要竞争对手。2001 年 11 月 9 日,安然公司与迪诺基公司达成协议,迪诺基公司以换股方式用 90 亿美元收购安然公司,并承担 130 亿美元的债务。正在双方讨价还价时,由于市场传言和媒体压力,安然公司股价大跌,2001 年 11 月 19 日,迪诺基公司以安然公司存在严重财务问题为由,向监管机构递交了停止收购的申请。迪诺基公司停止收购的决定给了安然公司最后一击,安然公司失去了最后的救命稻草。

就在安然公司奄奄一息之际,证券评级公司雪上加霜,大幅调低对安然公司的评级。2001 年 11 月 28 日,标准普尔公司将安然公司的评级由 BBB—调低至 B—,即垃圾股,并将安然公司从标准普尔成分股指数中剔除。与此同时,穆迪投资服务公司也宣布将安然公司的评级由 Baa3 调低至 B2。其他一些评级公司也纷纷调低了对安然公司的评级。在接二连三的不利消息中,2001 年 11 月 30 日,安然公司股价跌至 0.26 美元,市值由峰值时的 800 亿美元跌至 2 亿美元。2001 年 12 月 2 日,安然公司正式向破产法院申请破产保护,破产清单中所列资产价值高达 498 亿美元,成为当时美国历史上最大的破产企业。

2002 年 1 月 15 日,纽约证券交易所正式宣布,由于安然公司股票交易价格在过去 30 个交易日中持续低于 1 美元,决定根据有关规定,将安然公司股票从道·琼斯工业平均指数成分股中除名,并停止安然公司股票的相关交易,至此,安然公司这个曾经辉煌一时的能源巨人已完全崩塌。

安然公司的成功显然是个泡沫,这个泡沫导致安然公司的股价从 2000 年的每股 90 美元跌至不到 1 美元,安然公司最终于 2001 年 12 月 2 日申请破产保护,其破产案件成了美国历史上最大的破产案。

安然公司破产不仅使数百万持股人损失惨重,而且造成该公司大批员工投资在本公司股票上的退休金血本无归。

安然公司董事会特别委员会于 2002 年 2 月 2 日在纽约联邦破产法院公布一份长达 218 页的报告。报告显示,多年来,安然公司一直虚报巨额利润。一些高级经理不但隐瞒上一个财政年度(2000 年 9 月到 2001 年 9 月)安然公司高达 10 亿美元的亏损,并且出售了价值数百万美元的安然公司股票。报告还揭露,安然公司内部的高层经理们成立了许多复杂的机构,并和公司外部人员勾结,操纵安然公司的财务报表,从中赚取了数千万美元的本不该属于他们的黑心钱。

据报道,为安然公司提供审计业务的安达信既全面负责安然公司的咨询工作,又承担安然公司的审计工作,如 2001 年,安然公司向安达信支付的费用达 5 200 万美元,其中 2 500 万美元是审计费用,2 700 万美元是顾问费用。

分析与讨论:

(1) 会计信息具有经济后果,会计信息在安然事件中所起了哪些作用。

(2) 安达信因安然事件而倒闭,从制度设计方面如何看待安达信为安然公司提供服务而导致其倒闭的内在缺陷。

(3) 通过安然事件,论述确立会计观念的重要性。

第二章 会计核算基础

一、概要解析

(一) 会计基本假设

会计假设是进行会计核算的前提或先决条件。会计工作总是在变化发展着的社会经济环境中进行的。这种社会经济环境决定了会计核算中必然存在着许多不可确知的或变化不定的因素。为此,在进行会计核算之前,需要设定一些先决条件,即建立会计假设。会计假设是根据会计实务加以总结和归纳形成的,一经形成并明确后,就成了进行会计核算的一种惯例。我国企业会计准则建立了会计主体、持续经营、会计分期与货币计量四项会计基本假设。

会计主体假设所要明确的是会计核算的空间范围问题。在会计主体假设下,企业应当对其本身发生的交易或者事项进行会计确认、计量和报告。首先,明确了会计主体假设,才能划定会计所要处理的各项交易或者事项的范围。在会计工作中,只有那些影响企业本身经济利益的各项交易或者事项才能加以确认、计量和报告。会计中对于资产、负债的确认,收入的实现与费用的发生等,都是针对特定企业而言的。其次,明确了会计主体假设,才能将会计主体的交易或者事项与会计主体所有者的交易或者事项以及其他会计主体的交易或者事项区分开来。例如,企业所有者的经济交易或者事项是属于企业所有者主体所发生的,不应纳入企业会计核算的范围,但是企业所有者投入企业的资本或者企业向所有者分配的利润,则属于企业主体所发生的交易或者事项,应当纳入企业会计核算的范围。

持续经营假设所要明确的是会计主体的存续时间范围问题。在持续经营假设下,企业将按既定的用途去使用现有的经济资源,同时也将按已承诺的条件去清偿现有的债务,在此基础上选择会计原则和会计方法。例如,企业对于购置的固定资产,可以根据历史成本进行记账,并采用折旧的方法将历史成本分摊到各个会计期间或相关产品的成本中。

会计分期假设所要明确的是会计主体分期结算账目和编制财务报告的时间范围问题。在会计分期假设下,企业应当划分会计期间,分期结算账目和编制财务报告,以及时提供有关财务状况、经营成果和现金流量的会计信息。会计期间通常分为年度和中期,中期是指短于一个完整的会计年度的报告期间。由于会计分期,才产生了当期与前期、后期之间的差别,由此必须明确记账的基准,必须确定折旧、摊销等会计处理方法。需要注意的是,会计分期会对会计信息的质量产生影响,因为在一定的期间内,各项资产和权益的变动与现金的收入和支出并不相吻合,分期的财务报表中的数据有相当部分带有估计的性质,受到会计人员判断的影响。

货币计量假设所要明确的是会计核算的计量手段问题。在货币计量假设下,企业以货币作为计量手段,对于发生的经济活动进行会计确认、计量和报告。需要注意的是,货币计量隐含了两层意思,即币种的唯一性和币值的不变性。我国规定,会计核算以人民币为记账本位币,业务收支以人民币以外的货币为主的单位,可以选定其中一种作为记账本位币,但是编报的财务报表应当折算为人民币。货币计量假定币值稳定,因为只有在币值稳定或者相对稳定的情况下,不同时点上的资产的价值才具有可比性,不同期间的收入和费用才能进行比较,会计核算提供的会计信息才能真实反映企业的财务状况与经营成果。

(二) 会计基础

会计基础所要明确的是会计确认应采用什么基准的问题,有收付实现制和权责发生制两种可供选择的基准。

收付实现制也称现金制或现收现付制,是以本期内是否实际收到或者支付款项作为基准来确认本期的收入或者费用。凡本期收到款项的收入或者付出款项的费用,不论其是否应归属于本期,都应确认为本期的收入或费用;反之,凡本期未收到款项的收入或者未付出款项的费用,即使应归属于本期,也不应确认为本期的收入或者费用。例如,本期已按销售合同发出产品,但货款在本期尚未收到,就不作为本期收入入账,而作为本期的一项债权即应收账款入账;本期按销售合同已预收货款,但产品尚未发出,由于已收到款项而作为本期收入入账。又如,本期应付未付的租金,由于本期尚未支付款项,不作为本期费用入账;本期预付下期的租金,由于本期已经支付款项,作为本期费用入账。

权责发生制也称应计制或应收应付制,是以本期内是否取得收款权利或者承担付款责任为基准来确认本期的收入或者费用。凡应属本期已获得的收入或者应负担的费用,不论款项是否已经实际收到或者支付,都作为本期收入或者费用进行确认;反之,凡不归属本期的收入或者费用,即使款项已在本期实际收到或者付出,也不作为本期的收入或者费用进行确认。例如,上述举例中,本期已按销售合同发出产品,尽管货款在本期尚未收到,但由于本期已取得收取货款的权利,就应作为本期收入入账;本期按销售合同已预收货款,但产品尚未发出,当期不具有收取货款的权利,也就不能作为本期收入入账,而只能作为本期的一项负债即预收账款入账。又如,本期应付未付的租金,尽管本期尚未支付款项,但应作为本期费用入账;本期预付下期的租金,尽管已经支付款项,但应作为本期的一项债权即预付账款入账,不能作为本期费用入账。

权责发生制的核算相对复杂,需要运用递延、应计或者摊销等账务处理手段,并通过相应的会计账户加以归类反映,但能够揭示收入与费用之间的因果联系,正确进行收入与费用的配比,准确地反映出一定期间经营成果的真实情况。为此,通常规定采用权责发生制会计基础。

（三）会计信息质量要求

会计信息质量要求所要明确的是财务报表所提供的会计信息应当具备的一些质量特征,是会计信息生成系统为达到会计目标而对会计信息作出的应有约束。我国企业会计准则规定了可靠性、相关性、可理解性、可比性、实质重于形式、重要性、谨慎性和及时性八项会计信息质量要求,并对这八项会计信息质量要求的各自地位及其相互之间的关系进行了明确。在对企业发生的交易或者事项进行会计处理时,需要根据这些质量要求来把握会计处理原则。

（四）会计确认

会计确认所要明确的是会计主体对于发生的交易或者事项,如何依据确定的标准,辨认哪些信息能否输入、何时输入、以什么项目输入会计信息系统的问题。从对会计信息的处理过程来看,会计确认包括初始确认和再确认两个环节。在初始确认环节,对于发生的交易或者事项,明确其所涉及的会计要素的具体项目,编制记账凭证,然后登记相关会计账簿,对其所涉及的会计要素具体项目的变动以文字和货币的形式反映出来。初始确认要解决的是会计主体发生的交易或者事项应否被记录,应在何时、通过哪些会计要素具体项目、以多少金额在账簿中予以记录的问题。在再确认环节,对会计账簿的信息进行进一步的加工提炼,按规定列入财务报表。再确认要解决的是对会计主体发生的交易或者事项如何进行列报的问题,即通过初始确认产生的账簿中的信息应在何时、应以什么项目列入财务报表。

（五）会计计量

会计计量所要明确的是在会计确认定性的前提下,对会计计量对象进行量化的问题。会计计量对象可归纳为资产与收益两部分,会计计量的标准包括计量属性、计量单位与计量尺度三方面的要素,这三方面要素的变动就会引起计量的对象,即资产与收益的差异。通常在进行会计计量时,所采用的货币是确定的,这样会计计量标准的确定也就是会计计量属性与计量单位的确定,会计计量属性与计量单位可以有不同的选择,对于不同会计计量属性与计量单位的选择组合被称为会计计量模式。例如,以历史成本为计量属性、名义货币为计量单位的历史成本/名义货币会计计量模式,以历史成本为计量属性、一般购买力为计量单位的历史成本/一般购买力会计计量模式,以现行成本为计量属性、名义货币为计量单位的现行成本/名义货币会计计量模式,以现行成本为计量属性、一般购买力为计量单位的现行成本/一般购买力会计计量模式等。在不同的会计计量模式下所得到的会计信息是不同的。为此,需要根据具体经济环境条件和信息使用者的需要来确定会计计量模式。

我国企业会计准则明确了历史成本、重置成本、可变现净值、现值和公允价值五种会计计量属性,并对各种会计计量属性的使用进行了原则规定。

二、背景资料

(一) 权责发生制

权责发生制会计基础是以本期权利的取得和义务的发生为基准来确认本期的收入和费用。凡是本期已经实现的收入和已经发生的费用,不论款项是否收付,都应当作为本期的收入和费用进行确认;凡是不属于本期的收入和费用,即使款项已在本期收付,也不应作为本期的收入和费用进行确认。在会计分期假设下,款项的收付与表明权利的取得、义务的发生的业务是否发生在同一时期,可以归纳为三种情形:

(1) 款项先收付而业务后发生,如款项在上期收付但业务在本期发生。

(2) 款项收付与业务同时发生,如款项在本期收付,业务也在本期发生。

(3) 业务先发生而款项后收付,如业务在本期发生,款项在下期收付。

款项收付与业务发生的时间有如表 2-1 所示的三种情况。

表 2-1　　　　　　　　款项收付与业务发生的时间情况

情形	会计期间		
	上期	本期	下期
(1)	款项收付	业务发生	
(2)		款项收付、业务发生	
(3)		业务发生	款项收付

对于情形(2),权责发生制和收付实现制的核算结果是一致的。对于情形(1)与(3),权责发生制和收付实现制的核算结果是不一致的。这时就需要选择确认基础,如果选择款项收付为基础,就是收付实现制;选择业务发生为基础,就是权责发生制。在权责发生制下,假设把业务的发生定为本期,款项收付时间有上期与下期两种情形,即情形(1)与(3)。对于收入的核算,无需单独设置账户进行反映,以符合收入确认标准来确认收入,与收到款项的账户一样;对于费用的核算,就需单独设置账户进行核算。对于情形(1),是款项支付在前,业务发生在后,成为待摊费用,摊销期限为 1 年以上的即长期待摊费用,需要设置待摊费用性质的账户进行核算。对于情形(3),是业务发生在先,款项支付在后,成为预提费用,即需要设置预提费用性质的账户进行核算。

美国著名会计学家 A·C·利特尔顿(A·C· Littleton)认为,权责发生制是财务会计的核心组成内容,是会计走向成熟、科学的标志之一;国际财务报告准则(IFRS)将权责发生制与持续经营一起列为两个会计的基础假设;我国企业会计准则明确企业应当以权责发生制为基础进行会计确认、计量和报告。通常把货币计量作为会计的本质特征之一,在此基础上,按权责发生制进行会计确认,按历史成本进行会计计量和按复式簿记实行会计记录,被归纳为现代会计的三大基本支柱。尽管如此,权责发生制也有其不足之处,权责发生制下的待摊费用或长期待摊费用不会增值,因为它并不是一项真实存在的资产;预提费用可以赚得利息,因为它可以像资产一样现实地存在。权责发生制被认为存在着以下三个方面的缺陷:

(1)从盈利性来说,权责发生制对一些未收到的收入予以确认,造成销售成立,先行纳税,财政虚收,分配超前。

(2)从流动性来说,权责发生制将预付款项、应收账款和待摊费用列为流动资产,这些流动资产的流动性可能较差,甚至根本无法流动,使企业流动性资产的虚假成分加大。

(3)权责发生制反映出的资金运动是理论上的,与资金的实际运动不尽相同。

会计主体的持续经营与社会信用的完备是采用权责发生制会计基础的前提条件。在会计主体持续经营与社会信用完备的条件下,会计主体的所有权利和义务都能得到与预期一致的实现或偿付,即应收款项体现为收回等量现金的权利,应付款项代表着未来等量现金的流出。如果会计主体的持续经营存在着疑问,社会信用的状况不佳,那么应用权责发生制就存在很大的风险。虽然一些实证研究结果显示,权责发生制在企业盈利预测及企业发展前景分析方面相比收付实现制并不存在明显的不足,但是权责发生制的运用的确为企业的盈余管理提供了依据和机会。

(二)国内外的会计信息质量特征体系

会计信息质量特征是会计信息所要达到或者满足的质量要求标准,也是进行会计选择时所依据的质量要求标准。会计信息质量特征随着会计目标的确立而受到了越来越多的关注,但在会计信息质量特征的具体确定上却存在着差异。

1. 美国财务会计准则委员会提出的会计信息质量特征体系

美国会计学会(AAA)最早将会计信息质量与会计目标相联系,在 1966 年发布的《基本会计理论说明书》认为,会计信息必须有助于会计目标的确定、决策和为实现目标而对资源进行管理和控制,并提出了相关性、可验证性、超然性和可定量性四个会计信息质量特征。而后,美国会计原则委员会(APB,FASB 之前的会计准则制订机构,后被 FASB 取代)在 1970 年发布的第 4 号报告中认为,会计目标是一般目标,而信息质量则是质的目标。构成质的目标的内容包括相关性、易懂性、可验证性、中立性、及时性、可比性和完整性七项标准。美国财务会计准则委员会(FASB)在 1980 年发布的《论财务会计概念》第二辑中提出了如图 2-1 所示的一个完整的会计信息质量特征体系。

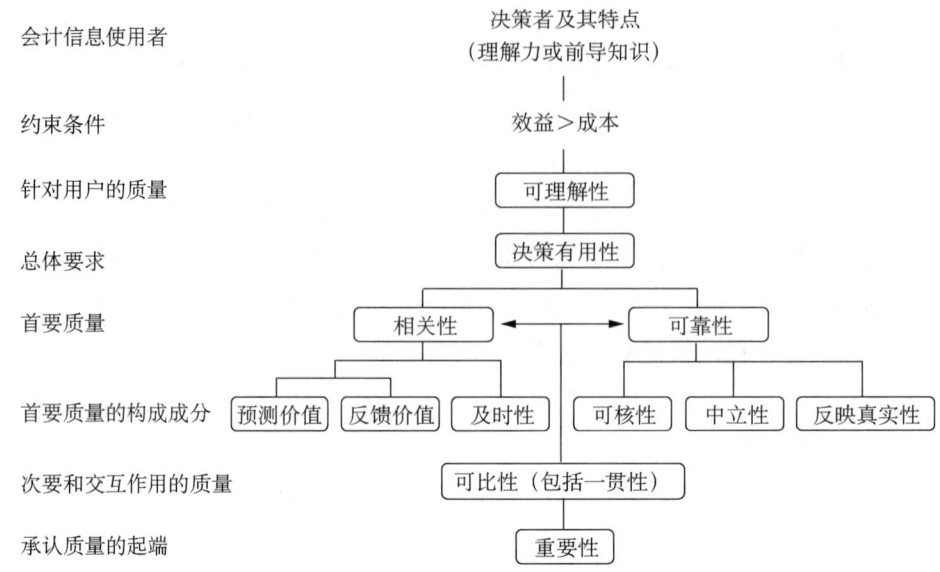

图 2-1　美国财务会计准则委员会的会计信息质量特征体系

从图 2-1 可以看出,美国财务会计准则委员会所提出的会计信息质量特征体系具有清晰的层次结构。认为效益>成本是会计信息质量的约束条件;可理解性是针对会计信息使用者的质量特征;相关性与可靠性是针对信息使用者决策的首要质量特征(其中,相关性包括预测价值、反馈价值和及时性,可靠性包括可核性、中立性和反映真实性);可比性是会计信息的次要质量特征;所有的会计信息质量特征都要以重要性作为承认质量的起端。

2. 国际会计准则委员会提出的会计信息质量特征体系

与美国一样,许多国家与组织对于会计信息质量问题十分关注,在其制定的财务会计概念结构中作为一项不可或缺的内容体现出来。国际会计准则理事会(IASB)于 2001 年所采纳的《编报财务报表的框架》对会计信息的质量特征作出了规定,所明确的会计信息质量特征体系,如图 2-2 所示。

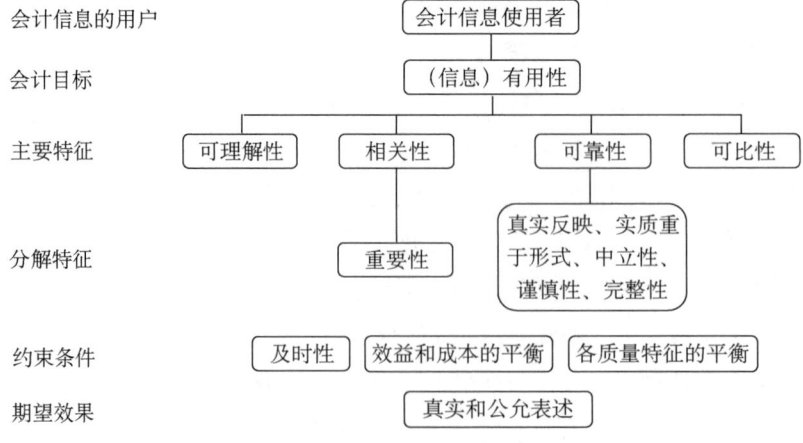

图 2-2　国际会计准则理事会的会计信息质量特征体系

　　图 2-2 反映出国际会计准则理事会所明确的会计信息质量特征与美国并不完全相同，它同时强调会计信息必须是可理解的、相关的、可靠的和可比的，并且指出相关性下包括了重要性，可靠性下包括了如实反映、实质重于形式、中立性、谨慎性和完整性。除四项主要质量外，国际会计准则理事会还明确了有关可靠和相关信息的约束条件：及时性、效益和成本之间的平衡、各质量特征之间的平衡，并且进一步明确财务报表提供的会计信息的期望效果是真实与公允表述。

　　3. 英国会计准则委员会提出的会计信息质量特征体系

　　英国会计准则委员会(ASB)在 1999 年颁布的《财务报告原则公告》中对会计信息质量也提出了要求，所提出的会计信息质量特征体系，如图 2-3 所示。

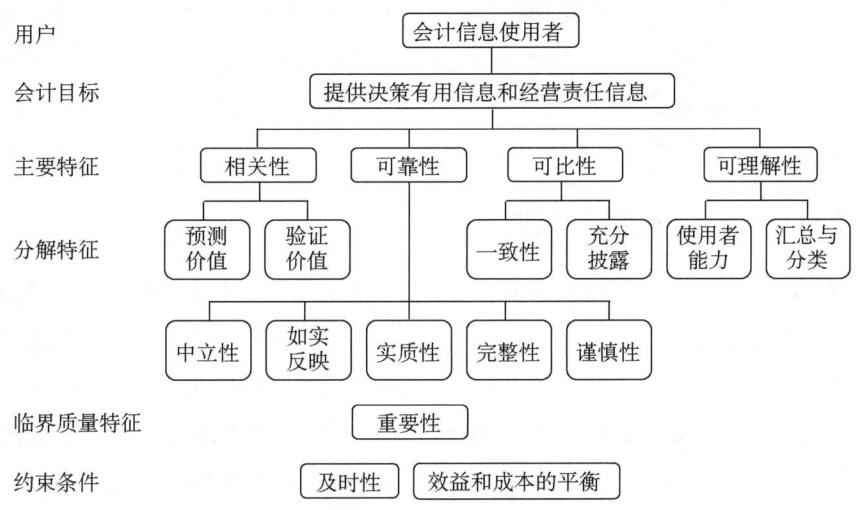

图 2-3　英国会计准则委员会的会计信息质量特征体系

　　从图 2-3 的框架来看，英国会计准则委员会提出的相关性、可靠性、可比性和可理解性等主要特征，与国际会计准则理事会完全相同，不同之处在于对主要特征的分解有所不同。英国会计准则委员会将相关性划分为预测价值和验证价值两个次级特征，将可靠性划分为中立性、如实反映、实质性、完整性和谨慎性五个次级特征，将可比性划分为一致性和充分披露两个次级特征，将可理解性划分为使用者能力、汇总与分类两个次级特征。此外，英国对于重要性的要求与美国一致。

　　4. 我国关于会计信息质量特征体系

　　可以认为，美国、英国以及国际会计准则理事会所提出或明确的会计信息质量特征尽管并不完全相同，但大同小异，都把相关性、可靠性、可理解性和可比性作为会计信息的主要质量特征，生成的会计信息一般要受成本效益原则的约束等。存在的差别仅仅表现在对主要质量特征的认识以及分解特征的理解不同而已。

　　我国以往的会计规范一直没有明确提出会计信息质量特征，1992 年我国颁布《企业会计准则》,提出了与会计信息质量特征类似概念的会计原则,包括客观性、可比性、一致性、及时性、明晰性、谨慎性、配比、权责发生制、历史成本、划分资本性支出和收益性支出、重要性十二项。2001年财政部颁布统一的《企业会计制度》,增加了实质重于形式的原则。从表述上看,这些原则都是针对我国企业会计核算提出来的一般要求,但在实质上也是对企业所提供的会计信息提出的一般要求。相比国外流行的会计信息质量特征,我国会计原则涵盖的内容十分全面,从数量上看,也不少于美国、英国以及国际会计准则理事会提出或明确的会计信息质量特征。但从形式上看缺乏层次,分不清哪些是主要的质量特征,哪些是次要的质量特征。2006年2月,我国发布了较为完整的《企业会计准则》,在基本准则中取消了会计原则的提法,明确提出了可靠性、相关性、可理解性、可比性、实质重于形式、重要性、谨慎性和及时性八项会计信息质量要求,其中,可靠性、相关性、可理解性和可比性是会计信息的首要质量要求,体现了企业财务报表所提供会计信息应当具备的基本质量特征;实质重于形式、重要性、谨慎性和及时性是会计信息的次级质量要求,是对可靠性、相关性、可理解性和可比性等首要质量要求的补充和完善。

(三) 不同会计计量属性的比较

会计计量是会计理论与会计实务中的核心问题之一,会计计量取决于计量属性、计量尺度与计量单位的选择,其中,会计计量属性的选择则是会计计量的关键,直接影响会计信息的质量。我国企业会计准则规定有历史成本、重置成本、可变现净值、现值和公允价值五种可供选择的会计计量属性。根据会计计量过程和依据,可以将这五种计量属性归为三类:第一类是基于成本的计量属性,即历史成本;第二类是基于现行市场价格的计量属性,包括重置成本、可变现净值和公允价值;第三类是基于现金流量的计量属性,即现值。

1. 基于成本的计量属性

历史成本又称实际成本或者原始成本,是指取得或者制造某项资产时所实际支付的现金或者现金等价物。历史成本是基于成本的会计计量属性,它反映的是取得一项资产而付出的成本,以及承担一项负债而收到的资产价值。在历史成本计量下,资产按照购置时支付的现金或者现金等价物的金额,或者按照购置资产时所付出的对价的公允价值计量;负债按照因承担现时义务而实际收到的款项或者资产的金额,或者承担现时义务的合同金额,或者按照日常活动中为偿还负债预期需要支付的现金或者现金等价物的金额计量。根据我国企业会计准则,存货、固定资产、无形资产等均采用历史成本进行初始计量。以历史成本计量的资产和负债,会随着时间的推移而采用不同的方法加以调整,调整的主要原因包括折旧或摊销、应计利息、溢折价摊销、资产减值以及出现亏损合同时负债账面价值的调增等。

基于成本的计量属性即历史成本具有如下几个基本特征:

(1) 从计量时点看,初始计量时点是交易发生日的成本价值。在后续计量中,则以过去发生的成本为基础,进行折旧、摊销、减值等后续调整。

(2)从是否实际发生看,计量的金额是实际发生的成本价值。只有在达到资产或者负债当前状况下,需要实际投入的必要成本才属于计量日的历史成本,资产或者负债后续的额外投入不再属于计量日的历史成本,而属于新的投入,可能产生新的资产或费用。

(3)从性质看,所反映的是获得一项资产或者承担一项负债所投入或者收到的实际成本,即买入价格。实际投入成本并不一定等于该项资产或者负债的公允价值。

(4)从计量成本看,以实际发生的交易价格为基础,除非相关对价涉及非货币性资产,通常不需对交易价格采用估值技术。因此,具有很强的可操作性,计量成本是最低的。

(5)从可靠性看,初始计量来源于现实,反映的是交易的实际投入成本,一般不需要人为估计或者职业判断,且有原始凭证为依据,其初始计量时所提供的信息可靠性是最高的。

(6)从相关性看,在后续计量中仍然以初始投入成本为基础进行调整,此类调整多为对初始成本的扣减,并未如实地反映相关资产或者负债在后续期间的价值变动。尤其是当物价大幅波动或者通货膨胀持续发生时,以历史成本计量的会计信息不能真实地反映当期的财务状况和经营成果,并且历史成本计量提供的会计信息基于过去某一特定时点,不考虑货币时间价值和现金流动等因素的影响。为此,历史成本计量所提供的会计信息与信息使用者决策的相关性是最低的。

2. 基于现行市场价格的计量属性

重置成本、可变现净值与公允价值是基于现行市场价格的会计计量属性。

重置成本又称现行成本,是指按照当前市场条件,重新取得同样一项资产所需支付的现金或者现金等价物。在重置成本计量下,资产按照现在购买相同或者相似资产所需支付的现金或者现金等价物的金额计量;负债按照现在偿付该项债务所需支付的现金或者现金等价物的金额计量。根据我国企业会计准则,盘盈存货、固定资产等采用重置成本进行计量。

可变现净值,是指在正常生产经营过程中,以资产预计售价减去进一步加工成本和预计销售费用以及相关税费后的净值。在可变现净值计量下,资产按照其正常对外销售所能收到现金或者现金等价物的金额扣减该资产至完工时估计将要发生的成本、估计的销售费用以及相关税费后的金额计量。根据我国企业会计准则,可变现净值主要用于存货减值测试,在对长期资产进行减值测试时,可变现净值也是需考虑的价值之一。

公允价值,是指市场参与者在计量日发生的有序交易中,出售一项资产所能收到或者转移一项负债所需支付的价格。在公允价值计量下,资产和负债按照市场参与者在计量日发生的有序交易中,出售一项资产所能收到或者转移一项负债所需支付的金额计量。根据我国企业会计准则,大部分的金融工具、非同一控制下企业合并取得的净资产等采用公允价值进行初始或者后续计量。

在重置成本、可变现净值与公允价值这三种基于现行市场价格的计量属性中,公允价值是最重要的计量属性,通过公允价值计量属性的特征可以领悟基于现行市场价格的计量属性的特征。公允价值计量属性具有如下几个基本特征:

(1) 从计量时点看,反映的是计量日的当前市场条件,计量时间点是现在。公允价值明确,是指市场参与者在计量日发生的有序交易中,出售一项资产所能收到或者转移一项负债所需支付的价格。

(2) 从是否实际发生看,并不是实际发生交易的价格,而是以一系列假设条件为基础的估计价格。公允价值估计的前提,是从市场参与者的视角考虑,市场参与者是满足若干条件的假设对象,而不是实际的交易双方。在对公允价值的各项要素进行估计的过程中,需要运用到不同层级的输入值,即假设条件,估值过程也包含了大量的假设。

(3) 从性质看,是对资产或者负债现行内在价值的估计,与历史成本相对应,反映了一项资产或者负债在当前状态下能够产生的现金流量。

(4) 从计量成本看,需要以一系列假设条件为基础与采用估值技术,计量成本是较高的。鉴于我国目前产权、生产要素市场并不成熟,部分会计要素可观察到的市场价格无法获得,要取得相同资产或者负债在活跃市场中未经调整的报价需付出不菲的成本;并且公允价值计量估值技术的运用导致要满足计量质量标准必须付出高昂的代价。

(5) 从可靠性看,是以一系列假设条件为基础,采用一定的估值技术确定的,因此可靠性是最差的。在缺乏活跃市场的情况下,公允价值计量需要依赖大量的主观判断,形成了较大的操纵空间,可靠性也就得不到保证。

(6) 从相关性看,反映的是计量日的当前市场条件的价值,具有最高的相关性。公允价值计量能提供面向现在、未来、市场和风险的及时信息,也就能够真实地反映当期的财务状况和经营成果,有助于会计信息使用者作出正确的决策。

3. 基于现金流量的计量属性

基于现金流量的计量属性,即现值,是指资产按照预计从其持续使用和使用寿命结束后的处置中所产生的未来净现金流量的折现金额计量。根据我国企业会计准则,现值计量属性主要用于金融资产减值、非金融资产减值、融资租赁应收款和以摊余成本计量的租赁负债,离职后福利、长期职工薪酬负债,递延所得税资产和负债等。

基于现金流量的计量属性即现值具有如下几个基本特征:

(1) 从计量时点看,以资产或者负债的整个存续期为计量期间,其视角既不是当前,也不是过去,而是未来。

(2) 从是否实际发生看,是对资产或者负债存续期所可能产生的现金流量的预期,并非实际发生的金额。

(3) 从性质看,所关注的是在资产或者负债存续期持续持有所产生的价值,即使用价值。与其相对应的是以公允价值为代表的以现行价格为基础的计量,主要关注的是将资产或者负债立即出售所能产生的价值。

（4）从计量成本看,通常是在成本或者现行市场价格不能提供充分相关的信息,所计量项目不存在成本或者收益以及现行市场价格难以取得或者获取代价过高情况下使用,计量成本应该高于历史成本,但低于基于现行价格的计量属性。

（5）从可靠性看,计量中涉及大量对资产或者负债未来状况的估计,可靠性相对较弱。

（6）从相关性看,反映了资产或者负债的未来现金流量,对于会计信息使用者预计未来经营业绩具有较高价值,所提供信息对决策的相关性是较高的。

五种可供选择的会计计量属性基本特征的比较,如表 2-2 所示。

表 2-2　　　　　　　　　　五种可供选择的会计计量属性基本特征的比较

计量属性	计量时点	是否实际发生	性质	计量成本	可靠性	相关性
历史成本	过去	实际	投入	低 ↓ 高	↑ 高 低	低 ↓ 高
重置成本	现在	假设	投入			
可变现净值	现在	假设	产出			
现值	未来	假设	产出			
公允价值	现在	假设	产出			

4. 公允价值与其他计量属性的区别与联系

公允价值因其所提供信息与决策的高度相关性而受到越来越多的应用。这里对于通过解析公允价值与其他计量属性之间的区别与联系,进一步认识公允价值的本质。

（1）公允价值与历史成本。历史成本是过去交易和事项发生时的实际成本,反映的是资产或者负债在初始计量时的成本,而不是资产或者负债在后续期间的市场价值。历史成本是真实交易的价格,与具体交易双方对信息掌握程度等因素相关。公允价值则是在完全理想状态下虚拟交易的价格,是从市场参与者的视角来考量的,与特定交易双方的意图无关。资产或者负债的历史成本可能高于公允价值,也可能低于公允价值。只有在交易双方获得充分信息并具有平等交易意愿时,实际交易的价格即历史成本才会等于公允价值。

（2）公允价值与重置成本。在重置成本计量下,资产按照现在购买相同或者相似资产所需支付的现金或者现金等价物的金额计量,而负债按照现在偿付该项债务所需的现金或者现金等价物的金额计量。因此,重置成本是根据当前市场价格确定的,可以认为是最接近于公允价值。但是,两者也存在本质区别。根据定义,重置成本是资产和负债的"买入价格",公允价值则是资产和负债的"脱手价格",而两者在某些情况下可能存在着差异;同时,公允价值从市场参与者的视角进行估计,对估计所适用的市场具有严格限制。为此,只有在满足公允价值要求的有限条件下,重置成本才可能等于公允价值。

（3）公允价值与可变现净值。在可变现净值计量下,资产按照其正常对外销售所能收到现金或者现金等价物的金额扣减该资产至完工时估计将要发生的成本、估计的销售费用以及相关税费后的金额计量,可变现净值同样也是反映资产基于现行市场价格的计量属性。但是,可变现净值与公允价值之间的差异在于可变现净值通常是基于特定交易中的预计价格,而不是从市场参与者的视角进行估计的价格。此外,可变现净值需要扣除销售费用,而公允价值不需要扣除销售费用。

（4）公允价值与现值。在估计公允价值时,也可能采用某项资产的预计未来现金流量现值作为其公允价值,两者在概念上可能有重合的部分。采用公允价值进行估计时,需要从市场参与者的视角进行估计,不考虑自身的情况。采用现值在对长期资产进行减值测试时,对资产未来现金净流量的估计,是基于估计自身的情况而不是市场参与者的假设,需要考虑管理层对某项资产的使用意图、经营策略、未来规划等因素。因此,公允价值估计中的未来现金流量现值,与通常情况下的现值计量属性,在有限的条件下才会相等。

由于历史成本具有客观可靠性、可验证性和可操作性等优点,历史成本也就成为世界各国一直普遍采用的会计计量属性。随着物价普遍上涨等经济环境的变化,采用历史成本计量的缺陷带来的影响越来越大。但采用重置成本、可变现净值、现值、公允价值对会计要素进行计量并不像采用历史成本进行计量那么客观,容易受人为因素的影响,为此要求在采用这些计量属性时,应当保证所确定的会计要素金额能够取得并可靠计量。

三、复习思考题与练习题

复习思考题

1. 为什么要建立会计假设?

2. 什么是会计主体假设? 会计主体与法律主体之间有何不同?

3. 什么是持续经营假设? 建立持续经营假设的意义何在? 建立会计分期假设的意义又何在?

4. 什么是货币计量假设? 会计采用货币计量存在着哪些局限?

5. 为什么企业会计核算采用权责发生制? 以权责发生制进行会计核算可能会带来哪些问题?

6. 我国企业会计准则规定的各项会计信息质量要求存在层次结构关系吗? 与美国财务会计准则委员会、国际会计准则理事会提出或明确的会计信息质量特征体系相比较,存在着哪些异同点?

7. 什么是会计确认? 会计确认所解决的是什么问题?

8. 各种会计计量属性具有什么基本特征? 会计采用历史成本计量存在哪些优点与缺点? 会计采用公允价值计量又存在哪些优点与缺点?

练 习 题

一、单项选择题(在每小题的备选答案中,选出一个最合适的答案)

1. 蓝天公司的投资者用蓝天公司分配给其的利润购买了一幢自用房子,蓝天公司将其作为公司购买房子这一时期的固定资产记账,该做法不符合（   ）这一会计基本假设。

    A. 及时性   B. 持续经营

    C. 会计主体   D. 权责发生制

2. 由于（   ）这一假设,固定资产的成本不必在购置时一次全部计入产品的生产成本,而可以采用折旧的方法在其使用期间分次计入产品的生产成本。
    A. 货币计量
    B. 持续经营
    C. 会计主体
    D. 会计分期

3. 由于（   ）假设,产生了企业的收入和费用归属于哪个会计期间的问题,对于受益期超过一个会计期间的资本性支出需要在受益的各个会计期间进行分配。
    A. 货币计量
    B. 持续经营
    C. 会计主体
    D. 会计分期

4. 会计以货币作为计量单位,附带了（   ）的假设。
    A. 货币本身价值稳定
    B. 企业持续经营
    C. 会计主体
    D. 企业分期核算

5. 下列各项有关货币计量假设阐述中,正确的是（   ）。
    A. 会计以货币作为唯一的计量制度
    B. 会计应以实物作为计量尺度
    C. 如果企业交易涉及多种货币,需要确定记账本位币
    D. 必须考虑货币价值的波动

6. 企业为合理划分并确定各期经营成果,应采用（   ）作为会计核算基础。
    A. 收付实现制
    B. 实质重于形式原则
    C. 权责发生制
    D. 谨慎性原则

7. 企业对于取得的资产按历史成本计量,体现了会计信息的（   ）质量要求。
    A. 重要性
    B. 可比性
    C. 可靠性
    D. 相关性

8. 企业对于一些资产按公允价值计量,体现了会计信息的（   ）质量要求。
    A. 重要性
    B. 可比性
    C. 客观性
    D. 相关性

9. 企业采用的会计处理方法不能随意变更,体现了会计信息的（   ）质量要求。
    A. 重要性
    B. 可比性
    C. 客观性
    D. 相关性

10. 如果企业所提供的会计信息使会计信息的使用者产生歧义,违背了会计信息的（   ）质量要求。
    A. 可理解性
    B. 相关性
    C. 及时性
    D. 可靠性

11. 企业对于已经售出的商品,为确保到期能够收回款项而暂时保留商品的法定所有权,在满足收入确认的其他条件时,企业确认售出商品的收入,体现了会计信息的（   ）质量要求。
    A. 相关性
    B. 可靠性
    C. 实质重于形式
    D. 可理解性

12. 企业在提供会计信息时,对不影响信息使用者决策的会计信息作适当的简化,符合会计信息的（   ）质量要求。

  A. 相关性   B. 重要性

  C. 谨慎性   D. 实质重于形式

13. 根据会计信息的(　　　)质量要求,企业应定期对于存在可能发生坏账迹象的应收账款计提坏账准备。

  A. 相关性   B. 重要性

  C. 谨慎性   D. 实质重于形式

14. 会计确认所要明确的是会计对发生的交易或事项可否作为会计要素进行核算的(　　　)问题。

  A. 定性   B. 定量

  C. 程序   D. 方法

15. 资产按照购置时支付的现金或者现金等价物的金额,或者按照购置资产时所付出的对价的公允价值计量的会计计量属性是(　　　)。

  A. 现值   B. 公允价值

  C. 历史成本   D. 重置成本

16. 资产按照现在购买相同或者相似资产所需支付的现金或者现金等价物的金额计量的会计计量属性是(　　　)。

  A. 现值   B. 公允价值

  C. 历史成本   D. 重置成本

17. 资产按照其正常对外销售所能收到现金或者现金等价物的金额扣减该资产至完工时估计将要发生的成本、估计的销售费用以及相关税费后的金额计量的会计计量属性是(　　　)。

  A. 现值   B. 公允价值

  C. 可变现净值   D. 重置成本

18. 资产按照预计从其持续使用和最终处置中所产生的未来净现金流入量的折现金额计量的会计计量属性是(　　　)。

  A. 现值   B. 公允价值

  C. 可变现净值   D. 重置成本

19. 资产和负债按照市场参与者在计量日发生的有序交易中,出售一项资产所能收到或者转移一项负债所需支付的金额计量的会计计量属性是(　　　)。

  A. 现值   B. 公允价值

  C. 可变现净值   D. 重置成本

20. 下列关于会计核算工作循环的阐述中,正确的是(　　　)。

  A. 会计核算工作循环不包括会计主体日常的会计核算工作内容

  B. 会计核算工作循环包括会计主体日常的会计核算工作内容

  C. 会计核算工作循环既包括会计主体日常的会计核算工作内容,又包括会计主体在会计期末的会计核算工作内容

  D. 会计核算工作循环包括会计主体在会计期末的会计核算工作内容

二、多项选择题(在每小题的备选答案中,选出所有合适的答案)

1. 下列各项中,属于会计核算基本假设的有(　　　)。

  A. 会计主体   B. 实质重于形式

   C. 持续经营   D. 会计分期

   E. 货币计量

2. 下列关于会计主体的阐述中,正确的有(   )。

   A. 会计主体应是法律主体

   B. 法律主体可以成为会计主体,但会计主体不一定能成为法律主体

   C. 会计主体应由一个法律主体构成

   D. 会计主体应由若干个法律主体构成

   E. 会计主体可以由一个法律主体构成,也可以由几个法律主体构成

3. 依据持续经营假设,下列各项中,正确的有(   )。

   A. 固定资产的成本应该一次全部计入产品的生产成本

   B. 固定资产的成本不必一次全部计入产品的生产成本,而可以采用折旧的方法在使用期间分次
      计入产品的生产成本

   C. 企业所承担的债务可以到期才予以清偿

   D. 企业所承担的债务应该在当期予以清偿

   E. 对于发生的跨期收入和支出,可以按照权责发生制基础确定归属期,以便正确计算各期的经营成果

4. 依据会计分期假设,下列各项中,正确的有(   )。

   A. 企业应正确确定收入和费用在各会计期间的归属问题

   B. 根据我国企业会计准则,企业应以收付实现制确定收入和费用的归属期

   C. 根据我国企业会计准则,企业应以权责发生制确定收入和费用的归属期

   D. 对于受益期超过一个会计期间的资本性支出需要在受益的各个会计期间进行分配

   E. 不同会计期间应采用一致的会计政策

5. 下列关于货币计量假设包含的基本含义的阐述中,正确的有(   )。

   A. 以货币作为唯一的计量尺度   B. 以货币作为主要的计量尺度

   C. 假设币值是稳定的   D. 需要考虑货币价值的波动

   E. 如果企业交易涉及多种货币,需要确定记账本位币

6. 采用权责发生制基础,为准确计算各期的收入、费用以及利润或亏损,下列各项中,属于在会计期
   末需要进行调整的有(   )。

   A. 预收的收入项目   B. 预付的费用项目

   C. 已收的收入项目或已付的费用项目   D. 应付的费用项目

   E. 应收的收入项目

7. 下列关于会计信息可比性的阐述中,正确的有(   )。

   A. 同一企业不同时期发生的相同或者相似的交易或者事项,应当采用一致的会计政策,不得随
      意变更

   B. 同一企业不同时期发生的相同或者相似的交易或者事项,应当采用一致的会计政策,任何情况
      下不得变更

   C. 不同企业同一会计期间发生的相同或者相似的交易或者事项,应当采用相同或相似的会计政策

   D. 由于企业之间的差异,不同企业对于同一会计期间发生的相同或者相似的交易或者事项,可

以采用不同的会计政策

E. 如果按照规定或者在会计政策变更后可以提供更可靠、更相关的会计信息的,可以变更会计政策,但应当在附注中予以说明有关会计政策变更的情况

8. 下列各项中,属于体现实质重于形式质量要求的有( )。

A. 对于存在可能减值迹象的无形资产计提减值准备

B. 采用加速折旧法对固定资产计提折旧

C. 将企业持有的期限短、流动性强、易于转换为已知金额现金、价值变动风险很小的投资视为现金等价物

D. 将以融资租赁方式租入的资产视为企业的资产

E. 确认金额能够可靠估计的很可能发生的未决诉讼损失

9. 下列各项中,属于体现谨慎性要求的有( )。

A. 对于存在可能发生坏账迹象的应收账款计提坏账准备

B. 对固定资产进行加速折旧

C. 成本与可变现净值孰低计价期末存货

D. 对固定资产按历史成本计价

E. 将已付费用进行跨期摊配

10. 在历史成本计量下,下列各项中,正确的有( )。

A. 资产按照购置时支付的现金或者现金等价物的金额计量

B. 负债按照因承担现时义务的合同金额计量

C. 负债按照因承担现时义务而实际收到的款项或者资产的金额计量

D. 资产按照购置资产时所付出的对价的公允价值计量

E. 负债按照日常活动中为偿还负债预期需要支付的现金或者现金等价物的金额计量

三、判断题(认为正确的在题目前面括号内打"√",认为错误的在题目前面括号内打"×")

1. ( )进行会计核算首先需要明确会计主体这一基本前提,一个企业只能有一个会计主体。

2. ( )当有足够的证据证明一个会计主体已无法履行其所承担的义务时,持续经营这一假设就不再成立。

3. ( )会计分期假设对于会计程序和方法的确定不会产生影响。

4. ( )会计核算中,企业只能用货币作为计量单位。

5. ( )销售产品一批价款 50 万元,企业在收到款项时再作收入确认。这种做法违背了权责发生制会计核算基础。

6. ( )销售产品一批价款 50 万元,企业在收到款项时再作收入确认。这种做法符合收付实现制会计核算基础。

7. ( )根据会计信息的可靠性质量要求,一切会计记录要有凭证来证明。

8. ( )根据会计信息的可理解性质量要求,企业所提供的会计信息应当清晰明了,易于理解,否则会影响会计信息的有用性。

9. ( )根据会计信息质量的可比性要求,企业的会计程序和会计方法一经确定,不得变更。

10. ( )企业应按照交易或者事项的法律形式进行会计确认、计量和报告。

11. (　　)重要性在很大程度上取决于会计人员的职业判断。针对同一事项,在某一企业具有重要性,在另一企业则不一定具有重要性。

12. (　　)如果会计信息的省略或者错报会影响投资者等财务报表使用者据此作出决策的,该信息就具有重要性。

13. (　　)遵循会计信息的谨慎性质量要求,应充分估计未来的风险和损失,不高估资产或者收益,不多计负债或者费用。

14. (　　)在历史成本计量下,资产可以按照购置资产时所付出的对价的公允价值计量。

15. (　　)只要是交易双方自愿进行资产交换或者债务清偿的金额计量的,属于公允价值计量。

四、业务题

目的:掌握收付实现制与权责发生制两种会计基础下的收入、费用确认及其盈亏核算。

资料:顺达公司20×1年6月发生以下经济业务:

(1) 通过银行支付上月发生的水电费50 000元。

(2) 通过银行收回上月销售产品客户所欠的货款100 000元。

(3) 销售产品计80 000元,已通过银行收回60 000元,余款尚未收回。

(4) 通过银行支付本月职工薪酬90 000元。

(5) 通过银行支付下一年度保险费20 000元。

(6) 上月购入不需安装即可使用的设备一台,价款48 000元,于本月通过银行支付。根据公司的固定资产折旧政策,本月应计该设备折旧费1 000元。

(7) 本月1日向银行借入期限为半年,年利率为5%的借款600 000元,利息按季度支付。款项在借入时划入公司的银行账户,月末计提本月利息费用。

(8) 销售产品计250 000元,款项尚未收到。

(9) 通过银行预收客户货款50 000元。

(10) 摊销上年年末支付应由本月负担的报刊费10 000元。

要求:分别按收付实现制与权责发生制会计基础确认顺达公司20×1年6月的收入、费用并核算盈亏,填列在表2-3中。

表 2-3　　　　　**按收付实现制与权责发生制进行收入、费用确认及盈亏核算**

单位:元

业务序号	收付实现制		权责发生制	
	收入	费用	收入	费用
(1)				
(2)				
(3)				
(4)				
(5)				
(6)				

（续表）

业务序号	收付实现制		权责发生制	
	收入	费用	收入	费用
（7）				
（8）				
（9）				
（10）				
合计				
盈亏核算				

四、案例分析

（一）盈利岂能随着扇贝时显时隐——奇葩的獐子岛财务舞弊案

　　獐子岛原本是一个距离大连 120 千米的不知名小岛，这里盛产海参、鲍鱼、虾夷扇贝等高端海鲜。2006 年 9 月 28 日，经过改制以后的獐子岛集团股份有限公司（公司简称：獐子岛，证券代码：002069）正式登陆 A 股中小板，在 2020 年 6 月 15 日因财务舞弊受到中国证监会的行政处罚。上市后獐子岛披露的有关年度的盈利及解释与外界评论，如表 2-4 所示。

表 2-4　　　　　　　　　獐子岛披露的有关年度的盈利及解释与外界评论

年度	盈利（亿元）	獐子岛解释与外界评价
2006	1.67	盈利呈现持续上升态势
2011	4.98	
2012	1.05	盈利呈现下降态势
2013	0.96	
2014	−11.90	獐子岛解释：洋流导致天气变冷，海水中的扇贝游走了
2015	−2.42	外界评论：财务报表"洗大澡"，将 2016 年的亏损尽可能地转移到这两年，从而为 2016 年最终的"扭亏为盈"奠定基础，避免被退市或者被"ST"
2016	0.79	獐子岛解释：采用新的会计政策，营业成本和采捞面积直接挂钩等减少营业成本与营业外支出 外界评论：让原来游走的扇贝又游回来了一些，并通过会计操作虚减营业成本与营业外支出，虚增税前利润 1.3 亿元，成功避免被"ST"
2017	−7.22	獐子岛解释：由于饵料短缺，海底扇贝"营养不良"，品质越来越差 外界评论：财务报表再次"洗大澡"，通过会计操作虚增营业成本与营业外支出，将 2018 年的亏损尽可能地转移到这一年，在 2018 年实现"扭亏为盈"
2018	0.32	外界评论：獐子岛又一次"咸鱼翻身"
2019	−3.99	獐子岛解释：长期处于饥饿状态的扇贝突然"暴毙"

背景资料:

(1) 根据我国相关上市规则,凡在中国境内上市的公司,如果持续 3 个会计年度发生亏损,将被要求强制退市;如果连续两个会计年度亏损,将被冠以"ST"(Special Treatment)公司即需要"特别对待的公司"头衔。

(2) 2018 年以后,证监会对獐子岛开始立案调查,并通过北斗定位数据最终揭露了"獐子岛"的财务造假真相,并于 2020 年 6 月 15 日发布行政处罚决定书。本案例的有关数据与结论以《中国证监会行政处罚决定书(獐子岛集团股份有限公司、吴厚刚等 16 名责任人员)》为准。

分析与讨论:

(1) 獐子岛通过让扇贝不断"离奇失踪死亡"以后"再次涅槃重生",实现了"从盈利的神坛跌下亏损的深渊,并从亏损的深渊触底反弹"这样一个"循环往复"的"宿命轮回"的动因是什么?

(2) 獐子岛盈利随着扇贝时显时隐的财务舞弊操作,是利用了会计假设、会计基础、会计信息质量要求留下的哪些空间进行的? 进行具体说明。

(3) 像獐子岛这样的财务舞弊操作手法绝非个例,你能举出更多的例子吗? 应如何治理?

(二) 采用不同会计准则带来的影响——奔驰汽车公司由盈变亏

在 20 世纪 90 年代初,赫赫有名的德国戴姆勒奔驰汽车公司欲到美国纽约证券交易所上市筹集资金。根据纽约证券交易所的规定,奔驰汽车公司必须将其按德国会计准则编制的财务报表按照美国会计准则作出调整,才能被美国的投资者所理解并据以作出投资的决策。调整的结果出乎人们的意料,这家按德国会计准则编制的财务报表显示的当年盈利 6 亿马克的公司,按美国会计准则作出调整后,竟然是巨亏 18 亿马克! 当然其上市计划付诸东流了。

分析与讨论:

(1) 为什么同一家公司按不同国家会计准则编制的财务报表会产生差异? 试分析奔驰汽车公司按德国会计准则核算当年盈利,而按美国会计准则核算当年巨亏的可能原因。

(2) 各国会计准则的不同会带来什么问题?

第三章 会计要素与会计等式

一、概要解析

(一) 会计对象

会计对象,是指会计所核算和监督的内容。通常将会计对象描述为能用货币表现的经济活动,即资金运动。资金运动主要由资金进入企业、资金在企业中的运用以及资金退出企业三个部分构成。资金进入企业,表现为企业通过吸收投资、银行借入、发行股票或债券来筹集资金,引起企业资金的增加。资金在企业中的运用,通常表现为企业用货币资金购置房屋建筑物、机器设备等固定资产以及专利权、非专利技术等无形资产,形成作为生产基础的长期资金,购买材料,形成储备资金;生产人员应用生产技术,借助于机器设备对材料进行加工,发生的耗费形成生产资金;产品完工后形成成品资金;销售产品,收回货款,得到新的货币资金,这个周转过程表现为"货币资金→长期资金/储备资金→生产资金→成品资金→新的货币资金"这样一个周而复始的资金循环。资金退出企业,表现为企业偿还银行借款、上缴税金和分派利润或股利等。

把会计的对象描述为资金运动,是一种抽象的描述。会计核算和监督的内容应该是具体的,这就要求必须把企业的资金运动进行一定层次的分类,使之具体化。对资金运动进行基本分类,形成会计要素;对会计要素进行进一步的具体分类,形成会计科目。

(二) 会计要素

会计要素是会计核算中的一个核心概念,会计要素的确定对于会计核算理论和实务具有重要的意义。会计要素是指按照经济交易或事项的特征对会计对象所作的基本分类。当交易或者事项发生以后,会计是按照"类别"进行记录和反映,其中最基本的分类形成会计要素。对于会计要素可以按报表项目、总分类科目、明细科目等更具体地进行分类。会计通过对会计对象的科学分类,提供决策所需的各类信息。

我国企业会计准则规定了资产、负债、所有者权益、收入、费用和利润六项会计要素。资产、负债和所有者权益三项会计要素描述了在某一特定会计时点企业资金运动的静态状况,提供了这一时点企业资金存在形态与资金来源的存量信息,构成了反映企业财务状况的资产负债表的基本框架,称为静态会计要素或者资产负债表会计要素。收入、费用和利润三项要素描述了在某一特定会计期间企业资金运动的动态状况,提供了这一时期企业资金运动形成的经营成果信息,构成了反映企业经营成果的利润表的基本框架,称为动态会计要素或者利润表会计要素。

(三) 资产

在会计上,资产表现为资金的存在形态。要理解资产这个要素,必须把握资产的三大特征。第一,资产的实质是能够产生经济利益,即单独或与其他资产结合在一起具有直接或者间接地创造未来现金净流入的能力。在确认资产时,就需考虑是否能真正产生经济利益以及产生经济利益的能力是否可以继续保持下去。如果不能产生经济利益或者这种产生经济利益的能力已经得不到保持,就不能确认为资产。第二,这种未来经济利益必须为特定主体所控制,即这种利益归属于特定主体而限制其他主体分享这种利益。控制可以包括直接持有,如企业的库存存货,也可以包括某种形式的控制权利,如在其他企业的投资。所有权不是资产的必备条件,只要能够采用一定的方式,如融资租赁方式来取得所包含的未来经济利益,就可以确认为资产。第三,这种经济利益必须是过去交易或者事项的结果,或者是导致企业能获得这项利益的交易或者事项已经发生。如果经济利益只能产生于未来而不是现时存在或者已经处于企业的控制之下,或者促使企业能控制或者获得这项未来利益的交易或者事项尚未发生,尚不能确认为资产。

符合资产定义的资源属于企业的资产,但并不是所有资产都记录在账簿和列入资产负债表中,一项资产要进入企业的会计核算系统,除了要符合资产的定义,还要同时满足资产确认的两个条件:一是与该资源有关的经济利益很可能流入企业;二是该资源的成本或者价值能够可靠地计量。

资产要素可以按流动性或者变现能力,分为流动资产和非流动资产,这也是资产负债表中对资产进行的分类。流动资产,是指预计在资产负债表日起 1 年内(含 1 年)或者一个正常营业周期中变现、出售或耗用的资产。流动资产可以在短期内变现,通过对其进行变现,可以用来偿还到期债务,所以流动资产数量越多,其短期偿债能力越强,财务风险越低。

(四) 负债

负债是债权人投入企业的资金,这部分资金应当在规定的期限内予以偿还,为此,负债表明企业承担的偿还义务,其结果是经济利益流出企业。与资产相对应,负债也具有三大特征。第一,负债是企业承担的现时义务,体现了企业现在对一个或者多个其他主体承担的责任,这种责任需要在未来确定的日期通过交付资产或者提供劳务来履行。现时义务,是指企业现在所承担的义务,包括法定义务和推定义务。法定义务,是指法律法规所规定的义务,如按时交税;推定义务,是指根据特定情况和惯例推断的义务,如一家企业定期发放年终奖金,即便不存在法律协议要求支付年终奖金,但根据惯例这项支付构成企业承担的现时义务。第二,负债是由过去的交易或者事项形成的,即导致企业承担义务的交易或者事项必须已经发生。一项义务将来是否履行以及履行的金额是否确定,不影响对于负债的判断。例如,企业售出一批产品并对产品提供售后担保,承诺在产品发生质量问题时由企业无偿提供修理服务。销售产品并提供售后担保是企业过去发生的交易,由此形成的未来修理服务构成一项不确定事项,修理服务的费用是否会发生以及发生金额是多少将取决于未来是否发生修理请求以及修理工作量、费用等的大小。企业承担的保修义务随着产品的销售而产生,而不是在产品实际发生质量问题时才形成。第三,负债的清偿会导致经济利益流出企业。经济利益的流出一般表现为现金的流出,但也有一些负债是通过转移其他资产或者提供劳务来偿付。

与资产相同,一项负债要进入企业的会计核算系统,除了要符合负债的定义,还要同时满足负债确认的两个条件:一是与该义务有关的经济利益很可能流出企业;二是未来流出经济利益的金额能够可靠地计量。

负债要素按偿付期限的长短,分为流动负债和非流动负债,这也是资产负债表中对负债进行的分类。流动负债,是指预计在一个正常营业周期中清偿或自资产负债表日起1年(含1年)内到期应予以清偿的负债。流动负债由于在短期内要进行偿还,企业当前的偿债压力来自流动负债。由于流动负债通常需要用流动资产来进行偿还,流动资产和流动负债需要保持适当的比例。

(五) 所有者权益

所有者权益是企业资产扣除负债后由所有者享有的剩余权益,又称净资产。股份有限公司的所有者权益称为股东权益。所有者权益是企业资金的首要来源,包括股东原始投入的资本和这些资本经过一段时间的经营所形成的增减变动的累积额。所有者权益的确认和计量,主要依赖于资产、负债会计要素的确认和计量。在某一特定时点(期初或期末),企业的资产减去其负债后的差额就是该时点的所有者权益。

所有者权益按来源不同,可分为所有者投入资本、直接计入所有者权益的利得和损失以及留存收益。所有者投入资本,是指所有者投入企业的所有资本,既包括构成企业注册资本或者股本部分的金额,也包括投入资本超过注册资本或者股本部分,即资本溢价或者股本溢价的金额。直接计入所有者权益的利得和损失以及留存收益是企业在经营过程中形成的资本增减额。前者是不应计入当期利润、会导致所有者权益发生增减变动的、与企业投入资本或者向所有者分配利润无关的利得和损失;后者是企业历年实现的净利润留存于企业的部分,主要包括累计计提的盈余公积和未分配利润。与来源构成相对应的,所有者权益由实收资本(或股本)、资本公积、其他综合收益、盈余公积和未分配利润等项目来反映。

（六）收入

收入的本质是资源的流入，收入的确认是利润计算的开始。要理解收入这个要素，必须把握收入的三大特征。第一，收入是企业在日常活动中形成的。日常活动，是指企业为完成其经营目标所从事的经常性活动以及与之相关的活动。例如，制造企业生产并销售产品，商业企业购入并销售商品，运输企业提供运输劳务，金融企业提供存款贷款服务，均属于这些企业的日常活动。将收入界定为日常活动所形成的目的在于将收入与利得相区分，企业非日常活动所形成的经济利益的流入不能确认为收入，而应当计入利得。第二，收入是与所有者投入资本无关的经济利益的总流入。收入应当会导致经济利益的流入，从而导致资产的增加或者负债的减少。例如，企业销售产品，应当收到现金或者有权在未来收到现金，才表明通过这项交易可以确认相应的收入。在实务中，经济利益的流入有时是所有者投入资本的增加所导致的，所有者投入资本的增加不应当确认为收入，应当将其直接确认为所有者权益。第三，收入会导致所有者权益的增加。与收入相关的经济利益的流入应当会导致所有者权益的增加，不会导致所有者权益增加的经济利益的流入不符合收入的定义，不应确认为收入。例如，企业向银行借入款项，尽管也导致了企业经济利益的流入，但这项流入并不导致所有者权益的增加，而是使企业承担了一项现时义务，为此，不应确认为一项收入，而应当确认为一项负债。

企业应当在履行了合同中的履约义务，即在客户取得相关商品或者服务控制权时确认收入。取得相关商品控制权，是指能够主导该商品的使用并从中获得几乎全部的经济利益。

（七）费用

费用的本质是资源的消耗，费用应当在收入确认之后与之相配比，计量利润。要理解费用这个要素，同样必须把握费用的三大特征。第一，费用是企业在日常活动中形成的。这里日常活动的界定与收入定义中涉及的日常活动的界定相一致。将费用界定为日常活动所形成的目的在于将费用与损失相区分，企业非日常活动所形成的经济利益的流出不能确认为费用，而应当计入损失。第二，费用是与向所有者分配利润无关的经济利益的总流出。费用的发生应当会导致经济利益的流出，从而导致资产的减少或者负债的增加。企业向所有者分配利润也会导致经济利益的流出，而这一经济利益的流出属于所有者权益的减少，不应确认为费用。第三，费用会导致所有者权益的减少。与费用相关的经济利益的流出应当会导致所有者权益的减少，不会导致所有者权益减少的经济利益的流出不符合费用的定义，不应确认为费用。例如，企业向银行归还借款，尽管也导致了企业经济利益的流出，但这项流出并不导致所有者权益的减少，而是使企业减少了承担的现时义务，为此，不应确认为一项费用，而应当确认为一项负债的减少。

费用的确认除了应当符合定义,还应当满足严格的条件。通常,费用的确认至少应当同时符合三个条件:一是与费用相关的经济利益应当很可能流出企业;二是经济利益流出企业的结果会导致资产的减少或者负债的增加;三是经济利益的流出额能够可靠计量。

费用通常划分为营业成本和期间费用两大类。营业成本,是指可以与具体的收入相联系的费用,即可以直接配比的费用,如销售成本。期间费用,是指与特定收入不相关,但与经营期间相关,应当在其发生时直接计入当期损益的费用,如管理费用、销售费用和财务费用。另外,还需要注意费用和生产费用之间的区别。同为资源的消耗,费用的发生导致经济利益流出企业,而与生产费用有关的经济利益没有流出企业,而是计入产品的生产成本,转化为另一项资产。

(八) 利润

利润,是指企业在一定会计期间的经营成果。利润由收入减去费用后的净额以及直接计入当期利润的利得和损失构成,收入减去费用后的净额反映的是企业日常活动的业绩,直接计入当期利润的利得和损失反映的是企业非日常活动的业绩。企业应当区分收入和利得、费用和损失,以反映企业的不同经营业绩。

由于利润是收入减去费用加上利得减去损失后的净额,利润的确认也就依赖于收入和费用、利得和损失的确认,利润金额的计量也就取决于收入和费用、利得和损失金额的计量。

利润的本质是所有者权益,是企业投资者投资的增值。如果剔除一定会计期间投资者的增资和减资、利润分配以及直接计入所有者权益的利得和损失因素,企业净资产期末、期初的差额就反映为利润。但这样计量利润不能揭示有关利润具体构成的内容,为此采用配比原则来计量利润。显然,根据配比原则计算的利润和根据净资产的变化计算的利润应该是相等的。

(九) 会计等式

会计等式反映了会计要素之间的数量关系,从数量上揭示了企业经济活动及其资金运动的规律,为复式记账、试算平衡和编制财务报表提供了理论依据。会计等式可以从静态、动态和综合三个方面予以认识和理解。

企业的静态会计等式也称会计基本等式或者会计恒等式,反映的是资产、负债和所有者权益三个会计要素之间的数量关系。资产表现为企业对所获取资金的使用结果,负债和所有者权益表现为企业获取资金的来源,使用资金必然与获取资金在数量上相等,为此就形成了"资产=负债+所有者权益"这一会计恒等式。这一会计恒等式是复式记账法的理论基础,也是会计核算中试算平衡和编制资产负债表的理论依据。

企业的动态会计等式反映的是收入、费用和利润三个会计要素之间的数量关系。需要注意的是，"收入－费用＝利润"这一动态会计等式中的收入和费用概念，若从狭义上理解，收入中不包括计入利润的利得，费用中不包括计入利润的损失，等式中的利润反映为企业的营业利润；若从广义上理解，收入中包括计入利润的利得，费用中包括计入利润的损失，等式中的利润则反映为企业的利润总额。动态会计等式是编制利润表的理论依据。

企业的综合会计等式是将收入和费用两项会计要素引入会计基本等式，即将资产负债表和利润表联系起来，揭示资产负债表要素和利润表要素之间的内在联系和数量关系。综合会计等式反映了企业的资金运动从会计期初的静止状态，到会计期内企业因交易或者事项的发生而取得收入与发生费用之后，会计期末静止状态下各会计要素之间存在的数量关系。

会计基本等式在任意时点上均是成立的，期初期末两个时点之间的会计期间，收入的取得会导致资产增加或者负债减少，最终体现为所有者权益的增加；费用的发生会导致资产的减少或者负债的增加，最终体现为所有者权益的减少；收入减去费用即本期间的利润，利润反映的是所有者权益的变动额，也是收入和费用对资产和负债影响的净额。正是利润的产生，导致期初时点的会计基本等式转变为期末时点的会计基本等式。

（十）会计事项及其种类

会计事项，是指企业在从事的经济活动中所发生的、能够引起会计要素增减变动的交易或事项，即在会计上需要进行确认、计量和报告的事项。

企业会计事项通常可具体划分为如下九类：

（1）引起资产内部此增彼减。

（2）引起负债内部此增彼减。

（3）引起所有者权益内部此增彼减。

（4）引起负债增所有者权益减。

（5）引起负债减所有者权益增。

（6）引起资产和负债同增。

（7）引起资产和所有者权益同增。

（8）引起资产和负债同减。

（9）引起资产和所有者权益同减。

对于发生的有关收入和费用的会计事项，由于收入和费用直接影响利润，利润的本质是所有者权益，企业发生的有关收入和费用的会计事项也可归类到上述九类会计事项中。

企业任何会计事项的发生都不会影响会计等式的平衡关系，即会计等式具有恒等性，但会计事项的发生会引起企业资金总额发生变化，或者导致企业资产结构、权益结构发生变化。

二、背景资料

（一）中外会计要素的比较与美国会计要素的变化

1. 中外会计要素的比较

各国会计所处的环境不同,相应的准则制定机构在制定准则时考量的侧重点也就有所不同,为此,即使在会计准则国际趋同的今天,国际组织或有关国家的会计准则所设置的会计要素也不尽相同。这里在简要介绍目前国际上影响较大的两个会计机构——美国财务会计准则委员会(FASB)和国际会计准则理事会(IASB)确定的会计要素的基础上与我国作一比较。

早在 1970 年,美国会计原则委员会(APB)首次专门系统地研究了会计要素。在其第 4 号报告中专门用一章的内容来论述财务会计基本要素的定义及其相互关系,并认为对会计要素的计量将影响企业的财务状况和经营成果。根据 APB 的研究,财务会计有六项基本要素,即资产、负债、业主权益(净资产)、收入、费用和净收益,并且把会计要素分为两类:一类反映企业的财务状况,另一类反映企业的经营成果。前三项属于第一类反映财务状况的会计要素,后三项属于第二类反映经营成果的会计要素。在财务状况和经营成果的要素之间还存在着勾稽关系,即一个会计期间的净收益(净损失)、前期收益的调整以及在该期间内的业主投资(增资)和提款(减资和分配),这三者的综合影响应构成该期间的业主权益(所有者权益或者净资产)的变化。

作为制定会计准则理论依据的概念框架,从 20 世纪 70 年代中期开始,FASB 重新研究确定财务报表的要素,在其 1985 年发布的第 6 号公告中提出的十项要素为:

（1）资产,可能的未来经济利益,是特定主体由于过去的交易或事项所获得或控制的。

（2）负债,可能的未来经济利益的牺牲,是特定主体由于过去的交易或事项,将来要向其他主体转让资产或提供服务的现时义务。

（3）业主权益,主体资产扣除负债后的剩余权益。

（4）业主投资,在特定企业中权益的增加,其他主体转让有价值的资财以在该主体中获得或增加所有者利益(或权益)的结果。

（5）分派业主款,在特定商业企业中权益的减少,企业向所有者转让资产、提供服务或承担负债的结果。

（6）综合收益,商业企业在一个期间内因非所有者的交易和其他事项及情况所产生的权益变动。

（7）收入,主体在构成其持续的主要或核心业务中,因交付或生产商品、提供劳务或进行其他活动而导致的资产流入或其他增值,或清偿了负债(或两者兼而有之)。

（8）费用，主体在构成其持续的主要或核心业务中，因交付或生产商品、提供服务或进行其他活动而导致的资产流出或其他消耗，或承担了负债（或两者兼而有之）。

（9）利得，影响主体边缘性或偶发性交易以及一切其他交易和其他事项及情况导致的，除收入或所有者投资以外的权益（净资产）增加。

（10）损失，影响主体边缘性或偶发性交易以及一切其他交易和其他事项及情况导致的，除费用或派给所有者款以外的权益（净资产）减少。

上述 FASB 确定的会计要素前三项属于第一类，用以描述某一时点的资源和对资源的要求权，后七项为第二类，用以描述在一定期间内影响企业资产、负债和权益变动的交易和其他事项及情况。再进一步，这后七项又可再分为两类，收入、费用、利得和损失四项针对利润表，用来描述企业的经营成果；业主投资、分派业主款、综合收益三项针对所有者权益变动表，用来描述所有者权益变动。

IASB 在 2008 年发布的《编制财务报表的框架》中将会计要素划分为资产、负债、权益、收益和费用五项。其中，资产、负债、权益的定义与我国一致，但收益与费用的定义涵盖内容更为广泛。收益包括日常活动产生的收入与非日常活动形成的利得；费用包括日常活动产生的费用以及非日常活动形成的损失。因此，与我国企业会计准则相比，IASB 拓宽了收入和费用概念，涵盖了利得和损失。此外，IASB 并没有把利润作为一项会计要素，但提出了业绩和资本保全调整的概念。

可以发现，对于会计要素，我国会计准则和 FASB、IASB 都认为至少需要两类反映会计信息的要素，即静态的财务状况要素和动态的经营成果要素。虽然在要素的类别和定义上还存在差异，但从本质上来看，在认识上并无实质性差异。

在要素类别方面，三者的差异主要体现在利润表要素上。FASB 单独设置了利得和损失两个要素；我国会计准则没有单独设置这两个要素，而是将利得和损失一部分包含在利润要素中（直接计入净利润的利得和损失），另一部分包含在所有者权益要素中（直接计入所有者权益的利得和损失，即其他综合收益）；IASB 也没有设置利得和损失这两个要素，而是将利得包含在收益要素中，损失包含在费用要素中。与利得和损失要素的设置相对应，对于利润要素的界定也有差异。FASB 强调包括全部利得和损失的综合收益，所以将综合收益作为会计要素，而没有单独设置利润这一要素；IASB 认为收益、费用的确认和计量也就是利润确认和计量的过程，没有必要单独设立利润要素；我国会计准则设置了利润这一要素，但我国利润的口径要小于 FASB 的综合收益的口径，因为有一部分利得和损失没有计入利润，而是作为其他综合收益直接计入了所有者权益。

2. 美国会计要素的变化

FASB 于 2014 年再次启动概念框架项目，在 2017 年 5 月将要素项目加入技术日程，于 2020 年 7 月发布新财务报表要素的征求意见稿，并最终在 2021 年 12 月发布新概念框架第 4 章《财务报表要素》，与原要素体系相比较，新要素体系的要素数量和名称保持不变，但一些要素的内涵或者边界发生了一些变化：

（1）资产，主体获得经济利益的现时权利。

（2）负债，主体承担的转让经济利益的现时义务。

（3）业主权益，主体资产扣除负债后的剩余权益。

（4）业主投资，主体权益的增加，其他主体转让有价值的资财以在该主体中获得或增加所有者利益（或权益）的结果。

（5）分派业主款，主体权益的减少，该主体向所有者转让资产、提供服务或承担负债的结果。

（6）综合收益，商业企业在一个期间内因非所有者的交易和其他事项及情况所产生的。

（7）收入，主体因交付或生产商品、提供服务或进行其他活动而导致的资产流入或其他增值，或清偿了负债（或两者兼而有之）。

（8）费用，主体因交付或生产商品、提供服务或进行其他活动而导致的资产流出或其他消耗，或承担了负债（或两者兼而有之）。

（9）利得，影响主体的交易和其他事项及情况导致的，除收入或所有者投资以外的权益（净资产）增加。

（10）损失，影响主体的交易和其他事项及情况导致的，除费用或派给所有者款以外的权益（净资产）减少。

FASB新要素体系一些要素的内涵或者边界发生的变化主要体现在两个方面：

（1）资产、负债的定义发生了变化。新要素体系对于资产和负债定义的变化最为明显和重要。

新要素体系将资产定义为"主体获得经济利益的现时权利"，相对于原定义"某一特定主体由于过去的交易或事项获得或控制的可预期的未来经济利益"，发生了四个变化：一是将"经济利益"改为"权利"；二是删除"过去""未来"，强调"现时"；三是删除概率阈值"可能（可预期）"；四是删除动词"控制"。

新要素体系将负债定义为"主体承担的转让经济利益的现时义务"，相对于原定义"某一特定主体由于过去的交易或事项而在现在承担的在未来向其他主体交付资产或提供服务的责任，这种责任将引起可预期的经济利益的未来牺牲"，发生了三个变化：一是将"经济利益的牺牲"改为"义务"；二是删除"过去""未来"，强调"现时"；三是删除概率阈值"可能（可预期）"。

（2）收入、费用、利得和损失的边界进行了调整。

新要素体系对于收入和费用的定义保留了"主体因交付或生产商品、提供服务或进行其他活动而导致的资产流入或其他增值（资产流出或其他消耗），或清偿（承担）了负债（或两者兼而有之）"，但删除了"构成主体持续的主要或核心业务"。

新要素体系对于利得和损失的定义保留了"影响主体的交易和其他事项及情况导致的

除收入(费用)或所有者投资(派给所有者款)以外的权益增加(减少)",但删除了"边缘性或偶发性交易"。

在会计要素体系中,收入、费用、利得和损失的定义具有联动性。利得是所有者投资以外的权益(净资产)增加中,扣除收入的部分;损失是派给所有者款以外的权益(净资产)减少中,扣除费用的部分。如果对于收入、费用的边界进行调整,利得、损失的边界也就需要进行相应调整。可以认为,原要素体系中收入和费用的定义由三部分构成:一是交易内容,即"交付或生产商品、提供服务或进行其他活动";二是交易约束条件,即"构成主体持续的主要或核心业务";三是交易结果,即"资产流入或其他增值(资产流出或其他消耗),或清偿(承担)了负债(或两者兼而有之)"。新要素体系中对于收入、费用的定义保留了交易内容和交易结果这两部分,删除了交易约束条件,即"构成主体持续的主要或核心业务"。对应地,新要素体系中对于利得和损失的定义也删除了交易约束条件,即"边缘性或偶发性交易"。

(二) 有关会计等式的讨论

近年来,对于会计等式的质疑经常被提出。这种质疑主要集中于动态会计等式和综合会计等式。

对于动态会计等式,主要的问题是它没有考虑由企业非日常活动形成的利得和损失对利润的影响。按照我国企业会计准则中的收入、费用要素的定义,忽略了利得和损失,利润的计算并不完整。对于这一质疑,不难解释。"利润=收入-费用"中的收入可以理解为包括利得的广义收入,费用理解为包括损失的广义费用,动态等式仍然成立。只是利润这一指标无法反映所有者权益的变动,无法把资产负债表和利润表联系起来,因为利得和损失有一部分没有计入利润,而是直接计入所有者权益的其他综合收益项目,而能将两张表联系起来的指标是综合收益,所以像 IASB 那样设置要素与动态会计等式或许更合理,即"综合收益=(广义)收入-(广义)费用"。

有关综合会计等式的争议可能更多一些,认为这一等式一直被国内众多的教科书所引用,但无论是从经济含义还是数学形式上,该等式都很难理解。首先,收入和费用是期间指标,而资产和负债是时点指标,期间指标应该反映的是两个时点之间的变化,把期间指标和时点指标简单加到一起,经济含义上难以解释。其次,"资产=负债+所有者权益"是恒等式,那么在等式两边加上收入、费用,则必然会得出"收入=费用"或者"利润=0"的结果,因此,该等式在数学逻辑上也很难理解。最后,和动态会计等式一样,没有考虑非日常活动所形成的利得和损失对资产、负债和所有者权益的影响。在考虑了其他综合收益项目后,结合资产负债表静态要素和利润表动态要素后的综合会计等式应该表述为:

$$资产_{期末数}=负债_{期末数}+(所有者权益_{期初数}+\triangle 投资者投入-$$
$$当期向投资者分配股利+\triangle 其他综合收益+净利润)$$

式中:△投资者投入——本期股东投入资本的变动额;

　　　△其他综合收益——本期资产负债表所有者权益中其他综合收益的变动额或本期形成的其他综合收益。

三、复习思考题与练习题

复习思考题

1. 企业的资金运动过程具体会涉及哪些经济活动?

2. 我国企业会计准则中设置的资产和负债要素有哪些特点?企业拥有的能在未来给企业带来经济利益的资源是否都反映在资产负债表里?为什么?

3. 我国企业会计准则中设置的收入和费用要素有哪些特点?与利得和损失有何不同?什么是配比原则?费用与收入为何应当进行配比?

4. 我国企业会计准则对于会计要素的设置是否合理?若不够合理的话,需要进行哪些改进或完善?

5. 静态会计等式与动态会计等式的含义分别是什么?这两个会计等式之间存在什么联系?

6. 经济事项是否都是会计事项?为什么任何会计事项的发生都不会影响会计等式之间的关系?会计事项有哪些类别?请对每类会计事项进行举例说明。

练　习　题

一、单项选择题(在每小题的备选答案中,选出一个最合适的答案)

1. 下列各项中,属于企业会计对象的是(　　　)。

　A. 企业的会计职能　　　　　　　　B. 企业的会计目标

　C. 企业的经济活动及其资金运动　　D. 企业所要反映的财务状况和经营成果

2. 下列各项中,属于资金进入企业的事项是(　　　)。

　A. 向股东分配现金股利　　　　　　B. 按规定缴纳税费

　C. 向银行借入生产经营所需的资金　D. 发放职工薪酬

3. 下列各项中,属于反映企业财务状况的会计要素是(　　　)。

　A. 收入　　　　　　　　　　　　　B. 所有者权益

　C. 费用　　　　　　　　　　　　　D. 利润

4. 下列各项中,应确认为资产的是(　　　)。

　A. 长期闲置且不再使用和转让的没有经济价值的厂房

　B. 已超过保质期的食品

　C. 自然使用寿命已满但仍在使用的设备

　D. 已签订合同拟于下月购进的设备

5. 下列各项中,属于非流动资产的是(　　　)。

　A. 货币资金　　　　　　　　　　　B. 应收票据

　C. 无形资产　　　　　　　　　　　D. 存货

6. 下列各项中,属于流动负债的是(　　)。

    A. 应收及预付款项　　　　　　　　　　B. 应付及预收款项

    C. 应收及预收款项　　　　　　　　　　D. 应付及预付款项

7. 下列关于所有者权益的阐述中,不正确的是(　　)。

    A. 所有者权益是指企业资产扣除负债后由所有者享有的剩余权益

    B. 所有者权益的金额等于资产减去负债后的余额

    C. 所有者权益也称为净资产

    D. 所有者权益包括实收资本(或股本)、资本公积、其他综合收益、盈余公积和留存收益

8. 下列各项中,属于不符合收入会计要素定义,不应确认为企业收入的是(　　)。

    A. 出售材料收入　　　　　　　　　　　B. 提供劳务收入

    C. 让渡资产使用权收入　　　　　　　　D. 营业外收入

9. 下列各项中,属于不应确认为本企业收入的是(　　)。

    A. 商品销售收入　　　　　　　　　　　B. 劳务收入

    C. 代收款项　　　　　　　　　　　　　D. 租赁收入

10. 下列各项中,不属于期间费用的是(　　)。

    A. 管理费用　　　　　　　　　　　　　B. 制造费用

    C. 销售费用　　　　　　　　　　　　　D. 财务费用

11. 某项经济业务的发生引起资产减少,则可能同时引起(　　)。

    A. 负债增加　　　　　　　　　　　　　B. 所有者权益增加

    C. 收入增加　　　　　　　　　　　　　D. 费用增加

12. 下列各项中,属于会导致资产和负债同时增加的经济业务是(　　)。

    A. 以银行存款偿还欠款　　　　　　　　B. 支付职工薪酬

    C. 从银行取得借款　　　　　　　　　　D. 将现金存入银行

13. 企业对外销售商品,款项通过银行收讫,该项业务会引起(　　)。

    A. 资产和负债同时增加　　　　　　　　B. 资产和所有者权益同时增加

    C. 负债和所有者权益同时增加　　　　　D. 以上都不对

14. 下列各项中,属于会引起会计等式两边同时增加的经济业务是(　　)。

    A. 以银行存款偿还银行借款　　　　　　B. 收回应收账款存入银行

    C. 购进材料一批,货款未付　　　　　　D. 将资本公积转增资本

15. 云飞公司期初资产总额为 25 万元,所有者权益总额为 20 万元。本月购入原材料一批,价款 3 万元,款项尚未支付;以银行存款 2 万元购入设备一台。发生这两项业务入账后,云飞公司的负债总额应为(　　)万元。

    A. 23　　　　　　　　　　　　　　　　B. 1

    C. 13　　　　　　　　　　　　　　　　D. 8

二、多项选择题(在每小题的备选答案中,选出所有合适的答案)

1. 下列各项中,属于反映企业经营成果的会计要素有(　　)。

    A. 收入　　　　　　　　　　　　　　　B. 资产

C. 费用

D. 负债

E. 利润

2. 下列关于资产特征的阐述中,正确的有(　　　　)。

    A. 必须是有形的

    B. 由过去的交易或事项形成的

    C. 是一项经济资源

    D. 企业拥有或者控制的

    E. 预期能够给企业带来经济利益

3. 下列各项中,属于企业流动资产的有(　　　　)。

    A. 生产经营用的机器设备

    B. 库存的现金

    C. 生产完工待售的机器设备

    D. 已购入尚在运输途中的原材料

    E. 客户拖欠的货款

4. 下列关于负债特征的阐述中,正确的有(　　　　)。

    A. 企业承担的现时义务

    B. 企业承担的未来义务

    C. 预期会导致经济利益流出企业

    D. 必须用货币资金予以偿还的

    E. 由过去的交易或者事项形成的

5. 下列各项中,属于企业流动负债的有(　　　　)。

    A. 购买材料开出的商业汇票

    B. 预付供应商的货款

    C. 尚未支付供应商的货款

    D. 尚未支付的银行短期借款利息

    E. 预收客户的货款

6. 下列关于收入特征的阐述中,正确的有(　　　　)。

    A. 在日常活动中形成

    B. 与所有者投入资本有关的经济利益的总流入

    C. 与所有者投入资本无关的经济利益的总流入

    D. 会导致资产的减少

    E. 会导致所有者权益的增加

7. 下列各项中,属于企业收入的有(　　　　)。

    A. 企业向银行借入款项

    B. 企业向客户售出产品,但款项尚未收到

    C. 企业向客户售出产品,款项已通过银行收讫

    D. 投资者根据投资协议向企业投入货币资金

    E. 根据销货合同,预收客户的货款

8. 下列关于费用特征的阐述中,正确的有(　　　　)。

    A. 在日常活动中形成

    B. 与向所有者分配利润无关的经济利益的总流出

    C. 与向所有者分配利润有关的经济利益的总流出

    D. 会导致所有者权益的减少

    E. 会导致所有者资产的增加

9. 下列各项中,属于会导致企业发生费用的有(　　　　)。

A. 支付当月违规罚款　　　　　　　　B. 支付当月消耗的水电费

C. 为灾区捐赠款物　　　　　　　　　D. 支付当月发生的借款利息

E. 支付股东现金股利

10. 下列关于会计要素和会计等式的阐述中,正确的有(　　　)。

A. 会计要素是根据交易或者事项的经济特征对会计对象所作的具体分类

B. 会计要素的确定为会计核算提供了依据

C. 会计等式是描述会计要素之间基本关系的表达式

D. 会计等式是会计核算的理论依据

E. 会计等式是编制财务报表的理论依据

11. 下列等式中,正确的有(　　　)。

A. 资产＝负债＋所有者权益

B. 收入－费用＝利润

C. 资产＝权益

D. 资产＝负债＋所有者权益＋(收入－费用)

E. 资产＋负债－费用＝所有者权益＋收入

12. 下列各项中,属于会导致资产和权益同增或同减的会计事项有(　　　)。

A. 购买材料,货款暂欠　　　　　　　B. 取得借款,款项已转入银行账户

C. 以银行存款发放现金股利　　　　　D. 接受投资者投入的货币资金

E. 以银行存款归还前欠购货款

13. 下列各项中,属于会引起资产内部此增彼减的会计事项有(　　　)。

A. 从银行提取现金　　　　　　　　　B. 以银行存款购买原材料

C. 将现金存入银行　　　　　　　　　D. 以银行存款归还前欠货款

E. 通过银行收到客户前欠的购货款

14. 下列各项中,属于会引起权益内部此增彼减的会计事项有(　　　)。

A. 将应付票据转为应付账款　　　　　B. 将资本公积转增资本

C. 按规定提取盈余公积金　　　　　　D. 以银行存款归还前欠货款

E. 投资者追加投资

15. 下列各项中,属于会引起负债内部此增彼减的会计事项有(　　　)。

A. 将应付票据转为应付账款

B. 以应付票据抵付应付账款

C. 通过银行预付材料款

D. 以银行存款归还前欠材料款

E. 取得借款,款项已转入银行账户

三、判断题(认为正确的在题目前面括号内打"√",认为错误的在题目前面括号内打"×")

1. (　　　)由于持续经营,制造企业的生产经营资金,通过一次生产经营过程或者一次资金循环,在数量上不会发生变化。

2. (　　　)根据我国的企业会计准则,会计要素中既有反映经营成果的要素,又有反映现金流量的

要素。

3. （　）资产是资源,但并非所有的资源都能确认为资产并列入资产负债表。

4. （　）如果一项资源无法给企业带来经济利益,就不应确认为资产。

5. （　）只有企业对某项资产拥有所有权时,才能确认为企业的资产。

6. （　）负债是企业所承担的现时义务,即法律所规定的义务。

7. （　）企业所承担的现时义务均应反映在企业的资产负债表中。

8. （　）投资者投入资本的溢价部分应确认为资本公积。

9. （　）如果企业在一定时期发生了亏损,必将导致企业所有者权益的减少。

10. （　）生产费用和销售费用都是企业的费用,都会导致所有者权益的减少。

11. （　）企业的一批原材料因暴雨而全部毁坏,企业应将其作为本期的费用。

12. （　）净利润应该等于当期所有者权益的变动额。

13. （　）企业的所有利得和损失都包括在企业的综合收益里。

14. （　）利得的产生会导致收入的增加,损失的发生会导致费用的增加。

15. （　）利润＝收入－费用＋利得－损失,当等式中的利得与损失是直接计入当期利润的利得与损失时,利润就是净利润。

16. （　）会计恒等式实质上反映了企业资金的存在形态与资金的来源两个不同侧面。

17. （　）"所有者权益＝资产－负债"和"负债＝资产－所有者权益"所反映的经济意义相同。

18. （　）当企业用未分配利润转增资本时,会导致企业资产增加。

19. （　）当采购人员预借差旅费时,会使企业的资产减少。

20. （　）资产会随着负债和所有者权益的增减变动而发生相反的变化。

四、业务题

【业务题一】

目的:掌握会计要素的划分并熟悉经济业务对会计等式的影响。

资料:东方公司20×1年10月31日的资产、负债和所有者权益分别为280 000元、50 000元和230 000元。公司20×1年11月份发生如下经济业务:

（1）新增投资者投资20 000元货币资金,已转入公司银行账户。

（2）通过银行偿还应付账款23 000元。

（3）经协商,所欠宏达公司100 000元债务款项转为对本公司的投资。

（4）通过银行收到客户所欠货款45 200元。

（5）购入原材料验收入库,价款共计21 300元,货款尚未支付。

（6）经股东大会决议,向银行取得为期6个月的借款80 000元,并直接支付给投资者,以减少其投资额。

（7）购买设备,价值7 600元,通过银行支付5 000元,余款尚欠。

（8）经股东大会决议用资本公积转增资本50 000元。

（9）经股东大会决议分配现金股利40 000元,已宣告但尚未发放。

（10）通过银行支付股利40 000元。

要求:根据上述经济业务,分别确定每项经济业务对资产和权益的影响,并将影响的要素类别的具体项目和金额填列在表 3-1 中。

表 3-1　　　　　　　　　　　　　　　**经济业务对资产和权益的影响**

单位:元

业务	资产			负债			所有者权益		
	类别	增加	减少	类别	增加	减少	类别	增加	减少
(1)									
(2)									
(3)									
(4)									
(5)									
(6)									
(7)									
(8)									
(9)									
(10)									

【业务题二】

目的:掌握会计要素的划分并熟悉经济业务对会计等式的影响。

资料:东方公司 20×1 年 10 月 31 日的资产、负债和所有者权益与上题相同。该公司 20×1 年 11 月份发生如下经济业务:

(1) 销售商品取得收入 120 000 元,款项已通过银行收讫。

(2) 违反有关环保规定,被环保部门罚款 20 000 元,罚款通过银行付讫。

(3) 本月管理部门人员薪酬 25 000 元,尚未支付。

(4) 收到政府科技创新奖励 20 000 元。

(5) 期末结转销售成本 90 000 元。

要求:

(1) 根据上述经济业务,分别将每项经济业务影响的要素和金额填列在表 3-2 中。

表 3-2　　　　　　　　　**经济业务影响的会计要素具体项目金额变化**

单位:元

业务	资产		负债		所有者权益		收入		费用	
	增加	减少	增加	减少	增加	减少	增加	减少	增加	减少
(1)										
(2)										
(3)										

（续表）

业务	资产		负债		所有者权益		收入		费用	
	增加	减少	增加	减少	增加	减少	增加	减少	增加	减少
（4）										
（5）										

（2）计算东方公司 11 月份实现的利润。

（3）结合[业务题一]的资料，计算东方公司 11 月末的资产、负债和所有者权益。

【业务题三】

目的：掌握会计事项的类型及其对会计等式的影响。

资料：洁利公司是一家小型吸尘器制造企业，公司 20×1 年 3 月 1 日的资产和负债分别为 900 000 元和 150 000 元。3 月份发生了如下几种情况的经济业务：

（1）实现收入且资产增加，金额为 330 000 元。

（2）实现收入且负债减少，金额为 270 000 元。

（3）发生费用且负债增加，金额为 150 000 元。

（4）发生费用且资产减少，金额为 410 000 元。

要求：

（1）举例说明属于上述各种情况下经济业务的具体内容。

（2）计算洁利公司 3 月末的所有者权益。

（3）计算洁利公司 3 月份实现的利润。

【业务题四】

目的：掌握会计事项对会计等式的影响。

资料：甲、乙、丙是同一行业的三个独立的中小型企业，20×1 年有关财务状况与经营成果信息，如表 3-3 所示。

表 3-3　　　　　　　　甲、乙、丙三企业 20×1 有关财务状况信息表

单位：元

项目	甲企业	乙企业	丙企业
年初：			
资产	760 000	360 000	796 000
负债	160 000	C	186 200
年内：			
追加资本	20 000	75 600	38 600
退出资本（或分配利润）	A	100 000	46 400
取得收入	480 000	114 000	E
发生费用	B	115 000	240 400
实现利润	120 000	D	F
年末：			
资产	880 000	324 000	892 400
负债	140 000	132 000	166 200

要求：运用会计等式，计算上述列表中 A～F 的金额。

【业务题五】

目的:熟悉会计要素有关具体项目金额的变化及经济业务发生对会计等式的影响。

资料:元盛公司20×1年9月1~10日每日发生一项经济业务。9月1日,记录了各要素的期初金额;每日营业终了,各项资产、负债和所有者权益的金额变化,如表3-4所示。

表3-4　　　　　元盛公司20×1年9月1~10日会计要素具体项目金额变化

单位:元

日期	库存现金	银行存款	应收账款	原材料	固定资产	短期借款	应付账款	应付票据	实收资本	资本公积
9/1	2 000	60 000	7 000	25 000	45 000	30 000	9 000		100 000	
9/2		−20 000				−20 000				
9/3		+5 000	−5 000							
9/4							−3 600	+3 600		
9/5					+40 000				+25 000	+15 000
9/6	+6 300	−6 300								
9/7		−12 000		+21 000			+9 000			
9/8								+8 000		−8 000
9/9	−3 200	+3 200								
9/10		+55 000				+55 000				

要求:

(1) 根据表3-4所列会计要素有关具体项目金额的变化,描述9月2~10日期间,元盛公司每日发生的经济业务内容并指出其所属类型。

(2) 计算9月10日的资产、负债和所有者权益。

四、案例分析

岂能构造自循环业务创造业绩——江苏舜天连续的年度报告虚假记载案

江苏舜天股份有限公司(公司简称:江苏舜天,证券代码:600287),是由江苏省政府国资委控股的上市公司。中国证监会于2024年4月24日发布中国证监会行政处罚决定书(江苏舜天及其责任人员)〔2024〕41号。经查明,江苏舜天存在以下违法事实。

1. 江苏舜天参与专网通信虚假自循环业务情况

2009年起,江苏舜天与隋某力洽谈开展专网通信业务(即隋某力组织开展的自循环业务,江苏舜天内部称通讯器材内贸业务)。江苏舜天与上游供应商以及下游客户的业务洽谈、合同签订、发票流转、资金收付、货物验收等环节主要由江苏舜天业务人员与隋某力方人员对接,且合同模板、产品、型号、购销价格、物流等由隋某力一方提供。江苏舜天向隋某力催要通讯器材业务尾款,隋某力控制的公司为通讯器材业务货款提供担保、支付尾款。江苏舜天参与的专网通信业务中曾出现上下游企业均由隋某力或其他同一主体控制的情况,隋某力控制的公司或其他同一公司既作为江苏舜天供应商又作为客户交替出现。

经查,江苏舜天参与的隋某力主导的专网通信业务,实质是合同、资金、票据流转构成闭环的虚假自循环业务,无商业实质,不应确认相应的营业收入、营业成本及利润。江苏舜天在隋某力主导的专网通信业务中垫资(少部分业务作为通道),不承担产品风险,根据垫资规模和期限获取利润。江苏舜天知悉其在专网通信业务中的垫资作用,且应当知悉其开展的专网通信业务是虚假自循环业务。

2. 江苏舜天2009年至2021年年度报告虚假记载情况

江苏舜天通过参与通讯器材内贸虚假自循环业务,2009—2021年年度报告共计虚增营业收入10 333 448 392.98元,虚增营业成本9 398 996 635.72元,虚增利润总额934 451 757.26元,相关年度的虚假财务数据,如表3-5所示。

表3-5 江苏舜天2009—2021年年度报告虚假记载

年份	虚增营业收入(元)	虚增营业成本(元)	虚增利润总额(元)	虚增营业收入占当年年报披露营业收入的百分比(%)	虚增利润总额占当年披露利润总额的百分比(%)
2009	156 498 376.07	151 597 880.30	4 900 495.77	3.77	8.69
2010	324 680 384.70	307 117 384.62	17 563 000.08	5.83	52.52
2011	439 362 648.95	401 183 581.47	38 179 067.48	7.41	51.12
2012	1 143 696 580.99	1 051 275 717.43	92 420 863.56	19.95	132.86
2013	1 169 640 166.32	1 096 542 042.37	73 098 123.95	20.17	18.26
2014	1 108 470 170.54	1 038 223 035.03	70 247 135.51	19.19	55.38
2015	1 495 996 753.28	1 367 440 895.74	128 555 857.54	25.61	88.68
2016	837 819 999.91	696 192 478.97	141 627 520.94	17.64	110.51
2017	882 007 949.22	777 011 141.34	104 996 807.88	16.04	74.24
2018	426 024 840.24	380 149 826.73	45 875 013.51	7.94	29.20
2019	764 429 653.89	723 449 307.48	40 980 346.41	16.54	10.13
2020	1 494 153 988.91	1 408 813 344.24	85 340 644.67	34.13	32.49
2021	90 666 879.96	0	90 666 879.96	2.34	16.23
合计	10 333 448 392.98	9 398 996 635.72	934 451 757.26		

2022年4月30日,江苏舜天发布《江苏舜天股份有限公司关于会计差错更正的公告》,将通讯器材业务的收入确认方法由总额法调整为净额法,对2009—2020年年度报告进行了追溯调整,该公告中调整后的财务数据仍存在虚假记载。

根据当事人违法行为的事实、性质、情节与社会危害程度,依据《证券法》第一百九十七条第二款的规定,中国证监会决定:

(1)对江苏舜天股份有限公司责令改正,给予警告,并处以1 000万元罚款;

（2）对高×给予警告，并处以 150 万元罚款；

（3）对桂××给予警告，并处以 100 万元罚款；

（4）对王××、李×、赵×给予警告，并分别处以 60 万元罚款。

分析与讨论：

1. 营业收入应该如何进行确认与计量？营业成本应该如何进行确认与计量？营业收入、营业成本与利润总额之间存在什么关系？

2. 江苏舜天通过什么手段虚构营业利润的？

第四章 会计记账方法——原理

一、概要解析

(一) 会计科目

会计科目简称科目,是对会计要素的内容进行分类核算的项目。通常对会计对象进行基本分类形成会计要素,对会计要素进一步进行具体分类形成会计科目。通过确定会计科目,就可以对会计对象的内容进行具体的分类核算,进而为设置账户、填制凭证、登记账簿和编制财务报表提供依据。

确定会计科目应当遵循完整性与互斥性相结合、统一性与灵活性相结合、稳定性与适时性相结合以及能够体现企业的生产经营业务特点的原则。

通常,对会计科目依据两个标准进行分类。一是按照会计科目所反映的经济内容,分为资产、负债、共同①、所有者权益、成本和损益等类会计科目;二是按照会计科目所提供信息的详细程度,分为总分类和明细分类两类会计科目。

按照会计科目反映的经济内容进行分类,遵循了会计要素的基本特征,将各项会计要素的增减变化分门别类地进行归集,可以反映企业的财务状况和经营成果,直接服务于财务报表的编制。

按照会计科目提供信息的详细程度进行分类,可以使企业提供的会计信息更好地满足各类会计信息使用者的不同需求。总分类科目也称总账科目或一级科目,明细分类科目也称明细账科目。明细分类科目又可进一步划分为二级科目、三级科目等类推的级次科目。总分类科目与明细分类科目之间、上一级次明细科目与下一级次明细科目之间具有统驭和被统驭的关系。

目前,我国企业所运用的会计科目,就是从上述两种分类出发确定的。总分类会计科目的名称、编号与核算内容由财政部发布的企业会计准则统一确定,明细分类科目则由企业根据自身生产经营特点与管理需要自行确定。

---

① 共同类科目用于反映银行间业务往来引起的资金清算款项、金融企业采用分账制核算外币交易所产生的不同币种之间的兑换以及一般企业开展套期保值业务时,套期工具公允价值变动所形成的具有资产或负债性质的内容等状况。这一类科目在一般企业不常用,本书对这一类科目不作阐述。

（二）账户

账户是根据会计科目设置，具有一定格式和结构，用于反映会计要素具体项目金额的增减变动情况及其结果的载体。每一个账户都有一个名称，用以说明该账户核算的经济内容。账户根据会计科目设置，账户的名称也就与会计科目一致，但账户具有一定的格式与结构。

账户的基本结构通常可划分为左、右两方，一方用来登记经济业务发生引起的某项会计要素具体内容的增加额，另一方用来登记经济业务发生引起的某项会计要素具体内容的减少额。至于哪一方登记增加额，哪一方登记减少额，则取决于采用的记账方法和账户反映的经济内容。

账户可以进行与会计科目同样相应的分类。按照反映的经济内容，账户分为资产、负债、所有者权益、成本和损益五类账户；按照提供信息的详细程度，账户分为总分类账和明细分类账两类账户。按照反映的经济内容与按照提供信息的详细程度对账户进行的分类，可以体现出不同类别账户的性质以及在结构与运用上的差别。除这两种账户分类外，账户还可以按照用途与结构，分为盘存、资本、结算、备抵调整、集合分配、成本计算、跨期摊配、汇转、财务成果和暂记十类账户。

账户的具体内容包括账户名称、记录经济业务的日期、所依据的记账凭证编号、经济业务摘要、增减金额和余额等。

（三）借贷记账法

借贷记账法是以"借""贷"两字作为记账符号，对任何一笔经济业务都必须以借贷相等的金额在相互联系的两个或两个以上的账户中进行登记的一种复式记账方法。

借贷记账法下的账户结构分为借、贷两方，账户的左方为"借方"，右方为"贷方"。借方登记增加额或者减少额，还是贷方登记增加额或者减少额，账户是否有余额，余额在借方还是贷方，取决于账户反映的经济内容。按经济内容分类的各类账户的具体结构，如表4-1所示。

表 4-1　　　　　　　　　　借贷记账法下各类账户的结构

账户类别	借方	贷方	余额及方向
资产	增加	减少	一般有余额且在借方
负债	减少	增加	一般有余额且在贷方
所有者权益	减少	增加	一般有余额且在贷方
成本	增加	减少及结转	若有余额应在借方
收入	减少及结转	增加	一般无余额
费用	增加	减少及结转	一般无余额

借贷记账法依据"有借必有贷、借贷必相等"的记账规则进行记账。

在借贷记账法下,资产类账户通常有余额且为借方余额,负债类和所有者权益类账户通常有余额且为贷方余额。成本类账户如果有余额,应为借方余额。属于损益类账户的收入类与费用类账户对于本期的发生额通常在期末进行结转而没有余额。

资产类和成本类账户期末借方余额的计算公式为:

$$期末借方余额 = 期初借方余额 + 本期借方发生额 - 本期贷方发生额$$

负债类和所有者权益类账户期末贷方余额的计算公式为:

$$期末贷方余额 = 期初贷方余额 + 本期贷方发生额 - 本期借方发生额$$

与收付记账法、增减记账法相比较,借贷记账法的一个重要优点是可以设置和运用双重账户以减少账户数量,简化会计核算。双重账户是指根据账户余额的方向确定账户经济内容的账户。双重账户的余额如果在借方,体现出资产类账户的经济内容;如果在贷方,则体现出负债或所有者权益类账户的经济内容。例如,企业与同一材料供应商对于材料采购发生的款项往来可设置"应付账款"账户,而不再设置"预付账款"账户进行结算;或者企业与同一产品购买商对于产品销售发生的款项往来可设置"应收账款"账户,而不再设置"预收账款"账户进行结算。这时,当"应付账款"或"应收账款"账户余额在贷方时,属于"应付"的性质,表明企业对材料供应商或者产品购买商的债务,属于负债;当"应付账款"或"应收账款"账户余额在借方时,属于"应收"的性质,表明企业对材料供应商或者产品购买商的债权,属于资产。显然,"投资收益""待处理财产损溢""坏账准备""存货跌价准备"等账户的余额,可能在贷方,也可能在借方,也属于双重性质的账户。

(四) 会计分录

在借贷记账法下,会计分录是指根据记账规则,对发生的每笔经济业务标明其应借记与应贷记的账户及其金额的记录。通常在登记账户前,通过记账凭证编制会计分录,分类反映经济业务的发生情况,保证账户记录的正确,也便于事后检查。

会计分录根据涉及账户的多少,可以分为简单会计分录和复合会计分录。简单会计分录是仅涉及两个账户的会计分录,即一借一贷的会计分录;复合会计分录是涉及两个以上账户的会计分录,即一借多贷、一贷多借或多借多贷的会计分录。为了保持账户对应关系的清晰,一般不宜把不同经济业务合并在一起,编制多借多贷的会计分录。但在某些特殊情况下,为了反映经济业务的全貌,也可以编制多借多贷的会计分录。

无论是简单会计分录还是复合会计分录,任何一笔会计分录均应当由账户名称(总账会计科目及所属明细科目)、记账方向(借方和贷方)以及发生的金额三项内容构成。

对于发生的经济业务,进行分析判断后编制会计分录,这是会计核算工作的重要环节,也是学习和掌握会计记账方法的重要环节。

根据借贷记账法的记账规则编制会计分录,必然会使每笔分录所涉及的两个或两个以上的账户之间形成一种相互对应的关系,这种关系也称账户对应关系,存在对应关系的账户就是对应账户。通过账户对应关系及其对应账户,既可以了解企业经济业务的内容及其来龙去脉,又可以检查企业发生的经济业务是否合法合规。

(五) 账户的平行登记

总分类账户是所属明细分类账户的综合,对所属明细分类账户起统驭作用;明细分类账户是统驭的总分类账户的补充,对有关总分类账户起着详细说明的作用。总分类账户和明细分类账户,登记的会计凭证依据相同,核算内容相同,两者结合起来既总括又详细地反映同一项经济业务内容。因此,总分类账户和所属明细分类账户必须平行登记,即对所发生的每项经济业务都以相同的会计凭证为依据,一方面记入有关总分类账户,另一方面记入所属明细分类账户。

总分类账户与所属明细分类账户平行登记的规则为:

(1) 同依据登记,总分类账户与所属明细分类账户都以相同的会计凭证为登记依据。

(2) 同向登记,对于所发生的每一项经济业务,以相同方向在总分类账户和所属明细分类账户进行登记,即在记入总分类账户借方的同时,记入所属明细分类账户的借方;或者在记入总分类账户贷方的同时,记入所属明细分类账户的贷方。

(3) 等额登记,记入总分类账户的金额必须与记入其所属的一个或几个明细分类账户的金额合计数相等。

(4) 同期登记,对于发生的每一项经济业务,记入总分类账户和所属明细分类账户的具体时间可以有先后,但应在同一个会计期间记入总分类账户和所属明细分类账户。

总分类账户与所属明细分类账户平行登记的结果是特定总分类账户的期初、期末余额和本期借方、贷方发生额,均应当分别与所属各个明细分类账户的期初、期末余额和本期借方、贷方发生额的合计数相等。这种平行登记的结果可以用公式表示为:

总分类账户期初余额=所属明细分类账户期初余额之和
总分类账户本期借方发生额=所属明细分类账户本期借方发生额之和
总分类账户本期贷方发生额=所属明细分类账户本期贷方发生额之和
总分类账户期末余额=所属明细分类账户期末余额之和

通常,通过这种平行登记的结果检查总分类账户与所属明细分类账户的登记是否正确和完整,为正确编制财务报表奠定基础。

(六) 账户按用途和结构的分类

账户依据会计科目设置,账户同样可以依据会计科目进行分类,但账户具有不同的用途与结构,为此账户可以按用途和结构进行分类。

对账户按用途和结构进行分类的意义在于,指明各个账户在会计核算中所起的作用以及账户在使用中如何记录经济业务与提供什么核算指标,即账户的借方登记什么,贷方登记什么,余额是在借方还是贷方,表示的含义是什么。掌握各类账户的用途和结构,有利于正确运用各类账户对发生的经济业务进行账务处理。

按账户的用途和结构,通常将账户分为盘存、资本、结算、备抵调整、集合分配、成本计算、跨期摊配、汇转、财务成果和暂记十类。这十类按用途和结构分类的账户在用途和结构上各具特点。企业常用账户按用途与结构的分类,如表4-2所示。

表4-2 企业常用账户按用途与结构的分类

序号	账户类别		常用账户
1	盘存账户		库存现金、银行存款、原材料、库存商品、固定资产
2	资本账户		实收资本、资本公积、盈余公积
3	结算账户	债权结算账户	应收账款、应收票据、预付账款、应收股利、其他应收款
		债务结算账户	短期借款、应付票据、应付账款、预收账款、应付职工薪酬、应交税费、应付利息、应付股利、其他应付款、长期借款、应付债券
		债权债务结算账户	不设置预收账款的应收账款,不设置预付账款的应付账款
4	备抵调整账户		坏账准备、存货跌价准备、累计折旧、累计摊销、利润分配
5	集合分配账户		制造费用
6	成本计算账户		生产成本、劳务成本、在建工程
7	跨期摊配账户		长期待摊费用
8	汇转账户	收入汇转账户	主营业务收入、其他业务收入、其他收益、投资收益、公允价值变动损益、营业外收入
		费用汇转账户	主营业务成本、其他业务成本、税金及附加、销售费用、管理费用、财务费用、信用减值损失、资产减值损失、营业外支出、所得税费用
9	财务成果账户		本年利润
10	暂记账户		待处理财产损溢

二、背景资料

(一)账户与财务报表的关系

1. 账户信息是编制财务报表的基础

按照会计核算程序,企业发生经济业务以后,首先应当确认相应的会计要素以及具体涉及的账户,并运用借贷记账法等记账方法编制会计分录,然后将会计分录逐笔记入各个相应的账户,并在会计期末计算出各个账户的本期借方发生额、贷方发生额和期末余额。由此可见,通过账户记录,可以使一定会计期间发生的全部经济业务形成的分散、无序的原始数据转化为系统而全面的账户信息。

账户信息是编制财务报表的基础,也是会计工作的"半成品"。账户是一整套相互关联的处于加工中的会计信息系统,财务报表则是一套基于账户信息进行再加工而形成的能够满足使用者决策需要的会计信息系统。账户信息主要表现为各个账户的余额或者发生额,通过账户记录及其期末结账,将发生的经济业务的原始数据加工为账户信息。财务报表信息主要表现为各个项目及其金额,通过编制财务报表,对账户信息予以合并、分化,加工为具有一定层次结构的会计信息,从而使会计工作的"半成品"转化为"产成品"。如果没有账户记录,也就无从谈起账户的余额或者发生额等信息,当然也就难以根据账户信息编制财务报表,最终导致会计主体无法对外提供满足用户决策需要的会计信息,整个会计工作的目标终究难以实现。

2. 资产负债表账户与利润表账户

按照账户与财务报表的关系可将账户划分为资产负债表账户与利润表账户。

资产负债表账户,是指根据资产、负债和所有者权益要素设置的用来反映企业在一定会计日期财务状况信息的账户。由于资产反映了企业拥有或者控制的经济资源,负债和所有者权益反映了这些经济资源的所有权,具有资产、负债和所有者权益是设立企业的必要条件,在任一时点上,反映资产、负债和所有者权益会计要素内容的账户应该具有余额。在会计上将这些在任何时点上具有余额的账户称为"实账户"。"实账户"会计期末的余额,也就成了编制资产负债表的依据。

利润表账户,是指根据收入、费用和利润要素而设置的用来反映企业在一定会计时期经营成果信息的账户。企业通常应分期结算账目和编制财务报表,会计期末特别是年度终了,损益类账户的发生额全部结转至"本年利润"账户,结转之后损益类账户不再留有余额。在会计上与"实账户"相对应,将这些在期末结平不再留有余额的账户称为"虚账户"。"虚账户"会计期间的发生额,也就成了编制利润表的依据。

显然,从形式上看,在期末是否留有余额成了"实账户"与"虚账户"的区别特征。但值得注意的是"本年利润"账户,在平时表现出"实账户"的特征,在年末结账后,又表现出"虚账户"的特征。在各会计期末,"本年利润"账户借、贷两方相比以后会得到一个余额,这个余额表示企业的经营成果,若为贷方余额表示经营成果为利润;若为借方余额则表示经营成果为亏损。企业本年利润在未分配以前,应当将这个余额列入资产负债表的所有者权益部分的"未分配利润"项目。而在年度终了时,必须将"本年利润"账户的余额转入"利润分配"账户,最终使"本年利润"账户结平而不留任何余额。由此反映出,"本年利润"账户在平时体现出"实账户"的特征,而在年末则体现出"虚账户"的特征。

（二）卢卡·帕乔利及其《簿记论》

会计记账方法是在记账的实践中不断地完善的，关于复式记账的最早文献是 1494 年 11 月 10 日在威尼斯出版发行的意大利数学家、会计学家卢卡·帕乔利（Luca Pacioli，1445—1517）的专著《算术、几何、比及比例概要》（又译为《数学大全》）。这部专著的问世，不仅轰动了意大利数学界，而且引起了会计界的关注。现在普遍认为，这部著作不仅是意大利乃至欧洲数学发展史上光辉的篇章，而且开创了会计发展史的新纪元，卢卡·帕乔利也因此被尊称为"近代会计之父"。

卢卡·帕乔利于 1445 年出生于意大利台伯河上游的博尔戈·圣塞波尔克罗镇。1464 年，他到威尼斯担任了富商安东尼奥的家庭教师。这时，他一方面教授数学和学习绘画，另一方面结合运用数学的研究，对威尼斯商人所采用的复式记账法进行了考察研究，历经 6 年，全面掌握了威尼斯的复式记账方法。在 1475 年左右，他加入修道院，成为一位修士，但他从未放弃数学研究。此后，他担任了佩鲁贾大学数学教授，任教 6 年。1482 年，他到罗马讲授数学，4 年后又回到佩鲁贾大学，着手编著《算术、几何、比及比例概要》这部著作。1492 年左右，他到乌尔比诺图书馆，继续潜心研究，完成了这部著作的全部初稿。1494 年，年近 50 的卢卡·帕乔利为出版他的著作，来到威尼斯，几经校对，《算术、几何、比及比例概要》这部巨作终于问世。

卢卡·帕乔利编著的《算术、几何、比及比例概要》，由五大部分内容构成。第一部分论述代数和算术，第二部分论述商业代数和算术，第三部分论述簿记，第四部分论述货币和兑换，第五部分论述纯粹几何和应用几何。其中关于借贷记账法的论述，列于第九编第十一论，题为《簿记论》（Particularis de Computis et Scripturis）。《簿记论》分为 36 章，从账簿设置和财产盘查开始论述，直至"总账记账规则和记账方法的纲要"，较为系统地论述了以威尼斯式簿记为主的意大利复式记账方法。

关于簿记在经营管理中的必要性，卢卡·帕乔利认为"欲求商业的经营顺利，必须具备三种条件"。一是必须掌握好现金和实物，坚守信用；二是必须有"良好的簿记员与敏慧的数学家"；三是能将全部交易进行有序分类，依照借方、贷方进行记账。帕乔利在这里强调了簿记的科学性、技术性，这是世界上为树立簿记的地位所作出的第一次公正论说。

关于盘查的概念和财产盘查的方法，卢卡·帕乔利明确指出，商人经营必须进行财产盘查，而且这种盘查必须在一日之内完成，否则会给业务管理带来种种障碍。盘查的关键在于对盘点结果进行整理，必须将全部财产，包括动产和不动产按适当的顺序正确地记录到盘查目录中。这种财产盘查目录，也就是后来所通用的"财产目录"。"财产目录"的编制，成为以后西方企业会计报表编制的主要内容之一，但帕乔利在他这部著作中尚未论及"财产目录"的编制。

关于账簿的设置，卢卡·帕乔利论述了日记账、分录账与总账三种主要账簿。日记账也称备忘录、粘存簿或草账,要求详细记录交易人名、事实、日期和地址,并按照经济事项发生的先后进行登记。分录账根据日记账整理之后加以记录,每笔账目必须标明"借"或"贷"这两个标语,"借者表示一个或数个的借主,贷者表示一个或数个的贷主"。帕乔利强调指出,"任何账目,此二语中附列其一,而后方可记入分录账,并转记总账"。关于总账,帕乔利在第十三章指出,"按次序记载于分录账后,记于称为总账的第三种账簿"。并明确,"分录账中每一记录至总账时,须记载两处:一记借方,一记贷方。在分录账中,借主以借字表现,贷主以贷字表现……但在总账中,借与贷须分别记录,即借主记在左方,贷主记在右方"。卢卡·帕乔利从理论上将威尼斯簿记组织和记账法系统化,这为后来借贷复式记账法会计账簿组织的构建奠定了基础。

关于会计科目设置与总账中的分户核算,卢卡·帕乔利认为在总账中按照会计科目记录是整个簿记的关键所在。会计科目各有各的用途,按会计科目设置的账户也各有各的用途。各种收入和各种费用与盈利的计算有关,而盈利又与资本账户有关,正是因为存在这种关系,所以各账户之间就存在着有机的联系,这种联系将在平衡"试算表"表现出来。

关于"试算表"的编制,卢卡·帕乔利认为,在总账的全部记载中,借方与贷方相互关联,借贷两方客观上存在着对等关系。因而,按照这一原理编制出来的"试算表",如果无记录错误,两方必然相等。在这里,卢卡·帕乔利阐明了"有借必有贷、借贷必相等"的复式记账法的基本原理。针对通过总账"试算表"进行平衡试算后,因不平衡所发现的总账记录有错误这一问题,卢卡·帕乔利还详细地论述了纠正错误的方法。

关于借贷复式记账法的基本方程式,卢卡·帕乔利不仅为欧洲代数学的先驱,而且他还第一次根据复式账法的基本原理,通过数学运算方法,建立了复式簿记的基本方程式:一人所有财物=其人所有权总值。这个公式是后来一切借贷平衡公式的鼻祖,因而它被西方会计学者奉为基本原则。该公式明确了资产与资本、负债的关系。其后"资产-负债=净值"和"资产=资本+负债"等会计等式,都是在卢卡·帕乔利上述方程式的基础上建立起来的。

关于以"借""贷"作为符号,卢卡·帕乔利认为,借与贷这两个标语各有其固定意义,借与贷两个方面是对立的,而最后又可以达到暂时的统一。运用于会计核算中的各种账户一般都有比较固定的表示,如"资本"通常置于贷主地位,而"现金"则通常置于借主地位。卢卡·帕乔利还明确指出,账目的定期结算、"试算表"的编制,都必须以"借""贷"为标号进行归集、汇总和计算。总账"试算表"的两方的总数,其含义非借主和贷主,而是借方总结算数和贷方总结算数。

关于"摘要书"或"计算书"的编制,卢卡·帕乔利认为,企业代理人或经理必须向业主提供"摘要书"或"计算书",以便业主查核经营状况和各项财产变化状况。这种类似于财务报告的经济文件,是根据总账各账户余额编制而成的。既要求借、贷两方平衡,又要求总账与分录账、日记账记录保持一致。这种报告书成为"资产负债表"和"损益计算书"产生的基础。

卢卡·帕乔利的《簿记论》开创了世界会计发展的新时代。首先,《簿记论》是世界上关于簿记学说的最早著作,它奠定了会计学理论的基础,从理论上对复式簿记进行了系统的阐述,带来的影响是极为深远的。以后出现的各种会计学派,其立论和对观点的阐述,几乎都是在卢卡·帕乔利的这一著作中寻找依据的。其次,卢卡·帕乔利以威尼斯簿记法为主体,对意大利借贷复式记账法进行了全面的介绍和系统的归纳总结,为借贷复式记账方法体系的建立奠定了基础。最后,卢卡·帕乔利根据数学原理和借贷平衡原理,建立了借贷复式记账法的第一方程式,并阐明了借方和贷方必然平衡的理论。这不仅为后来的西方会计学者奉为会计的基本原则,而且成为勾稽账目、审核报表的基本法则。

(三)对借贷记账法记账符号的困惑与增减记账法

复式记账法不仅是商业史上的重大发明,也是人类智慧的绝妙结晶。借贷记账法作为复式记账法的杰出代表,迄今已有500多年的历史,成为国际通用的复式记账方法。我国自1907年由两位留日学生谢霖和孟森首次将其由日本引入以来,经过百年来的应用,已被广大财会人员熟悉和掌握。但是,在长期使用中经过演变逐渐远离了其字面意思,增加了人们理解的难度,引致了难以自圆其说的困境,从而沦为"不表示含义"的符号,困惑了不少学者与会计人员。在汉语里,借、贷两字本应是同义词,而在账户中却变成了含义完全相反的记账符号,更困惑了会计初学者。借贷记账法确实让内行普遍接受,而让外行感到不可理解,正如会计大师 A. C. 利特尔顿(Ananias Charles Littletm,1886—1974年)所说的那样:"由于人们加深了对记账程序的认识,所以围绕复式簿记的神秘感已经消失。唯留下一个令人困惑的特性:某些账户的左方代表增加,而在其他账户上的增加额却记入右方。这种安排实在太复杂了,以至于试图将它合理化成为徒劳无益的事。迄今为止,这种借贷规则(左方和右方)仍然属于复式记账的一个基本部分。"鉴于对借贷记账符号带来的困惑,我国的一些会计学者对建立简便又易于理解的复式记账法进行了一些尝试,其中典型的代表是增减记账法。

增减记账法是指以"增""减"作为记账符号,用于反映资产、负债、所有者权益、收入和费用增减变动的一种复式记账方法。在增减记账法下,要把全部账户固定地划分为资产类账户(包括资产账户和费用账户)和权益类账户(包括负债账户、所有者权益账户和收入账户)两大类,根据资产总额和权益总额的相等关系,凡一项经济业务只引起资产类账户或权益类账户内部变动时,以相等的金额在有关的资产类账户或权益类账户分别记增加和减少,即"同类账户,有增有减";凡一项经济业务同时引起资产类账户和权益类账户的增减变动时,在有关的资产类账户和权益类账户中都记增加或减少,即"异类账户,同增同减"。例如,用银行存款3 000元购入原材料,应作有增有减的会计分录,即"增:原材料3 000,减:银行存款3 000",反映资产类账户内部,一个账户(原材料)增加3 000元,另一账户(银行存款)减少 3 000 元。又如,向银行借入短期借款 10 000 元,应作同增的会计分录,即"增:银行存款 10 000,增:短期借款 10 000",反映资产(银行存款)增加 10 000 元,与此对应的负债(短期借款)也增加 10 000 元。增减记账法的主要优点是,按照账户发生增减的实际情况来记账,账户内发生额为增加,就记"增",账户内发生额为减少,就记"减",简单明了,通俗易懂。但增减记账法的主要缺点是对于复合会计分录的对应关系不够清晰,并且对于所有的账户必须严格按性质区分,限制了双重账户的设置和运用。

增减记账法出现在 20 世纪 60 年代,是基于我国当时的背景,由张以宽、叶荫松和倪关全等一些专家学者经过长期调查和大量研究进行设计,并使之形成完整的体系。于 1964 年开始在商业企业得到广泛采用,并在工业、交通等各类企业推行起来。鉴于增减记账法技术上的科学性不如借贷记账法,并且我国会计的国际趋同,1993 年 7 月 1 日起,我国所有企业按照《企业会计准则》的规定一律采用国际上通用的借贷记账法,不再采用增减记账法。

三、复习思考题与练习题

复习思考题

1. 确定企业会计科目应当遵循哪些原则? 如何理解会计科目设置中的互斥性、灵活性与适时性?

2. 为什么说设置账户是会计核算的重要方法之一? 企业设置账户的前提条件是什么?

3. 账户有哪些分类? 进行账户分类有什么意义?

4. 借贷记账法下资产类账户的结构如何? 依据什么原理能够推论得出负债类账户和所有者权益类账户的结构?

5. 借贷记账法下损益类账户的结构如何? 期末余额是如何结平的?

6. 借贷记账法下如何根据账户余额的方向判断账户所反映的经济内容与性质?"预收账款"和"预付账款"账户的借方余额和贷方余额分别表示什么含义?

7. 什么情况下能够将若干笔简单分录合并为一笔复合分录? 复合分录在什么情况下能够拆分为若干笔简单分录?

8. 账户按用途和结构如何进行分类? 其中的盘存类账户、备抵调整类账户和集合分配类账户各有何特点并举例说明。

练 习 题

一、单项选择题(在每小题的备选答案中,选出一个最合适的答案)

1. 企业为了核算与控制各种验收入库材料的增减变动及其结存情况,应当使用的会计科目是(　　)。

    A. "存货"　　　　　　　　　　　　B. "流动资产"

    C. "在途物资"　　　　　　　　　　D. "原材料"

2. 企业为了核算与控制从银行或者其他金融机构取得的时间在 1 年(含 1 年)以内的各种借款,应当使用的会计科目是(　　)。

  A. "银行存款"   B. "银行借款"

  C. "短期借款"   D. "长期借款"

3. 账户与会计科目有很多共同之处,但其最主要的区别在于( )。

  A. 会计科目有名称而账户无名称   B. 会计科目有结构而账户无结构

  C. 账户有名称而会计科目无名称   D. 账户有结构而会计科目无结构

4. 下列账户中,属于所有者权益类的账户是( )。

  A. "应付股利"   B. "预收账款"

  C. "应交税费"   D. "利润分配"

5. 在借贷记账法下,账户的借方反映的经济内容可能是( )。

  A. 负债的增加   B. 收入的增加

  C. 费用的增加   D. 所有者权益的增加

6. 下列各类账户中,属于通常在会计期末没有余额的账户是( )。

  A. 资产   B. 收入

  C. 负债   D. 成本

7. 下列各项经济业务中,属于涉及负债类账户的经济业务是( )。

  A. 已购入但处于运输途中的材料   B. 已实现尚未分配的利润

  C. 已宣告尚未支付的现金股利   D. 已销售但尚未收回的货款

8. "预收账款"明细账户的借方余额表示的含义是( )。

  A. 应收款项   B. 预收款项

  C. 应付款项   D. 预付款项

9. 某企业"实收资本"账户的期初余额为 500 000 元,本期接受投资者投入的货币资金 10 000 元、固定资产 40 000 元、无形资产 30 000 元。假定不考虑其他因素,"实收资本"账户的本期发生额应当是( )元。

  A. 借方 70 000   B. 贷方 80 000

  C. 借方 420 000   D. 贷方 580 000

10. 某企业开设了"预付账款"账户,该账户本月的借方发生额为 5 000 元,贷方发生额为 6 000 元,下列各项关于该账户期末余额的表述中,正确的是( )。

  A. 期末无余额

  B. 出现期末借方余额 1 000 元

  C. 出现期末贷方余额 1 000 元

  D. 若有期末余额,既可能在借方也可能在贷方,且金额不一定为 1 000 元

11. 某企业"预付账款"总分类账户本月月末的借方余额 50 000 元,其所属三个明细分类账户的余额分别为借方 60 000 元、借方 20 000 元和贷方 30 000 元。不考其他因素,该企业月末债权债务的正确表述是( )。

  A. 债权 50 000 元   B. 债务 50 000 元

  C. 债权 80 000 元与债务 30 000 元   D. 债权 30 000 元与债务 80 000 元

12. 按照账户反映的用途和结构分类,"累计折旧"账户归属于( )类账户。

A. 费用　　　　　　　　　　　　　　　B. 资产

C. 负债　　　　　　　　　　　　　　　D. 备抵调整

13. 下列关于账户归属的阐述中,按照账户反映的用途和结构分类,正确的是(　　　)。

A. "原材料"属于盘类存账户

B. "制造费用"账户属于跨期摊配类账户

C. "本年利润"账户属于集合分配类账户

D. "待处理财产损溢"账户属于备抵调整类账户

14. 如果一个企业并不经常发生预收账款业务,则该企业可以不开设"预收账款"账户,而是将可能发生的预收账款纳入(　　　)账户进行核算。

A. "应付账款"　　　　　　　　　　　B. "应收账款"

C. "其他应付款"　　　　　　　　　　D. "其他应收款"

15. 下列各项中,属于暂记类账户的是(　　　)账户。

A. "资本公积"　　　　　　　　　　　B. "制造费用"

C. "税金及附加"　　　　　　　　　　D. "待处理财产损溢"

二、多项选择题(在每小题的备选答案中,选出所有合适的答案)

1. 下列各项关于会计科目的阐述中,正确的有(　　　)。

A. 可以为建立会计等式提供前提条件

B. 是对会计要素进行分类核算与控制的具体项目

C. 可以为设置账户、填制会计凭证、登记会计账簿提供依据

D. 可以为编制财务报表奠定基础

E. 是对会计对象进行核算和控制所作基本分类的项目

2. 下列账户中,属于资产类账户的有(　　　)。

A. "实收资本"　　　　　　　　　　　B. "预付账款"

C. "制造费用"　　　　　　　　　　　D. "库存商品"

E. "其他应收款"

3. 下列关于借贷记账法下账户发生额的阐述中,正确的有(　　　)。

A. 资产类账户借方发生额反映相应资产的增加额

B. 负债类账户贷方发生额反映相应负债的减少额

C. 收入类账户贷方发生额反映相应收入的增加额

D. 费用类账户借方发生额反映相应费用的增加额

E. 成本类账户借方发生额反映相应成本的减少额

4. 下列关于成本类账户的表述中,正确的有(　　　)。

A. 借方表示产品成本的增加额

B. 贷方表示产品成本的增加额

C. 该类账户中的"制造费用"账户通常期末无余额

D. 该类账户中的"生产成本"账户有时会留有期末借方余额

E. 反映企业发生的应当直接或间接地计入产品成本的材料费、人工费等各种耗费

5. 下列各项中,属于损益类账户的有(　　)。

    A. "管理费用"　　　　　　　　　　　　B. "制造费用"

    C. "所得税费用"　　　　　　　　　　　D. "营业外支出"

    E. "其他业务成本"

6. 下列关于费用类账户记账的阐述中,正确的有(　　)。

    A. 发生费用时记借方　　　　　　　　　B. 结转费用时记贷方

    C. 先记贷方后记借方　　　　　　　　　D. 先记借方后记贷方

    E. 在记借方的同时记贷方

7. 下列账户中,属于在年末结账后通常有余额的账户有(　　)。

    A. "利润分配"　　　　　　　　　　　　B. "本年利润"

    C. "盈余公积"　　　　　　　　　　　　D. "应交税费"

    E. "生产成本"

8. 在借贷记账法下,下列关于账户期末余额的计算表述中,通常情况下正确的有(　　)。

    A. 期末借方余额＝期初借方余额＋本期借方发生额－本期贷方发生额

    B. 期末贷方余额＝期初贷方余额＋本期贷方发生额－本期借方发生额

    C. 期末借方余额＝期初贷方余额＋本期借方发生额－本期贷方发生额

    D. 期末贷方余额＝期初贷方余额＋本期贷方发生额－本期贷方发生额

    E. 期末借方余额＝期初贷方余额＋本期贷方发生额－本期借方发生额

9. 下列关于总分类账与明细分类账相同点的表述中,正确的有(　　)。

    A. 账户的记账方向相同　　　　　　　　B. 据以登记的会计凭证相同

    C. 反映的经济业务内容相同　　　　　　D. 记账的时点相同

    E. 记账的人员相同

10. 下列关于总分类账户和明细分类账户的表述中,正确的有(　　)。

    A. 不必根据总分类账户登记明细分类账户

    B. 不必根据明细分类账户登记总分类账户

    C. 总分类账户和明细分类账户的登记方向应当相同或相反

    D. 总分类账户的余额与所属各明细分类账户的余额之和保持相等

    E. 总分类账户的余额有时会大于或小于所属各明细分类账户的余额

11. 下列各类账户中,账户按用途和结构分类时,属于期末一般没有余额的账户类别有(　　)。

    A. 结算　　　　　　　　　　　　　　　B. 跨期摊配

    C. 收入汇转　　　　　　　　　　　　　D. 费用汇转

    E. 集合分配

12. 下列各类账户中,账户按用途和结构分类时,属于费用汇转类账户的有(　　)。

    A. "制造费用"　　　　　　　　　　　　B. "管理费用"

    C. "销售费用"　　　　　　　　　　　　D. "财务费用"

    E. "主营业务成本"

13. 不同经济业务需要编制不同的会计分录,但任何会计分录的基本构成因素均应相同,均应包括

（ ）。

A. 记账基础　　　　　　　　B. 记账方向

C. 账户名称　　　　　　　　D. 发生金额

E. 发生数量

14. 下列各项关于过账的论述中,正确的有( )。

A. 应随时或定期地过账

B. 应根据审核无误的记账凭证进行过账

C. 应对每笔会计分录中的每一个会计科目进行过账

D. 凡有期初余额的,应先过期初余额再过本期发生额

E. 过账完毕应予期末结账

15. 下列各项关于试算平衡的论述中,正确的有( )。

A. 每一账户本期借方发生额应等于其贷方发生额

B. 所有账户期初余额合计应等于其期末余额合计

C. 所有账户本期借方发生额合计应等于所有账户本期贷方发生额合计

D. 所有账户期初借方余额合计应等于所有账户期初贷方余额合计

E. 所有账户期末借方余额合计应等于所有账户期末贷方余额合计

三、判断题(认为正确的在题目前面括号内打"√",认为错误的在题目前面括号内打"×")

1. ( )会计科目是对会计核算与控制内容所作的基本分类,会计要素则是对其所作的具体分类,两者结合才能序时、完整、连续地反映企业的资金运动。

2. ( )通过确定会计科目,可以为设置账户、填制会计凭证和登记账簿提供依据。

3. ( )企业应根据账户开设会计科目,其名称就是账户。

4. ( )通常在T型账户的基本结构中,账户的左、右两方按相反方向记录增加额和减少额。究竟账户的哪一方登记增加额,哪一方登记减少额,取决于账户反映的经济内容。

5. ( )借贷记账法是一种复式记账法,但复式记账法并不仅仅只有借贷记账法。

6. ( )借贷记账法将账户分为借、贷两方,以"借"表示增加,以"贷"表示减少。

7. ( )借贷记账法下可以根据账户发生额的方向来判断账户的性质。

8. ( )资本账户在经济内容与性质上属于利润类账户,具体包括"盈余公积"和"未分配利润"等账户。

9. ( )债权债务结算账户也称汇转账户,在经济内容与性质上具有双重性。

10. ( )债权债务结算账户的贷方余额,表示债权项大于债务款项的数额。

11. ( )为了简化核算,开设了"应收账款"和"应付账款"账户的企业,如果预收账款和预付账款业务发生较少,可以不开设"预收账款"和"预付账款"账户,而将预收账款和预付账款业务纳入"应收账款"和"应付账款"账户核算。

12. ( )备抵调整类账户采用被调整账户与调整账户余额相加的调整方式,为此调整账户的余额与被调整账户的余额在方向上相同。

13. ( )集合分配账户用以汇集和分配生产经营过程中发生的某些间接费用,期末一般无余额。

14. ( )"制造费用"账户期末通常无余额,"生产成本"账户期末可能有余额。

15. ( )"长期待摊费用"账户是在权责发生制下特有的跨期摊配账户。

四、业务题

【业务题一】

目的:掌握资产类会计科目的核算内容。

资料:天成公司是一家汽车制造企业,经营范围主要包括轿车与商务车的研发、制造和销售。天成公司资产要素的具体内容及相应的会计科目,如表4-3所示。

表 4-3　　　　　　　　　天成公司资产要素的具体内容及相应的会计科目

序号	经济内容	会计科目
(1)	出纳人员经管的现金	
(2)	客户拖欠的轿车购货款	
(3)	购买并验收入库的车辆配件	
(4)	存放在开户银行中的款项	
(5)	预付给车辆配件供货商的购货款	
(6)	车辆生产车间房屋	
(7)	车辆生产设备	
(8)	为客户代垫的轿车运费	
(9)	专门用于运输材料的卡车	
(10)	生产完工并验收合格的轿车	
(11)	公司行政管理部门使用的商务车	
(12)	自行研制并获得的车灯专利权	

要求:将反映上述各项内容的相应总账会计科目填入表4-3内。

【业务题二】

目的:掌握权益类会计科目的核算内容。

资料:承[业务题一],天成公司权益要素的具体内容及相应的会计科目,如表4-4所示。

表 4-4　　　　　　　　　天成公司权益要素的具体内容及相应的会计科目

序号	经济内容	会计科目
(1)	投资者投入的资本	
(2)	预收轿车客户的货款	
(3)	对到期一次还本付息的短期借款计提的利息	
(4)	取得的为期 10 个月的银行借款	
(5)	根据净利润一定比例计提的盈余公积	
(6)	拖欠车辆配件供应商的货款	
(7)	因增资而形成的资本溢价	
(8)	已计算但尚未缴纳的所得税	
(9)	已结算但尚未发放的职工薪酬	
(10)	已实现但尚未结转与分配的年度利润	

要求:将反映上述各项内容的相应总账会计科目填入表 4-4 内。

【业务题三】

目的:掌握成本类与损益类会计科目的核算内容。

资料:承[业务题一],天成公司成本类与损益类项目的具体内容及相应的会计科目,如表 4-5 所示。

表 4-5 天成公司成本与损益项目的具体内容及相应的会计科目

序号	经济内容	会计科目
(1)	举办股东会议发生的会议费用	
(2)	公司高管出差发生的差旅费	
(3)	为拓展轿车销路而支付的广告费	
(4)	因违反供货合同而支付的赔偿金	
(5)	已销车辆的成本	
(6)	车辆生产车间发生的水电费	
(7)	本期应承担的短期借款利息费用	
(8)	为地震灾区捐款	
(9)	车辆生产工人的薪酬	
(10)	生产车辆耗用的原材料和配件	
(11)	以略高于成本的价格销售多余的车辆配件	
(12)	计提车辆生产车间房屋与机器设备的折旧	
(13)	因同行企业侵权而收到的赔偿款	
(14)	一批商务车已发出并已按销售合同办妥销售手续	
(15)	已销多余车辆配件的进价(成本)	

要求:将反映上述各项内容的相应总账会计科目填入表 4-5 内,若系成本类科目应以"＊"注明。

【业务题四】

目的:掌握借贷记账法下各类账户的结构及相关金额的计算。

资料:飞跃公司 20×1 年 12 月 31 日部分账户信息,如表 4-6 所示。

表 4-6 飞跃公司 20×1 年 12 月 31 日部分账户信息

单位:元

账户名称	期初余额	本期借方发生额	本期贷方发生额	期末余额
预收账款	5 000(贷方)	A	52 000	9 000(借方)
应付账款	4 000(贷方)	18 000	B	65 000(贷方)
累计折旧	3 000	0	8 000	C
生产成本	20 000	80 000	D	5 000
制造费用	E	70 000	70 000	0
主营业务收入	0	F	300 000	0

（续表）

账户名称	期初余额	本期借方发生额	本期贷方发生额	期末余额
其他业务成本	0	240 000	240 000	G
应交税费	6 000（借方）	H	15 000	3 000（贷方）
本年利润	10 000（贷方）	I	160 000	0
利润分配	20 000（借方）	100 000	J	50 000（贷方）

要求：按性质分析各账户的类别，计算并填列表 4-6 中 A～J 的金额。

【业务题五】

目的：掌握借贷记账法下会计分录的编制。

资料：鸿运公司 20×1 年 3 月份发生的部分经济业务如下（不考虑增值税）：

（1）从开户银行提取现金 8 000 元。

（2）购入不需安装的设备一套，价款 90 000 元已通过银行付讫，设备已交付使用。

（3）购入一项专利权，价款 30 000 元已通过银行付讫。

（4）经协商，几位技术人员同意将公司应支付他们的技术奖励共计 300 000 元转为其对公司的投资。

（5）根据投资协议，投资者投入资本 800 000 元，其中，100 000 元属于原材料已运达并验收入库，其余款项已打入公司银行账户。

（6）销售产品一批，价款 480 000 元，当月通过银行收到货款 400 000 元，其余款项上月已通过银行预先收取。

（7）当月应负担的生产车间财产保险费 3 500 元，该保险费已于上年支付给保险公司。

（8）通过银行预付下年度管理部门用固定资产租金 12 000 元。

（9）从供货方收到材料一批并验收入库，价款为 76 000 元，全部款项均已在上月预付。

（10）将现金 20 000 元存入银行。

（11）销售产品一批，价款 900 000 元，货款尚未收到。

（12）结转当月已销产品成本 860 000 元。

（13）经协商，应付某公司账款 50 000 元转为对本公司的投资。

（14）经股东大会决议将资本公积 2 000 000 元转增资本。

（15）向投资人支付现金股利 1 000 000 元。

（16）通过银行向地震灾区捐款 50 000 元。

（17）计算当月应缴纳的消费税及教育费附加 20 000 元。

（18）计提固定资产折旧 40 000 元，其中，生产车间 25 000 元，行政管理部门 15 000 元。

（19）销售经理报销差旅费 8 500 元，其出差前预借现金 5 000 元，现补付其现金 3 500 元。

（20）通过银行归还到期短期借款的本金和利息 1 030 000 元，其中，利息总额为 30 000 元，但应由当月承担的利息仅为 5 000 元。

要求：根据上述经济业务编制会计分录。

【业务题六】

目的：掌握总分类账户与明细分类账户的平行登记。

资料:达人公司 20×1 年 6 月 1 日有关账户余额如下:

"应收账款"账户借方余额为 20 000 元,该余额系南方公司所欠货款。

"预收账款"账户贷方余额为 30 000 元,该余额系北方公司预付的货款。

"库存商品"账户余额为 380 000 元,其中,甲产品 220 000 元,乙产品 160 000 元。

当年 6 月份,达人公司会计人员编制的有关会计分录如下:

(1) 借:应收账款——东方公司		60 000
——南方公司		50 000
——西方公司		40 000
贷:主营业务收入——甲产品		80 000
——乙产品		70 000
(2) 借:银行存款		88 000
贷:应收账款——南方公司		70 000
——西方公司		18 000
(3) 借:预收账款——北方公司		20 000
——中方公司		9 000
贷:主营业务收入——甲产品		15 000
——乙产品		14 000
(4) 借:主营业务成本——甲产品		75 500
——乙产品		81 000
贷:库存商品——甲产品		75 500
——乙产品		81 000

要求:

(1) 分别对"应收账款""预收账款"和"库存商品"三个总分类账户及其所属明细分类账户进行平行登记,并计算其总分类账户余额和所属各明细分类账户 6 月 30 日的余额(必要时注明方向)。

(2) 假定不考虑其他因素,分别计算甲产品和乙产品的销售毛利。

【业务题七】

目的:熟悉账户按不同标准的分类。

资料:利华公司设置的部分账户分类表,如表 4-7 所示。

表 4-7　　　　　　　　　　　　　**利华公司账户分类表**

账户名称	按经济内容分类	按用途和结构分类	按与财务报表的关系分类
银行存款			
应收账款			
预收账款			
原材料			
固定资产			

（续表）

账户名称	按经济内容分类	按用途和结构分类	按与财务报表的关系分类
累计折旧			
生产成本			
制造费用			
财务费用			
主营业务收入			
主营业务成本			
所得税费用			
营业外支出			
实收资本			
利润分配			

要求：将上述账户逐个按不同标准分类，并将分类所属的结果填入表 4-7 的相应栏内。

【业务题八】

目的：练习账户的分类。

资料：嘉禾公司是一家设备制造企业，开设的有关账户名称如下：库存现金、银行存款、应收票据、应收账款、预付账款、其他应收款、坏账准备、原材料、存货跌价准备、生产成本、制造费用、固定资产、累计折旧、短期借款、应付票据、应付账款、预收账款、应付利息、应付职工薪酬、应交税费、其他应付款、实收资本、资本公积、盈余公积、本年利润、利润分配、主营业务收入、主营业务成本、销售费用、管理费用、财务费用、长期待摊费用。

要求：将上述各账户分别既按用途和结构分类，又按经济内容分类，并将分类结果填入表 4-8 的相应栏内。

表 4-8　　　　　　　　　　　　　账户分类表

账户类别	资产类	负债类	所有者权益类	成本类	损益类
盘存类					
资本类					
结算类					
备抵调整类					
集合分配类					
成本计算类					
跨期摊配类					
汇转类					
财务成果类					

【业务题九】

目的:分析结算类账户所属明细账户余额的经济含义。

资料:鸿飞公司是一家小型制造企业,为简化核算没有单独开设"预收账款"和"预付账款"账户。20×1 年 3 月 31 日,公司部分结算类总分类账户及所属明细分类账户余额,如表 4-9 所示。

表 4-9　　　　　鸿飞公司部分结算类总分类账户及所属明细分类账户余额

单位:元

账户	借方	贷方	含义	账户	借方	贷方	含义
应收账款	600 000		—	应付账款		50 000	—
其中:甲公司	700 000			其中:丁公司		80 000	
乙公司		300 000		戊公司		10 000	
丙公司	200 000			己公司	40 000		

要求:

(1) 判断各明细账户余额的经济含义,并填入表 4-9 的相应栏内。

(2) 分别确定鸿飞公司 20×1 年 12 月 31 日的债权和债务项目,并计算其金额。

【业务题十】

目的:掌握双重性账户的余额方向及其经济含义。

资料:博时公司是一家大型制造企业,公司不仅设有"应收账款"和"应付账款"账户,而且设有"预收账款"和"预付账款"账户。20×1 年 6 月 30 日,公司有关结算类总分类账户及所属明细分类账户余额,如表 4-10 所示。

表 4-10　　　　　博时公司有关结算类总分类账户及所属明细分类账户余额

单位:元

账户	借方	贷方	账户	借方	贷方
应收账款	740 000		应付账款		40 000
其中:甲公司	500 000		其中:己公司		26 000
乙公司	240 000		庚公司		14 000
预收账款		100 000	预付账款	70 000	
其中:丙公司		30 000	其中:辛公司	86 000	
丁公司		90 000	壬公司	12 000	
戊公司	20 000		癸公司		28 000

要求:计算博时公司 20×1 年 6 月 30 日各项债权与债务的金额。

四、案例分析

应该如何记账与核算——大学生创业经营商店的案例

张三和李四是大学同班同学,他俩今年刚从某大学的心理学专业毕业。考虑到目前大学生就业困难的状况,两人决定放弃寻找工作而自主创业。于是,他俩于 20×1 年 7 月初各出资 100 000 元在某大学城合伙开立了一家学习用品商店,在银行开设了账户,通过经营性租赁方式租用了一家店面开展经营活动,店面每年租金 24 000 元,租期 3 年。

开业当月,该商店发生的经济业务共有如下 6 项:

(1)购买柜台、货架等有关经营用家具 3 600 元,预计能够使用 3 年,款项已通过银行予以支付。

(2)根据租赁合同,通过银行支付了 2 年店面租金 48 000 元。

(3)与某厂家签订了一份价值为 26 500 元的学习用品购货合同,根据合同,在签订合同的当天通过银行预付了 25 000 元作为购货定金,其中,20 000 元的学习用品已在预付款项的次日运达,其余 1 500 元将于下月月初收到全部订购的学习用品时付清。

(4)与某高校签订了一份价值为 8 000 元的办公用品供货合同,根据合同,该高校已预付 3 000 元作为购货定金,约定下月月初发货。

(5)通过银行支付了本月宣传推介费 2 000 元。

(6)本月销售学习用品的售价为 15 000 元,但有 4 000 元款项尚未收回。已销学习用品的进价为 10 000 元。

月末,张三和李四认为开业初期业务不多,尚无必要聘请专门的会计人员。但是,为了了解商店的财务状况和经营成果,商店也应记账。他俩协商决定由李四兼任会计。李四并没有经过会计学专业的正规培训,只是从参加的一次会计讲座上粗略地了解一些会计知识,认为会计记录应当设置必要的账户并采用复式记账法,月末只要做到"资产=负债+所有者权益"或者"资产=负债+所有者权益+(收入-费用)"或者"资产=负债+所有者权益+利润",会计记录一般就不会发生大错误。于是,李四根据自己对会计知识的理解,设计了一套自认为清晰而合理的记账方法。针对开业当月的经济业务,李四的记账方法及其结果如下:

月初投入本金	现金	200 000	收入	200 000
(1)购买货架	现金	−3 600	费用	−3 600
(2)支付租金	现金	−48 000	费用	−48 000
(3)支付货款	现金	−25 000	费用	−25 000
(4)销售商品	现金	3 000	收入	3 000
(5)支付广告费	现金	−2 000	费用	−2 000
(6)销售商品	现金	11 000	收入	11 000
本月合计	现金结余	135 400	收支盈余	135 400

分析与讨论:

(1)判断李四所作的记录是否正确并说明理由。

(2)假定张三和李四的出资均是银行存款,本月经济业务涉及的款项收付均以银行存款收付,请根据复式记账原理并运用借贷记账法编制相关会计分录。

(3)请分别计算收付实现制与权责发生制两种会计基础下的当月盈亏,并说明依据两种会计核算基础核算盈亏的利弊。

第五章 会计记账方法——应用

一、概要解析

(一)材料采购成本

材料采购成本,是指企业从外部购入原材料等物资过程中实际发生的全部必要的合理支出,具体由五个部分构成:买价;运杂费,包括运输费、装卸费、保险费、包装费和仓储费等;运输途中的合理损耗;入库前的挑选整理费用,包括挑选整理中发生的薪酬支出和必要的损耗,并扣除回收的下脚废料价值;购入材料负担的税金和其他费用。

如果原材料采用实际成本核算,直接通过"原材料"账户来归集计算材料采购成本。存在在途材料的情况,则先通过"在途物资"账户核算,待材料验收入库,再转入"原材料"账户。

如果原材料采用计划成本核算,则设置"材料采购"账户来归集计算材料实际采购成本。材料采购过程中所有必要的合理支出都记入"材料采购"账户的借方,当材料验收入库后,将账户借方归集的金额汇总,即相关材料的实际采购成本。材料验收入库时,按照计划成本将材料成本转入"原材料"账户,实际成本与计划成本的差额结转"材料成本差异"账户。

(二)生产费用、生产成本与制造费用

生产费用和生产成本所包含的内容是相同的,都是制造企业在产品生产过程中所发生的能用货币计量的耗费,包括耗用的原材料、人工费用、生产厂房与机器设备折旧费等。但两者计算口径不同,生产费用与一定的时期相联系,通常是按会计期间归集;生产成本与一定种类、一定数量的产品相联系,是对象化的生产费用,为此,生产成本也称产品成本。在很多情况下,一定种类、一定数量的产品从投产到完工都要跨越会计期间,如当月投产下月才能完工,因此,产品成本通常包含不同期间发生的生产费用。

由于在生产产品过程中所发生的耗费种类繁多,为了便于核算,通常将发生的生产耗费分为直接生产耗费与间接生产耗费两类。直接生产耗费,是指能直接归属于特定产品的生产耗费,如构成产品实体的原材料和产品生产人员的薪酬费用等,这类生产耗费比较容

易判断是哪些产品在生产过程中发生的,在发生之后直接记入按成本计算对象设置的"生产成本"账户进行归集核算。间接生产耗费,是指不能直接归属于特定产品的生产耗费,如生产多种产品共同使用的生产厂房与机器设备的折旧费、机物料消耗、水电费、车间管理人员薪酬费用等,这类生产耗费虽然也与产品生产相关,也应归属于产品生产成本,但由于多种产品在生产过程中共同受益,在发生之后不能直接记入按成本计算对象设置的"生产成本"账户,而是先记入按生产产品的部门设置的"制造费用"账户进行归集,期末再采用合理的标准分配记入受益产品的"生产成本"账户,由相应的成本计算对象负担。

(三) 固定资产、在建工程与累计折旧

固定资产,是指为生产商品、提供劳务、出租或经营管理而持有的,使用寿命超过一个会计年度的有形资产。固定资产是企业的生产工具或手段,而不是生产的对象或者用于出售的产品。固定资产的使用寿命较长,超过一个会计年度,可以在较长的时期供企业使用,给企业带来价值。

"固定资产"账户用于核算企业持有固定资产原价的增减变动及其结存情况。如果从外部取得的固定资产需要安装,或者企业自己建造、改造固定资产,在安装、建造过程中会发生增加固定资产成本的各种耗费,为此设置"在建工程"账户,用以归集计算固定资产的总成本。待固定资产安装、建造完成,将其总成本从"在建工程"账户转入"固定资产"账户。

固定资产在使用过程中会发生磨损、消耗,其价值会逐渐减少,这种价值的减少就是固定资产折旧。实质上,价值并没有消失,而是逐渐转移。例如,用固定资产生产产品,在生产过程中,固定资产价值减少,而产品价值增加,相当于固定资产价值转移至产品成本。固定资产价值发生转移,这种价值转移通过会计语言体现出来即计提折旧。累计折旧反映的就是固定资产在使用过程中累计发生的价值转移。例如,固定资产价值转移至产品成本,通过借记"制造费用"账户,贷记"累计折旧"账户,在"累计折旧"账户的贷方记录固定资产的价值转移或减少的金额。因此,"累计折旧"账户是"固定资产"账户的备抵账户,是为了记录固定资产的价值转移或减少而专门设置的账户。"固定资产"账户的借方反映固定资产的原值,借方余额减去"累计折旧"账户的贷方余额,即固定资产的净值。

(四) 期间费用

期间费用,是指企业日常活动发生的不能计入特定核算对象的成本,而应计入发生当期损益的费用。期间费用是企业日常活动中所发生的经济利益的流出,是企业为组织和管理整个经营活动所发生的费用,与可以确定特定成本核算对象的材料采购、产品生产等没有直接关系,因而期间费用不计入有关核算对象的成本,而是直接计入当期损益。正确区分期间费用与特定核算对象的成本,关系到正确计算各期损益和如实反映期末财务状况。期间费用包括销售费用、管理费用和财务费用。

销售费用，是指企业销售商品和材料、提供劳务的过程中发生的各种费用，包括企业在销售商品过程中发生的保险费、包装费、展览费和广告费、商品维修费、预计产品质量保证损失、运输费、装卸费等以及为销售本企业商品而专设的销售机构（含销售网点、售后服务网点等）的职工薪酬、业务费、折旧费等经营费用。

管理费用，是指企业为组织和管理生产经营发生的各种费用，包括企业在筹建期间内发生的开办费、董事会和行政管理部门在企业的经营管理中发生的或者应由企业统一负担的公司经费（包括行政管理部门职工薪酬、物料消耗、低值易耗品摊销、办公费和差旅费等）、行政管理部门负担的工会经费、董事会费（包括董事会成员津贴、会议费和差旅费等）、聘请中介机构费、咨询费（含顾问费）、诉讼费、业务招待费、技术转让费、研究费用、排污费等。需要注意的是，目前我国规定通过"管理费用"账户核算的"研究费用"与"无形资产摊销"归为"研发费用"，与管理费用并列为期间费用项目。

财务费用，是指企业为筹集生产经营所需资金等而发生的筹资费用，包括利息支出（减利息收入）、汇兑损益以及相关的手续费、企业发生的现金折扣等。

（五）应计收入与预收收入

应计收入又称应收收入，是指企业已经提供了商品或劳务，本期已经实现但尚未实际收到款项的收入。根据权责发生制会计基础，商品或劳务已经提供，收入在本期已经实现，尽管款项尚未收到，仍应确认为本期的收入以正确计算本期的损益。为此，对于发生的应收收入，一方面应该确认收入，另一方面应将应该收取但尚未收到的款项作为债权进行确认，待收到款项时再冲销这项债权。

预收收入又称递延收入，是指本期已经收到款项，但商品或劳务尚未提供，企业尚未实现的收入。预收收入实质上是一种需要在未来交付商品或提供劳务的义务，是一种负债。例如，企业预先收到款项，约定一段时间之后再发出商品，在这种情况下，提前收到的款项不能作为收入确认，只能作为一种负债，到合同约定日期，按照合同规定交付商品后，收入才得以实现。

应计收入是收入实现在前，款项收到在后的收入；预收收入是款项收到在前，收入实现在后的收入。

（六）应计费用与预付费用

应计费用又称应付费用或预提费用，是指企业在生产经营过程中已经发生，或已经受益，但尚未支付款项的各种费用，如应付利息、应付租金、应付职工薪酬等。期末应对应计费用进行调整，一方面确认费用，另一方面增加负债，费用确认后于结账时转入"本年利润"账户，负债则于下期支付款项时再予以冲销。

预付费用又称递延费用或待摊费用，是指企业已经支付款项，但本期尚未受益或者本期虽已受益,但受益期涉及多个会计期间的费用,如预付租金、预付保险费等。发生预付费用时,计入相关的预付账款,在后续会计期间受益时,再进行调整按受益额确认为费用。

应计费用是受益在前,款项支付在后的费用;预付费用是款项支付在前,受益在后的费用。

二、背景资料

(一) 存货发出计价方法及其变化

存货包括企业在日常活动中持有以备出售的产成品或商品、处在生产过程中的在产品、在生产过程或提供劳务过程中耗用的原材料等。在计算材料采购成本、产品生产成本和产品销售成本的过程中都涉及存货发出计价和存货数量盘存的问题。存货发出计价方法主要用于确定存货的单位成本,存货数量盘存方法主要用于确定存货的发出和结存数量。在确定单位成本和数量的基础上,就可以计算发出存货的成本和期末结存存货的成本。存货数量和存货成本存在以下关系式:

期初结存存货数量＋本期入库存货数量＝本期发出存货数量＋期末结存存货数量

期初结存存货成本＋本期入库存货成本＝本期发出存货成本＋期末结存存货成本

1. 存货发出计价方法

相同的存货可能是不同时间、不同批次购进或生产,单位成本不尽相同。存货发出计价方法是判断每次耗用或出售存货的单位成本的方法。在实务中,通常根据不同的存货流转假设来确定发出存货的成本。存货流转假设主要有先入库的存货先发出、存货均匀发出、后入库的存货先发出等。在不同的存货流转假设基础上,产生了不同的存货发出计价方法,如先进先出法、加权平均法、后进先出法等。

先进先出法,是指以先入库的存货先发出这样一种存货实物流转假设为前提,对发出存货进行计价的方法。采用这种方法,先入库的存货成本在后入库的存货成本之前转出,据此确定本期发出存货成本和期末结存存货成本。

加权平均法,是指以入库存货的平均单价作为存货的单位成本,据以计算本期发出存货成本和期末结存存货成本的方法。在平均成本的计算过程中,应当考虑各批存货的数量,即批量越大的进价对平均单位成本的影响越大。数量在这种方法下起到了权衡轻重的作用,因此这种方法称为加权平均法。一定期间全部存货的平均单位成本反映了该期间可供发出的存货成本即期初存货结存成本和本期取得存货成本之和,因此本期发出存货成本和期末结存存货成本都应按这一平均单位成本计算。加权平均单位成本的计算公式为:

$$加权平均单位成本=\frac{期初存货结存成本＋本期入库存货成本}{期初存货结存数量＋本期入库存货数量}$$

显然,也可以依据存货的详细记录,确定每次发出存货的真实单位成本,即个别计价法。个别计价法假设存货的成本流转与实物流转一致,在存货入库时详细记录每项或每批存货的单位成本,发出存货时逐一辨认各项或各批发出存货和结存存货所属的项别或批别,分别按其入库时所确定的单位成本作为计算各项或各批发出存货成本和期末结存存货成本的方法。

2. 存货盘存方法

确定存货发出数量和结存数量的方法有永续盘存制和实地盘存制两种方法。

永续盘存制又称账面盘存法,是指在日常核算中对各项存货的收入和发出均作连续性的记录,并随时结出存货账面结存数量的一种方法。

实地盘存制又称定期盘存法,是指期末通过对各项存货进行实地盘点,以实际盘存的数量作为期末存货账面结存数量,并据以倒轧本期存货发出数量的一种方法。

永续盘存制下,由于有连续的记录,不需要期末盘点就可以得出结存存货数量和发出存货数量。在永续盘存制下,期末账面记录的结存存货数量应该与期末实地盘点的存货数量进行比较,判断存货的盘盈或盘亏数量。和永续盘存制相比,实地盘存制平时记录的工作量减少,但是期末盘存的工作量增加,并且会发生把不正常原因损失的存货也列入正常发出存货的情况。

3. 我国存货发出计价方法的变化

企业应当以实际发生的交易或者事项为依据进行会计确认、计量和报告,具体到存货发出这一事项,就是要求存货的成本流转应当与存货的实物流转相一致。在理论上,企业的实物流转和成本流转也应当一致,但在实际工作中,由于企业的存货进出量很大,品种繁多,购入价格不同,保证各种存货的成本流转与实物流转完全一致是难以做到的。先进先出法、加权平均法和个别计价法都能比较好地体现成本流转与实物流转的一致性。个别计价法能完全保证成本流转与实物流转的一致性。由于同一种存货,尽管单位成本不同,但均能满足销售或生产需要,在存货减少时,毋需辨别是哪一批实物被发出,加权平均法也基本上满足成本流转与实物流转的一致性的要求。至于先进先出法,大多企业的实物发出顺序都是先进先出,成本流转按照先进先出法来计量,也符合成本流转与实物流转的一致性要求。

2006 年,我国企业会计准则一个重要变化是取消存货发出计价的后进先出法。后进先出法假定最后入库的存货最先发出,期末保留的存货是最先入库的存货,在实际工作中很少发生存货后进先出的情况。存货一般存在陈旧贬值的趋势,特别受高新技术影响的存货,如果后进先出的话,可能导致存货的积压,影响存货的质量。另外,存货计价方法会影响利润金额以及资产负债表中的存货项目金额。后进先出法下,资产负债表中的存货项目是依据较早期间购进存货的单位成本来反映的,导致存货这一资产项目的金额不符合现实情况,影响财务状况的真实反映,在持续通货膨胀或通货紧缩的情况下尤为严重,这是我国企业会计准则取消存货发出计价采用后进先出法的重要原因。

(二) 成本计算

成本计算,是指以货币作为计量尺度,将企业在生产经营过程中各个阶段所发生的各项耗费,按照一定的成本计算对象进行归集和分配,以确定成本计算对象的总成本和单位成本的一种专门方法。

企业生产经营的各个阶段都会发生耗费,因此,都存在成本计算的问题。例如,在材料的采购阶段,应将发生的材料买价、采购费用等按各种材料进行归集,以计算各种材料的采购成本。在产品的生产阶段,应将消耗的材料费、人工费和制造费用按照所生产的产品进行归集,以计算各种产品的生产成本。在产品的销售阶段,应计算各种产品的销售成本。由于产品生产过程的复杂性和产品生产耗费的多样性,使得产品生产成本的计算比材料采购成本、产品销售成本的计算复杂,为此,这里阐述最具有代表性的产品生产成本的计算问题。

1. 成本计算的基本要求

成本计算正确与否,直接影响企业损益的计算。正确计算成本应当符合以下基本要求:

(1) 建立健全原始记录。原始记录是对企业生产经营活动进行客观反映所作的最初记录,是进行成本计算的原始依据。为了保证成本计算的正确性和及时性,对产品生产过程中材料的领用、动力与工时的耗费、费用的开支、废品的发生、在产品及半成品的内部转移、产品质量检验以及成品入库等,都要有完整系统的原始记录。

(2) 遵循直接受益直接计入、共同受益合理分配计入原则,确定本期产品发生费用的归属。为保证所生产的各种产品成本计算的正确性,应当遵循直接受益直接计入、共同受益合理分配计入原则,确定本期发生的应由产品负担的费用归属。属于某种产品生产过程中直接受益的费用,如为生产某种产品而发生的原材料、人工等生产费用,应当直接计入该种产品的生产成本;属于多种产品生产过程中共同受益的费用,如生产多种产品所发生的生产厂房与机器设备的折旧费、机物料消耗、水电费、车间管理人员薪酬费用等,不能直接计入某种产品的生产成本,应当采用适当的分配方法分配计入受益的各种产品的生产成本。

(3) 正确划分完工产品与在产品的生产费用界限。期末计算产品生产成本时,如果某种产品已全部生产完工,为生产该种产品发生的各项生产费用之和,就是这种产品的完工产品成本;如果某种产品尚未生产完工,为生产该种产品发生的各项生产费用之和,就是这种产品的期末在产品成本;如果某种产品一部分生产完工,另一部分未生产完工,就应当采用适当的分配标准,将该种产品生产发生的各项生产费用之和在这种产品的完工产品与在产品之间分配,以计算完工产品生产成本和期末在产品生产成本。

(4) 按重要性信息质量要求设置成本项目进行核算。对于所生产的产品的成本具有重要影响的耗费构成内容,应单独设置成本项目进行核算;对于所生产的产品的成本不具有重要影响的耗费构成内容,可以适当合并设置成本项目,从简核算。

(5) 按可比性信息质量要求进行成本核算。成本核算所采用的方法,包括成本计算对象的确定、成本项目的设置、多种产品生产过程中共同受益费用的分配标准、跨期完工产品发生的生产费用在本期完工产品与未完工产品之间的分配标准等的确定,前后各期必须一致,以使各期所生产的产品成本具有统一的口径,相互可比。

2. 成本计算的基本程序

成本计算通常按如下基本程序进行:

(1) 确定成本计算对象。成本计算对象,是指为计算产品生产成本而确定的生产费用的归属对象。企业对于一定时期发生的生产费用应当根据成本对象进行归集和分配,因此,确定成本计算对象是设置产品生产成本总分类账户及其明细分类账户、归集和分配生产费用的前提。由于企业的生产规模、生产组织形式和技术特点不同,成本计算的对象也就存在差异。例如,有的企业只生产最终的产成品,而有的企业除生产最终的产成品外,还生产各种各样的半成品;有的企业是采用大批量生产方式,而有的企业是采用小批量生产方式,甚至是单件生产方式等。如果企业的产品不是成批生产,且只有一个步骤,一般可以直接以产品品种为成本计算对象,即以品种法计算产品生产成本;如果产品生产是以按批生产为主,则以批次作为成本的计算对象,即以分批法计算产品生产成本;如果产品生产要分成若干个步骤,中间有半成品,并且产品是连续不断的大批量的生产,则以每个步骤的半成品和最终产品作为成本的计算对象,即以分步法计算产品生产成本。

(2) 确定成本计算期。成本计算期,是指产品生产成本计算的间隔期,即多长时间计算一次产品生产成本。从理论上说,产品成本计算期应与产品的生产周期相一致,但这种情况只适合于企业的生产过程为一批(件)接一批(件),即第一批(件)产品完工了再生产第二批(件)产品的情况。事实上现代企业的生产大都采用流水线的形式,不是一批(件)接一批(件)地生产,而是不断投产、不断完工、绵延不断,无法分清前后批次。在这种情况下,按批计算成本显然存在困难,为此,通常企业以月作为产品生产成本的计算期,即每月计算一次产品生产成本。

(3) 确定成本项目。成本项目,是指将生产费用按照经济用途进一步分类的项目,反映产品生产成本的内容构成。根据生产特点和管理要求,制造企业一般设置直接材料、直接人工和制造费用等成本项目。直接材料,是指直接用于产品生产、构成产品实体的原料、主要材料以及有助于产品形成的辅助材料的耗费。直接人工,是指直接进行产品生产人员的薪酬费用。制造费用,是指企业内部的生产车间为组织和管理产品生产以及使生产的多种产品受益发生的固定资产折旧费、机物料消耗、水电费和管理人员薪酬费用等。为了使成本项目更好地适应企业的生产特点和经营管理要求,企业可以适当调整成本项目。

(4) 按成本计算对象归集和分配生产费用。企业在一定期间产品生产过程中发生的材料、人工及固定资产折旧等生产费用,应当按照成本计算对象予以归集和分配。对于直接材料、直接人工等可直接归属于成本对象的生产费用,按照成本计算对象进行归集;对于无法直接归属于成本对象的共同性生产费用,通过设置"制造费用"账户进行归集,期末采用适当的分配标准在不同的成本计算对象之间进行分配。按照"谁受益,谁负担"的原则,通常采用产品生产耗用的工时、产品生产人员的薪酬费用等作为标准,将通过制造费用归集的共同性生产费用在受益的成本计算对象之间进行分配。

(5) 将归集的生产费用在完工产品与在产品之间进行分配。企业在一定期间产品生产过程中所发生的应计入产品生产成本的生产费用,按照成本计算对象进行归集和分配后,表现为某一成本计算对象应负担的全部生产费用。如果该成本计算对象的产品在本期全部完工,则所归集的生产费用就是该成本计算对象的完工产品成本;如果该成本计算对象的产品在本期尚未全部完工,则所归集的生产费用就是该成本计算对象的在产品成本;如果该成本计算对象的产品部分完工,所归集的生产费用就应在该成本计算对象的完工产品与在产品之间进行分配。根据产品成本与生产费用之间的关系,月初在产品成本+本月生产费用=本月完工产品成本+月末在产品成本。期末将归集的生产费用在完工产品与在产品之间进行分配时,可以先确定月末在产品成本,再计算本月完工产品成本,也可以按照一定比例在完工产品与在产品之间进行分配。具体分配方法应当根据行业特点、生产特点等不同情况而定。例如,可以比较正确地确定在产品完工程度的,在产品按完工程度计算约当产量,然后按完工产品产量与在产品约当产量的比例进行分配。再如,在产品数量较少,并且在产品数量在月份之间变化小,不计算在产品成本或者在产品成本按固定成本计算。

三、复习思考题与练习题

复 习 思 考 题

1. 制造企业经济活动主要有哪些? 其中的资金运动表现为何种形态?

2. 企业对外筹资主要有哪些方式? 不同方式之间的主要区别是什么?

3. 核算企业与材料供应商之间的款项结算需要设置哪些账户? 核算企业与产品购买商之间的款项结算需要设置哪些账户? 每个账户的用途和结构如何?

4. 生产费用与生产成本的含义是否完全相同? 若不同,请分析两者之间的区别与联系。

5. 计算产品制造成本的基本原则是什么? 在核算产品成本的过程中,为什么要分别设置"生产成本"和"制造费用"两个账户?

6. 实地盘存制与永续盘存制之间存在什么区别和联系? 在哪些业务核算过程中需要应用存货发出计价方法?

7. 请分别说明"在途物资"和"原材料"账户、"在建工程"和"固定资产"账户、"本年利润"和"利润分配"

账户之间的区别与联系。

8. 进行期末账项调整的原因和作用是什么? 请分析不同调整事项对资产、负债、利润以及所有者权益的影响。

练 习 题

一、单项选择题(在每小题的备选答案中,选出一个最合适的答案)

1. 下列各项中,属于以生产资金形态存在的项目是(　　)。
   A. 原材料　　　　　　　　　　　　　B. 固定资产
   C. 在产品　　　　　　　　　　　　　D. 产成品

2. 红星公司购入原材料 1 000 千克,收到增值税专用发票上注明的单价 500 元,价款 500 000 元,增值税税额为 65 000 元,另发生运输费 5 000 元,装卸费 2 000 元,途中保险费 1 000 元,假设暂不考虑运输费、装卸费与途中保险费的增值税,该原材料的入账价值为(　　)元。
   A. 573 000　　　　　　　　　　　　B. 508 000
   C. 73 000　　　　　　　　　　　　　D. 500 000

3. 北方公司购入 A、B 两种材料,重量分别为 100 千克和 200 千克,单价分别为 500 元和 300 元,增值税税额为分别为 6 500 元和 7 800 元,发生的运杂费共计 6 000 元。若按照材料重量分配运杂费,暂不考虑运杂费的增值税,A 材料的采购成本应当是(　　)元。
   A. 50 000　　　　　　　　　　　　　B. 52 000
   C. 56 500　　　　　　　　　　　　　D. 58 500

4. 下列各项中,属于通常需要通过收到原材料进行抵销的债权是(　　)。
   A. 应付账款　　　　　　　　　　　　B. 预付账款
   C. 应收账款　　　　　　　　　　　　D. 预收账款

5. 下列公司发生的支出中,属于应计入产品生产成本的是(　　)。
   A. 车间机器设备折旧费　　　　　　　B. 公司管理部门固定资产折旧费
   C. 公司管理部门人员薪酬　　　　　　D. 公司销售部门人员薪酬

6. 公司 A 材料本月共购入 5 000 元,各部门共领用 3 400 元,月末结存 2 000 元,则 A 材料本月月初结存(　　)元。
   A. 800　　　　　　　　　　　　　　B. 600
   C. 400　　　　　　　　　　　　　　D. 200

7. 在价格上涨的情况下,采用(　　)对存货计价,会导致当期利润和期末资产被高估。
   A. 后进先出法　　　　　　　　　　　B. 先进先出法
   C. 加权平均法　　　　　　　　　　　D. 个别计价法

8. 企业存货发出计价方法确定后,一般不能随意变更,这体现了会计信息质量(　　)的要求。
   A. 可靠性　　　　　　　　　　　　　B. 可比性
   C. 相关性　　　　　　　　　　　　　D. 重要性

9. 下列关于计提固定资产折旧的阐述中,不正确的是(　　)。
   A. 计提的折旧应记入"累计折旧"账户的借方

B. 计提的折旧应记入"累计折旧"账户的贷方

C. 折旧费用反映的是固定资产损耗的那部分价值

D. 折旧费用增加的同时,当期产品的生产成本或期间费用也增加

10. 期末归集的制造费用分配后应结转至(   )账户。

    A. "生产成本"   B. "管理费用"

    C. "主营业务成本"   D. "销售费用"

11. 下列项目中,属于应确认为管理费用的是(   )。

    A. 银行借款的利息费用   B. 行政管理部门人员的薪酬

    C. 生产车间管理人员的薪酬   D. 产品的广告费用

12. 下列各项费用中,属于期间费用的是(   )。

    A. 银行借款的利息费用   B. 生产工人的薪酬费用

    C. 生产车间管理人员的薪酬费用   D. 生产车间发生的水电费

13. 下列各项中,属于通常需要通过产品或劳务进行清偿的债务是(   )。

    A. 应付账款   B. 预付账款

    C. 应收账款   D. 预收账款

14. 东方公司 20×1 年 6 月 30 日"本年利润"账户有贷方余额 50 000 元,表示(   )。

    A. 6 月份实现利润 50 000 元   B. 6 月 30 日实现利润 50 000 元

    C. 全年实现净利润 50 000 元   D. 1 至 6 月累计实现净利润 50 000 元

15. 年终结转后,"利润分配"账户的借方余额表示(   )。

    A. 本年度实现的利润   B. 未分配的利润

    C. 本年度发生的亏损   D. 未弥补的亏损

16. 下列各项中,属于进行期末账项调整会计基础的是(   )。

    A. 永续盘存制   B. 权责发生制

    C. 实地盘存制   D. 收付实现制

17. 下列各项中,属于预付费用的是(   )。

    A. 本月确认本月应付的职工薪酬   B. 本月支付的下一季度房租

    C. 本月支付上月的职工薪酬   D. 本月支付本月的广告费

18. 下列各项中,属于本月应计收入的是(   )。

    A. 本月销售产品但未收到货款   B. 本月收到上月销售产品的货款

    C. 本月收到本月销售产品的货款   D. 本月收到下月销售产品的货款

19. 下列各项中,属于对资产和利润同时产生影响的期末账项调整事项是(   )。

    A. 收到销货款   B. 摊销预付保险费

    C. 预付房屋租金   D. 确认预收收入

20. 下列各项中,属于不对资产和利润同时产生影响的期末账项调整事项是(   )。

    A. 摊销预付房屋租金   B. 确认应计收入

    C. 计提资产减值准备   D. 确认预收收入

二、多项选择题(在每小题的备选答案中,选出所有合适的答案)

1. 下列各项中,属于企业接受投资业务的会计处理中与"实收资本"账户可能发生对应关系的账户有( )。

   A. "银行存款"　　　　　　　　B. "盈余公积"

   C. "固定资产"　　　　　　　　D. "无形资产"

   E. "累计折旧"

2. 下列各对账户中,属于对应关系不符合经济业务实际的有( )。

   A. "固定资产"与"银行存款"

   B. "生产成本"与"原材料"

   C. "生产成本"与"主营业务成本"

   D. "库存商品"与"主营业务收入"

   E. "管理费用"与"本年利润"

3. 下列各项中,属于可以根据材料的特点用来作为分配材料共同采购费用标准的有( )。

   A. 材料的买价　　　　　　　　B. 材料的重量

   C. 材料的规格　　　　　　　　D. 材料的体积

   E. 以上各项均可以

4. 下列各项中,属于制造企业存货的有( )。

   A. 原材料　　　　　　　　　　B. 在产品

   C. 半成品　　　　　　　　　　D. 产成品

   E. 包装物

5. 在实地盘存制下,期初存货多计,会导致( )。

   A. 期末存货多计　　　　　　　B. 本期增加存货多计

   C. 本期发出存货多计　　　　　D. 可供发出存货少计

   E. 可供发出存货多计

6. 和实地盘存制相比,永续盘存制的特点有( )。

   A. 不需要期末盘点就可以得出结存存货和发出存货的数量

   B. 可以判断存货盘盈或盘亏

   C. 平时记账工作量较大

   D. 会发生把不正常原因损失的存货也列入正常发出存货的情况

   E. 可以随时结出存货账面结存数量

7. 下列各项中,属于产品生产成本组成部分的有( )。

   A. 管理费用　　　　　　　　　B. 直接材料

   C. 制造费用　　　　　　　　　D. 直接人工

   E. 财务费用

8. "生产成本"明细账可以反映( )。

   A. 期末在产品的成本　　　　　B. 完工产品生产成本的构成

   C. 期初在产品的成本　　　　　D. 本期发生的生产费用

E. 产品的销售成本

9. 下列各项中,属于产品生产成本计算程序内容的有(　　)。

A. 确定成本计算对象　　　　　　　　B. 按成本项目归集生产费用

C. 计算并分配制造费用　　　　　　　D. 计算完工产品和在产品的生产成本

E. 结转产品销售成本

10. 下列各项中,属于影响本期完工产品成本的因素有(　　)。

A. 期初在产品成本　　　　　　　　　B. 本期发生的生产费用

C. 本期销售产品成本　　　　　　　　D. 期末在产品成本

E. 上期完工产品成本

11. 下列各项中,属于"库存商品"账户可以反映的内容有(　　)。

A. 在产品的成本　　　　　　　　　　B. 完工产品的生产成本

C. 库存产品的结存情况　　　　　　　D. 库存产品的增减变动

E. 产品的销售成本

12. 下列项目中,属于不影响营业利润的有(　　)。

A. 投资收益　　　　　　　　　　　　B. 营业外支出

C. 营业外收入　　　　　　　　　　　D. 公允价值变动损益

E. 所得税费用

13. 下列项目中,属于营业外收入的有(　　)。

A. 销售产品的收入　　　　　　　　　B. 收到违约方的赔款收入

C. 对外提供劳务收入　　　　　　　　D. 接受捐赠收入

E. 库存现金盘盈收入

14. 下列项目中,属于"利润分配"账户可以反映的内容有(　　)。

A. 本年度实现的净利润　　　　　　　B. 累计的未分配利润

C. 本年度计提的盈余公积　　　　　　D. 本年度分配的利润

E. 本年度实现的营业利润

15. 下列各项中,属于在权责发生制下应计入本期收入的有(　　)。

A. 收回购货单位上月所欠的货款　　　B. 本月售出产品,但尚未收到的货款

C. 本月销售产品并已收讫的货款　　　D. 预收销售产品的货款

E. 收回职工本月所欠的借款

16. 下列各项中,属于本期期末账项调整事项内容的有(　　)。

A. 计提固定资产折旧　　　　　　　　B. 摊销预付保险费

C. 计提利息费用　　　　　　　　　　D. 预付房屋租金

E. 计提应收账款坏账准备

17. 下列各项中,不属于本期期末账项调整事项内容的有(　　)。

A. 预付保险费　　　　　　　　　　　B. 摊销预付保险费

C. 计提利息费用　　　　　　　　　　D. 预收销售收入

E. 确认实现的预收收入

18. 下列各项中,不属于本期期末账项调整事项内容的有( )。

    A. 产品已售出,款项已收到的收入   B. 产品已售出,款项尚未收到的收入

    C. 支付利息费用   D. 收到预收货款

    E. 支付下期房屋租金

19. 下列各项中,属于对本期资产和利润同时产生影响的期末账项调整事项有( )。

    A. 收到销货款   B. 摊销预付保险费

    C. 计提坏账准备   D. 本期交付前期已收到款项的产品

    E. 产品已售出,款项尚未收到的收入

20. 下列各项中,属于对本期负债和利润产生影响的期末账项调整事项有( )。

    A. 摊销预付房屋租金

    B. 产品已售出,款项尚未收到的收入

    C. 计提资产减值准备

    D. 本期交付前期已收到款项的产品

    E. 预提利息费用

三、判断题(认为正确的在题目前面括号内打"√",认为错误的在题目前面括号内打"×")

1. ( )企业购入的材料,若尚未运达企业则不属于企业的存货。

2. ( )在生产过程中,企业资金内部循环从生产资金形态逐步转化为储备资金和固定资金形态。

3. ( )生产成本是对象化的生产费用。

4. ( )实地盘存制对存货的每一笔增加和减少都予以记录。

5. ( )生产费用和期间相关,因此生产费用就是期间费用。

6. ( )"制造费用"账户期末通常无余额,"生产成本"账户期末可能有余额。

7. ( )制造费用与管理费用的会计处理不同,本期发生的管理费用直接影响本期损益,而本期发生的制造费用不一定影响本期的损益。

8. ( )"生产成本"账户的贷方通常用来记录结转完工产品的生产成本。

9. ( )"生产成本"账户的期末借方余额为期末未完工产品的成本,属于企业存货。

10. ( )在销售业务中,"库存商品"与"银行存款"账户之间存在对应关系。

11. ( )"库存商品"与"主营业务收入"账户之间不可能存在对应关系。

12. ( )计入利润的利得和损失构成利润总额,但不属于营业利润。

13. ( )营业外收入与营业外支出之间存在因果配比关系。

14. ( )企业提取盈余公积时,会引起所有者权益的减少。

15. ( )通常在提取盈余公积之前,企业不得向投资者分配利润。

16. ( )期末账项调整的目的是正确确认一定会计期间内应取得的各项收入和应负担的各项费用,为此,进行期末账项调整一般都会影响调整期间的利润。

17. ( )待摊费用的期末账项调整属于递延项目调整。

18. ( )预提费用的期末账项调整属于应计项目调整。

19. ( )应计项目产生时并不会对利润产生影响,后期收到或支付时才会影响利润。

20. ( )递延项目产生时并不会对利润产生影响,后期调整时才会影响利润。

四、业务题

【业务题一】

目的:练习筹资和采购业务的核算。

资料:凯歌公司201×年7月及相关月份发生的部分经济业务如下:

(1)7月1日,从银行借入期限为4个月的短期借款500 000元,年利率为6%,按月计算利息,到期一次还本付息。

(2)7至10月,每月月末计提7月1日借入的500 000元短期借款的利息。

(3)11月1日,以银行存款偿还7月1日取得的短期借款本金及利息。

(4)7月2日,从旭日公司购入A材料300千克和B材料200千克,A材料单价400元,B材料单价200元。两种材料按运输重量计付共发生运杂费8 000元,所有款项均已通过银行付讫,增值税专用发票上注明A、B材料的增值税税额共为20 800元,运杂费的增值税税额为720元。材料尚未验收入库。

(5)7月5日,接受红光公司作为投资投入设备一台,确认价值为500 000元(假设不考虑增值税)。

(6)7月9日,从旭日公司购入的材料验收入库。

(7)7月12日,向晨光公司预付购买100千克B材料的货款60 000元。

(8)7月18日,收到从晨光公司购入B材料并验收入库,增值税专用发票上注明该批材料的价款为65 000元,增值税税额为8 450元。

(9)7月20日,通过银行与晨光公司结清购入B材料的款项。

要求:根据上述资料,编制凯歌公司的相关会计分录。

【业务题二】

目的:练习制造业务的核算。

资料:明星公司生产甲、乙两种产品,201×年7月初甲产品100件在产品的生产成本明细账月初余额为100 000元(其中,直接材料40 000元、直接人工40 000元、制造费用20 000元),乙产品120件在产品的生产成本明细账月初余额为50 000元(其中,直接材料20 000元、直接人工20 000元、制造费用10 000元),7月发生以下经济业务:

(1)本月发料记录显示用于生产甲产品的材料为600 000元,用于生产乙产品的材料为500 000元,生产车间耗用材料60 000元,行政管理部门耗用材料50 000元。

(2)结算本月应付职工薪酬750 000元,其中,生产甲产品人员薪酬200 000元,生产乙产品人员薪酬300 000元,车间管理人员薪酬100 000元,行政管理部门人员薪酬150 000元。

(3)计提本月固定资产折旧790 000元,其中,生产用固定资产折旧费590 000元,行政管理部门固定资产折旧费200 000元。

(4)按照甲、乙产品生产人员薪酬分配并结转本月发生的制造费用。

(5)月末甲产品全部完工,月末没有在产品,乙产品未完工。结转完工甲产品的成本。

要求:

(1)根据上述经济业务编制明星公司的会计分录。

(2)设置甲产品生产成本明细账并进行登记。

【业务题三】

目的:练习销售业务、利润形成和分配业务的核算。

资料:东方公司201×年12月初"本年利润"账户贷方余额为100 000元,12月发生以下经济业务:

(1)销售丙产品300件,单价200元,增值税专用发票上注明丙产品价款60 000元,增值税税额为7 800元,产品已经发出,款项已通过银行收讫。

(2)销售丁产品200件,单价450元,增值税专用发票上注明丁产品价款90 000元,增值税税额为11 700元,产品已发出,款项尚未收到。

(3)月末,计算本月应交消费税、城市维护建设税、教育费附加等税费为6 000元。

(4)结转本月已售丙产品和丁产品的成本,丙产品每件成本100元,丁产品每件成本200元。

(5)通过银行收到客户天宇公司支付的违约罚金9 000元。

(6)通过银行支付产品广告费用8 000元。

(7)将本月各损益类账户结转至"本年利润"账户。

(8)按照本月利润的25%,确认并结转所得税费用。

(9)将本年净利润结转至"利润分配"账户。

(10)按本年净利润的10%计算提取盈余公积。

要求:根据上述经济业务编制东方公司的会计分录。

【业务题四】

目的:练习存货盘存方法和存货发出计价方法。

资料:某公司201×年1月初甲产品结存500件,单位成本11元。本月实际发生下列产品收发业务:

(1)5日,完工甲产品1 000件验收入库,单位成本12元。

(2)18日,发出甲产品800件。

(3)25日,完工甲产品900件验收入库,单位成本15元。

(4)30日,经实地盘点确认甲产品库存1 500件。

要求:

(1)假设该公司采用永续盘存制和先进先出法,计算本期发出甲产品的数量和成本、甲产品的期末账面结存数量和成本、盘亏或盘盈数量和金额。

(2)假设该公司采用实地盘存制和加权平均法,计算甲产品的期末账面结存数量和成本、本期发出甲产品的数量和成本。

【业务题五】

目的:练习完工产品成本和产品销售成本的计算。

资料:利达公司生产甲、乙、丙三种产品,存货核算采用永续盘存制,发出存货计价采用加权平均法。假定201×年12月月末没有在产品,其他资料如表5-1所示。

表5-1　　　　　　　　　甲、乙、丙三种产品相关成本表

项目	甲产品	乙产品	丙产品
月初在产品成本(元)		24 000	10 000
本月生产费用(元)	125 000		35 000
本月完工产品成本(元)	160 000	84 000	
本月完工验收数量(件)		2 100	3 000

（续表）

项目	甲产品	乙产品	丙产品
完工产品单位成本(元/件)	20		
月初库存商品数量(件)	2 000		5 000
月初库存商品成本(元)		110 200	90 000
库存商品平均单位成本(元/件)	19.8		
本月销售数量(件)	6 000	1 000	
本月销售成本(元)			
月末库存商品数量(件)		4 000	6 000
月末库存商品成本(元)			

要求:根据资料计算并填列表 5-1 中的空余项目。

【业务题六】

目的:练习制造企业日常经济业务的会计处理。

资料:天天公司 201×年 1 月部分经济业务如下:

(1) 1 月 3 日,根据购货合同购入材料一批,增值税专用发票上注明材料价款及运杂费共计 450 000 元,与材料买价相关的增值税税额为 52 000 元,与运杂费相关的增值税税额为 4 500 元。材料已验收入库,相关价款及运杂费均未支付。

(2) 1 月 8 日,通过银行支付上月应交所得税 780 000 元。

(3) 1 月 12 日,采购员小李预借差旅费现金 8 000 元。

(4) 1 月 15 日,开出转账支票,支付 1 月 3 日购入材料的价款、运杂费及增值税税额 506 500 元。

(5) 1 月 16 日,开出转账支票,支付广告费 160 000 元。

(6) 1 月 20 日,通过银行支付 2~4 月管理部门办公用房屋租金 900 000 元。

(7) 1 月 25 日,小李报销差旅费 8 200 元,超出部分以现金付讫。

(8) 1 月 31 日,摊销本月应负担的管理部门办公用房屋租金 300 000 元。

要求:根据以上资料编制会计分录。

【业务题七】

目的:练习利润的计算。

资料:快乐公司 201×年度有关收支项目及其金额的情况,如表 5-2 所示。

表 5-2 快乐公司 201×年度有关收支表

单位:元

项目	金额	项目	金额
主营业务收入	8 000 000	税金及附加	500 000
其他业务收入	2 000 000	销售费用	600 000
营业外收入	100 000	管理费用	160 000

（续表）

项目	金额	项目	金额
主营业务成本	4 000 000	财务费用	200 000
其他业务成本	1 500 000	投资收益	2 500 000
营业外支出	80 000	公允价值变动损益	−700 000

要求：

（1）计算该公司201×年度的营业利润。

（2）计算该公司201×年度的利润总额。

（3）按该公司201×年度净利润的25％计算应缴纳的所得税，并计算其净利润。

【业务题八】

目的：练习期末账项调整的会计处理。

资料：金盛公司201×年发生的部分经济业务摘要如下：

（1）2月1日，从银行取得短期借款300 000元，期限为3个月，年利率为5％，4月30日到期一次还本付息。

（2）2月按销货合同向景秀公司发出商品20 000元，增值税税额为2 600元，款项已于1月预收。

（3）3月通过银行支付下一季度管理部门财产保险费18 000元。

（4）6月通过银行预付第四季度管理部门房屋租金24 000元。

（5）12月末根据应收账款的余额判断应计提1 500元坏账准备，计提前"坏账准备"账户有借方余额500元。

要求：分析以上经济业务及相关事项，判断是否需要在相关期末进行账项调整。若需要，请说明需要在哪些月末进行账项调整，并编制调整会计分录。

【业务题九】

目的：练习期末账项调整。

资料：鹤鸣公司201×年12月31日涉及期末账项调整的账户调整前后余额，如表5-3所示。

表5-3　　　　　　　**鹤鸣公司涉及期末账项调整的账户调整前后余额**

201×年12月31日　　　　　　　　　　　　　单位：元

账户	调整前	调整后
预付账款	28 000	2 0000
应收账款	30 000	36 000
应付利息	15 000	20 000
预收账款	50 000	40 000
坏账准备	40 000	45 000

要求：计算期末账项调整对鹤鸣公司201×年利润总额的影响额。

【业务题十】

目的:制造企业经济业务综合练习。

资料:201×年12月初,鑫隆公司"库存商品"账户余额280 000元,其中,甲产品1 000件,单位成本200元;乙产品800件,单位成本100元。12月鑫隆公司发生下列经济业务:

(1) 收到跃腾公司发来材料一批,增值税专用发票注明的价款为40 000元,增值税税额为5 200元,款项已根据购货合同于上月预付给跃腾公司。由运输公司运达这批材料,增值税专用发票注明的运输费5 000元,增值税税额为450元,运输款项已通过银行付讫。材料已验收入库。

(2) 通过银行收到昌隆公司所欠的货款100 000元。

(3) 通过银行支付职工薪酬80 000元。

(4) 向太古公司出售乙产品1 000件,每件售价180元,增值税专用发票注明的价款为180 000元,增值税税额为23 400元,款项已根据合同于上月预收。

(5) 从迅达公司购入材料一批,增值税专用发票注明的价款为50 000元,增值税税额为6 500元,款项尚未支付,材料已运达并验收入库。

(6) 向海升公司出售甲产品1 000件,每件售价250元,增值税专用发票注明的价款为250 000元,增值税税额为32 500元,收到海升公司签发的银行承兑汇票,面值282 500元。

(7) 收到客户违约金5 000元,已收存银行。

(8) 开出银行转账支票支付上月应交税费15 000元。

(9) 通过银行支付本月水电费5 000元,其中,生产车间耗用3 000元,管理部门耗用2 000元。

(10) 计算本月应缴纳的增值税和所得税以外的城市维护建设税等税费共计43 000元。

(11) 计提应由本月负担的借款利息5 000元。

(12) 偿还已到期的短期借款本金100 000元以及已经计提的借款利息20 000元,通过银行账户进行划转。

(13) 计提本月固定资产折旧10 000元,其中,生产车间使用固定资产折旧8 000元,管理部门使用固定资产折旧2 000元。

(14) 月末结算本月领用的材料共计80 000元,其中,60 000元用于生产甲产品,20 000元用于生产乙产品。

(15) 月末结算职工薪酬共计100 000元,其中,甲产品生产工人薪酬40 000元,乙产品生产工人薪酬30 000元,生产车间管理人员薪酬10 000元,管理部门职工薪酬20 000元。

(16) 月末将本月制造费用以生产工人薪酬作为标准进行分配结转到所生产的甲、乙两种产品成本中。

(17) 假定月初没有在产品,本月投产的甲、乙两种产品全部完成并验收入库,入库的甲、乙产品各500件。

(18) 按照先进先出法结转本月销售产品的成本。

(19) 结转12月"所得税费用"账户以外各损益类账户余额。

(20) 按利润总额的25%计算12月的应交所得税,并结转所得税费用。

(21) 假设鑫隆公司12月初"本年利润"账户有贷方余额681 450元,结转本年净利润。

(22) 按本年净利润的10%提取盈余公积。

要求:分析每一项经济业务,并编制会计分录。

四、案例分析

（一）经济业务岂允随意核算——惠程科技利润披露不实受到重罚

重庆惠程信息科技股份有限公司（公司简称：惠程科技，证券代码：002168），成立于1999年，2007年9月在深圳证券交易所中小企业板挂牌上市，公司主要业务及产品包括新一代电气装备的研发、生产、销售、安装及配网综合解决方案，高速智能充电桩、环网柜、箱变和智能充电运营管理平台等在内的智慧商业高速快充解决方案。

2024年8月29日中国证监会发布《行政处罚决定书》（〔2024〕93号），认定惠程科技子公司哆可梦未及时结转成本费用导致惠程科技利润披露不实，对公司给予警告，并处以200万元的罚款；对四位负有责任的高管给予警告，并分别处以50万至300万元不等的罚款。

经查明，惠程科技存在以下违法事实：

根据惠程科技披露的年报，惠程科技2018年至2020年年末预付账款余额分别为13 185.28万元、39 465.54万元和42 827.04万元，其中哆可梦2018年至2020年年末预付账款余额分别为12 882.48万元、32 987.77万元和39 316.05万元。上市公司预付账款主要构成为哆可梦及其子公司上海旭梅网络科技有限公司、上海游湛网络科技有限公司，以及上海季娱预付用于游戏推广的广告费。

哆可梦及其子公司、上海季娱在与上海智趣广告有限公司（以下简称上海智趣）、西藏亦复广告有限公司（以下简称西藏亦复）、上海晋拓文化传播有限公司（以下简称上海晋拓）、北京品众互动网络营销技术有限公司（以下简称北京品众）、江西巨广网络科技有限公司（以下简称江西巨广）等广告代理商在2017年至2020年开展业务合作期间，中国证监会经对比双方提供的业务和财务数据，哆可梦及其子公司、上海季娱存在未将已消耗的充值金额计入销售费用和营业成本，而是大量挂预付账款的情况。由于相关游戏推广账号已注销，经办人员离职无法取得联系等客观原因，已无法完全还原哆可梦及上海季娱各年度实际消耗情况。考虑到哆可梦与各代理商之间资金已收讫，广告推广业务也已经完成，双方不存在债权债务关系和履约义务，双方对资金往来情况不存在异议且资金往来数据客观有效，中国证监会以资金为基础，将预付账款调整结转至各期。为尽可能还原惠程科技相关销售费用实际情况，对不同代理商分别采取以下方式进行调整：①对于能确定资金支付和实际消耗情况的，按照实际情况一次性结转，再与已入账销售费用轧差调整。具体包括深圳安果、江西巨广两家公司。②对于哆可梦数据与代理商消耗数据差异较小的，以哆可梦数据为基础，按照（哆可梦各年末入账金额/全部未入账金额）×预付账款总金额，得出各年应调整金额。具体包括西藏亦复、上海悦效、上海乐推三家公司。③对于哆可梦数据与代理商消耗数据差异较大的，以代理商的数据为基础进行调整，按照（各年消耗数据/总消耗数据）×总付款金额，确定每年应确认的销售费用，再与已入账销售费用轧差调整。具体包括北京品众、上海晋拓两家公司。④对于无法获取代理商数据或代理商提供的数据无法区分的，以哆可梦的数据为基础进行调整，按照（各年消耗数据/总消耗数据）×总付款金额，确定每年应确认的销售费用，再与已入账销售费用轧差调整。具体包括北京睿晟、上海智趣两家公司。按上述方式调整后，惠程科技2019年少计销售费用22 214.29万元、少计营业成本800.00万元、虚增利润23 014.29万元；2020年少计销售费用7 624.35万元，虚增利润7 624.35万元。其中，2019年、2020年虚增利润金额分别占当期披露利润总额的140.19%和7.88%，2019年和

2020年分别虚增资产 25 274.43 万元和 32 898.78 万元,分别占当期披露总资产的 6.53% 和 16.40%。

因年报审计机构对惠程科技 2020 年度报告中的预付游戏推广费等事项发表了保留意见,惠程科技于 2022 年 9 月 1 日发布《深圳市惠程信息科技股份有限公司重大前期会计差错更正情况专项说明》,对保留意见事项实施全面自查,根据自查情况对合并财务报表进行差错更正,并公告了更正后的 2019—2020 年度《审计报告》。

上述事实,有相关当事人询问笔录、相关情况说明、公司公告、统计明细表、会计凭证、业务合同、工商登记资料等证据证明,足以认定。

分析与讨论:

(1) 请分析,惠程科技通过什么手段虚增利润的? 对于本案例涉及的业务应该如何进行会计处理?

(2) 惠程科技因虚增利润而使 2019 年、2020 年年报披露不实的信息会造成什么严重后果?

(二) 值得深思的房地产企业的存货与利润——万科 A2020 年年报披露的资产及构成

2021 年 1 月 15 日《投资者网》发布了一篇名为《房企 2020 年期末"大考"规模、资金、存货三大维度透视来年趋势》的文章,作者署名葛凡梅。

文章说,土地储备就是房地产企业的立业之本。在以往的情况下,房地产高杠杆的背后是对规模扩张的谋求,而土地储备则是房地产企业扩张的备用粮草。

在公布土储数据的房企中,面积超过亿平方米的房企共有 4 家,分别为融创中国(2.48 亿平方米)、中国恒大(2.4 亿平方米)、万科(1.57 亿平方米)和新城控股(1.37 亿平方米)。此外,土地储备在 1 千万～1 亿平方米的房企有 39 家。

在土地市场上,价值高地是房企争夺热点。在疫情、调控政策等多重不确定因素的影响下,房地产企业深耕核心都市圈更能享受红利。目前,众多的房地产企业布局长三角、大湾区和环渤海等热门经济区,优质地块成为抢手的"香饽饽"。

从存货情况来看,在营收 TOP50 房企中,2020 年 6 月末较 2019 年年末,存货出现下降的企业仅有 8 家企业,分别是华夏幸福、绿地控股、龙光集团、越秀地产、美的置业、合景泰富集团、新力控股集团、德信中国。而其他 42 家房企的存货均出现增长,2020 年上半年存货增长区间在 10 亿～1 300 亿元。其中,存货增长最多的 5 家房企分别是碧桂园、中国恒大、保利地产、中国金茂、世茂集团。

与存货增长背道而驰的是存货周转率数据,2020 年 6 月末较 2019 年年末,营收 TOP50 房企均出现下降。数据显示,2020 年上半年,营收 TOP50 房企的平均存货周转率为 0.12,较 2019 年年末存货周转率平均下降了 0.18。存货上升而周转率下降,说明存货的增长除了土地储备和可售面积增长,一定程度上也是销售变缓的体现。

结合上述情况,考虑到与一般制造企业不同,房地产开发企业的营业周期通常大于 12 个月,存货的构成更有其特殊性,摘录万科 2020 年报披露其存货的分类和成本如下:

存货按房地产开发产品、非开发产品分类,房地产开发产品包括已完工开发产品、在建开发产品和拟开发产品,非房地产开发产品为库存商品及其他。

已完工开发产品是指已建成、待出售的物业;在建开发产品是指尚未建成、以出售为目的的物业;拟开发产品是指所购入的、已决定将之发展为已完工开发产品的土地。项目整体开发时,拟开发产品全部转入在建开发产品;项目分期开发时,将分期开发用地部分转入在建开发产品,后期未开发土地仍保留在拟开发产品。

存货按成本进行初始计量，房地产开发产品成本包括土地成本、施工成本和其他成本。非房地产开发产品成本包括采购成本、加工成本和使存货达到目前场所和状态所发生的其他支出。

万科2020年报披露资产主要构成情况，如表5-4所示。

表5-4　　　　　　　　　　　　　资产主要构成情况表

项目	2020-12-31		2019-12-31	
	金额（万元）	占总资产比重（%）	金额（万元）	占总资产比重（%）
资产总计	186 917 709.40	100.00	172 992 945.04	100.00
货币资金	19 523 072.34	10.44	16 619 459.57	9.61
其他应收款	24 949 854.55	13.35	23 546 500.73	13.61
存货	100 206 300.82	53.61	89 701 903.56	51.85
其中： 完工开发产品	7 404 436.45	3.96	6 603 446.28	3.82
在建开发产品	72 501 169.84	38.79	62 221 845.01	35.96
拟开发土地	20 175 276.80	10.79	20 760 923.80	12.00
其他	125 417.73	0.07	115 688.47	0.07

参考文献：

（1）葛凡梅.房企2020年期末"大考"规模、资金、存货三大维度透视来年趋势.投资者网，2021-01-15。

（2）万科A2020年年度报告。

分析与讨论：

（1）万科A披露的房地产开发产品包括已完工开发产品、在建开发产品和拟开发产品，试用制造企业核算存货的账户设置来分析这三类开发产品相当于制造企业的何种存货。

（2）试分析房地产上市公司存货增长可能的原因。

（3）试分析房地产上市公司库存难以消化如何加重了其资金链的压力，为何会侵蚀了其利润空间。

分析提示：

（1）已完工开发产品、在建开发产品、拟开发产品分别相当于库存商品、在产品和原材料。

（2）存货增长的原因包括：部分企业为了发展拿地规模扩大、土地储备增加；为了应对疫情等不确定因素，更多企业争夺价高的优质地块；高端产品开发销售周期长；市场因素影响，销售速度放缓。

（3）通过从原材料到在产品到库存商品再到销售结转成本这一流转过程，解释库存难以消化给房地产企业带来的资金链压力，以及对利润的侵蚀。

第六章　会计凭证

一、概要解析

（一）原始凭证

在企业的经济活动中会涉及大量的凭证单据，如各种票据、借款单、订货单、经济合同和银行对账单等。这些凭证单据是否属于会计中的原始凭证，应当根据原始凭证的内涵加以判断。凡是在经济业务发生时直接取得或者填制的，能够证明某类经济业务的发生或者完成且具有法律效力的凭证单据，属于会计核算的原始凭证，而那些只是反映预期、尚未实际执行经济业务的单据，就不属于原始凭证，不能作为会计记账的原始依据。

原始凭证应当符合如下基本要求：

（1）原始凭证必须具备的内容包括：凭证的名称，填制凭证的日期，填制凭证单位名称或者填制人姓名，经办人员的签名或者盖章，接受凭证单位名称，经济业务事项内容，数量、单价和金额。

（2）从外单位取得的原始凭证，必须盖有填制单位的公章或者发票（收费、财务）专用章，或者法律、法规规定的其他签章；从个人取得的原始凭证，必须有填制人员的签名或者盖章。

（3）自制原始凭证，应当有经办单位负责人或者其授权人员的签名或者盖章；通过业务系统传递数据至会计软件实现集成报账生成自制原始凭证的，在确保业务系统数据规则清晰、自动出具、满足内部审批要求、体现审批环节人员信息且信息传递完整准确的情况下，无需经办单位负责人或者其授权人员的签名或者盖章。

（4）对外开出的原始凭证，必须加盖本企业公章或者发票（收费、财务）专用章，或者法律、法规规定的其他签章。

（5）从外单位取得的或对外开出的电子原始凭证应附有符合《中华人民共和国电子签名法》规定的电子签名；不具备电子签名的，必须通过可信的数据源查验电子原始凭证的真实、完整。

（6）来源可靠、程序规范、要素合规的电子原始凭证与纸质原始凭证具有同等法律效力，可以直接作为入账依据。以电子原始凭证的纸质打印件作为入账依据的，必须同时保存该纸质件的电子原始凭证。

（7）以取得的境外原始凭证作为入账依据时，应当保证其来源可靠，内容真实、完整；必要时，提供境外公证机构或者注册会计师的确认证明。

各单位处理和应用电子原始凭证，应当保证电子原始凭证的接收、生成、传输、存储等各环节的安全可靠，能够及时发现对电子原始凭证的任何篡改，能够有效防止电子原始凭证重复入账。

（二）记账凭证

记账凭证是会计人员依据审核无误的原始凭证，按复式记账原理，将原始凭证中的一般经济信息转化为会计信息而编制的。记账凭证是介于原始凭证与账簿之间的中间环节，将原始凭证提供的大量分散而繁杂的经济信息进行整理、分类与汇总，转化为作为账簿记录依据的会计信息。

企业应当根据审核无误的原始凭证填制记账凭证。记账凭证必须具备的内容包括：填制凭证的日期，凭证编号，经济业务摘要，会计科目，金额，所附纸质原始凭证张数或电子原始凭证份数，填制凭证人员、稽核人员、记账人员、会计机构负责人或者会计主管人员的姓名。收款和付款记账凭证还应当有出纳人员的姓名。以自制原始凭证或者原始凭证汇总表代替记账凭证的，必须具备记账凭证应有的项目。

使用会计软件进行会计核算的单位，对于机制记账凭证，要认真审核，做到会计科目使用正确，数字准确无误。对于具有明晰审核规则的机制记账凭证，可以将审核规则嵌入会计软件，由会计软件自动审核。

二、背景资料

（一）国内外发票的种类

在会计凭证中，发票似乎是外来原始凭证的同义词。发票作为经济业务发生与完成的信息载体，其形态经历了从纸质发票到电子发票，再到数字化电子发票的演进过程。由于经济社会的环境差异，国内外的发票不尽相同，了解国内外发票的种类及其差异具有十分重要的意义。

1. 国外发票的种类

尽管国与国之间存在着差异，但从总体上看，国外的发票从功能上可以分为四类。

（1）发票（Invoice）。发票（Invoice），有时也被译为"账单"，是使用最广泛的一个发票概念。在国际贸易和各国国内税法中，发票（Invoice）通常是指供应商在销售商品或提供服务时向客户开具的可用于纳税申报、会计记录及商业纠纷解决等方面的书面凭证。供应商向购买商开出的发票（Invoice）通常记载销售商品或提供服务的数量、价格、金额等明细信息，购买商具有按照发票(Invoice)金额付款的义务。在实际使用中,发票(Invoice)的概念和账单(Bill)类似,在美国 Bill 也被称为 Check。差别在于 Bill 和 Check 一般用于公司对个人业务(Business-to-Customer,缩写 B2C),记载个人消费支付的商品或服务费用,如零售、餐饮、水电费等;Invoice 一般用于公司对公司业务(Business-to-Business,缩写 B2B),而且 Invoice 与国内发票在各自母语语境中都具有付款请求和报税的双重含义。具有代表性的是,《欧盟增值税指令》中发票的概念即 Invoice,用于记载增值税序列号、纳税人识别号、客户信息、商品名称、税率、应纳税额、交易日期、税务代表等信息。这反映出在欧盟范围内,发票不仅是商业交易的证明,更是增值税申报和税务核查的依据,用以确保税收透明度和增值税制度的有效运行。

(2) 收据(Receipt)。收据(Receipt)在国际上也是经常使用的一个发票概念。收据(Receipt)通常是指用于证明已经收到款项或收到商品的收据或凭证,类似于我国的"收据"或"付款凭证"。在国外购买商品时往往开具收据(Receipt),载明商品数量、价格、金额以及交易单位和所收税额等信息。在很多国家,纳税人凭借收据(Receipt)可以报销相关费用,其功能一定程度上类似于我国的发票。显然,收据(Receipt)是证明交易发生和完成的重要凭证。

(3) 税收发票(Tax Invoice)。税收发票(Tax Invoice)通常是指含有特定税务信息的发票,用于证明已经销售或购买商品或服务并涉及税款缴纳的凭证。税收发票(Tax Invoice)因具有计算税款和申报纳税的作用,在国际贸易中被广泛使用,特别是在采用增值税(Value Added Tax,缩写 VAT)或商品服务税(Goods and Services Tax,缩写 GST)的国家,税收发票(Tax Invoice)支持买方申请进项税额抵扣,从而确保税务合规性和财务透明度。税收发票(Tax Invoice)记载卖方与买方的详细信息和商品或服务的名称、数量、价格、金额以及适用的税率和税额。目前,加拿大、英国、澳大利亚、意大利、印度等国广泛使用税收发票(Tax Invoice)。

(4) 电子发票(Electronic Invoice,或 E-Invoice)。电子发票(E-Invoice)是经济数字化和网络技术发展到一定阶段的产物,是目前在国际上被广泛使用的一个凭证术语,是指以电子化方式开具、传递、存储和处理的收据,以替代传统的纸质发票类型,其概念和功能与我国电子发票基本一致。电子发票(E-Invoice)已在电子商务和数字化财务领域得到广泛应用,可以通过电子邮件、电子数据交换(EDI)、企业资源规划(ERP)系统和在线发票平台等途径生成并传递信息。关于电子发票(E-Invoice),目前在国际上尚没有形成统一的技术标准,多种格式(如 PDF10、XML 等)并存。

2. 我国发票的种类

在我国,通常将反映业务发生的发票、收付款完成的收据等统称为票据。按照是否由法定部门监制,票据可分为有法定部门监制和无法定部门监制两类;其中的发票,按照存在形式,可分为纸质发票、纸电发票与数电发票三类。

（1）有法定部门监制类票据和无法定部门监制类票据。有法定部门监制类票据包括税务票据、财政票据、军队票据三种。税务票据是指公司之间发生业务往来，收款方所开具的税务机关监制的票据，包括发票、完税凭证、缴款书等。财政票据是指行政事业单位发生行政事业性收费时收款方开具的财政部门监制的票据。依据《财政票据管理办法》，财政票据包括非税收入票据、资金往来结算票据以及公益事业捐赠票据、医疗收费票据、社会团体会费票据及其他应当由财政部门监制的票据。军队票据是指单位与部队之间发生业务往来、按照规定不需要纳税，收款方所开具的部队监制的收据。依据《军队票据管理规定》，军队票据包括收据、借据等结算票据及通用、专用收费票据。这些票据都是合法凭据，可以入账。有法定部门监制类票据具有规范化和标准化的特点，反映了国家对经济活动所实施的监管，是国家治理能力的一种体现。

无法定部门监制类票据是指未经国务院批准、无法定文件指定监制部门、由经营活动单位或个人自行印制或设计的票据。日常经济往来中，单位或个人在收付款时会使用自制收据，也就是日常所说的"白条"，通常用于单位内部发生的业务，如收取员工押金、支付员工出差借款或退还多余出差借款等。这类凭证虽然属于合规凭据，但无法律效应，不能作为外部交易凭证入账报销使用。无法定部门监制类票据的存在，反映了在正规经济体系之外仍存在着非正式经济交易的需求，也在一定程度上反映了监管体系和正规经济体系尚未完全覆盖的领域。

（2）纸质发票、纸电发票与数电发票。纸质发票是传统的发票形式，以纸质形式存在。纸质发票具有固定版面和格式，由国家统一定版发行并统一数字编号，并采用高标准的防伪技术印制。其中的税务发票包括增值税专用发票、增值税普通发票、通用机打发票和通用定额发票等多个票种。纳税人须向税务机关申请领用这些发票，特别是增值税发票需要依托专用税控设备等介质开具。财政发票由行政事业单位向财政部门申请领用。

纸电发票是纸质发票的电子化版本，保留了纸质发票的样式和管理流程，仅将票面信息电子化。纸电发票的管理模式与纸质发票相同，其中的税务纸电发票，纳税人需要申领专用税控设备并进行票种核定，发票数量和票面限额管理与纸质发票一致。开具发票后，开票方通过邮件、短信等方式将纸电发票交付给受票方，受票方需要人工下载、打印并进行归集、整理和入账等操作。

数电发票是全面数字化的电子发票，也称全电发票，与纸质发票具有同等法律效力，但不以纸质形式存在，不需要介质支撑，也无须申请领用。数电发票的票面信息全面数字化，通过标签管理将多个票种集成为单一票种，设立税务数字账户，实现全国统一赋码、智能授信开具和自动定向交付。数电发票的开具、交付、查验等应用深度融合，纳税人可以通过电子发票服务平台"一站式"自动归集和使用发票数据。数电发票无须申领税控设备和进行票种核定，系统自动赋予开具额度，并根据纳税人行为动态调整发票额度，实现开业即可开票。

（二）会计凭证常见的问题

1. 原始凭证常见的问题

在会计实务中,原始凭证常见的问题主要反映在以下八个方面:

（1）内容记载含糊不清或者故意掩盖事情真相。例如,凭证字迹不清;"开票人"仅填写姓氏;计量单位不按国家法定的计量单位,随意以"车""桶"等来度量;记载的商品只有办公用品、劳保用品等笼统的类别,而没有具体商品的名称。

（2）发票上的单位抬头与本单位名称不符,或是有添加、涂改现象。

（3）凭证上的数量、单价与金额不符。

（4）凭证上加盖的印章不符合要求。例如,无收款单位印章、印章模糊不清,专用章采用不符合规定的印章。

（5）开具阴阳发票,即不按规定同时全联次地复写开具发票,在发票联上多开数量和金额,而在存根联上开实际发生额,俗称大头小尾"阴阳票"。

（6）以"白条"作为支出凭证,即由单位或个人开具的没有固定格式、不具备规定内容的非正式单据,如没有说明用途、没有加盖公章的借条等。

（7）费用发生不合理或者超出费用开支标准。例如,单位发生的招待费、差旅费、会务费和修理费等费用超过费用预算或开支标准。

（8）发票的编号与日期倒置。例如,某单位20×1年5月10日开具发票编号为966号,而965号发票开具的时间则为20×1年6月5日,说明未能如实反映经济业务发生的时间或者发票内容虚假。

2. 记账凭证常见的问题

在会计实务中,记账凭证常见的问题主要反映在以下六个方面:

（1）记账凭证摘要填写不规范。例如,有的摘要过于简单,不能说明经济业务活动发生的确切情况;有的用词不准确,词不达意,与实际情况相去甚远;有的文字冗长,失去了摘要的意义;有的甚至不写摘要,留下作假的可乘之机。

（2）会计科目运用错误。没有正确运用规定的会计科目,不能正确反映经济业务的来龙去脉。例如,将应收与应付业务混淆、将制造费用列入管理费用、科目对应关系错误等。

（3）凭证格式选用错误。在采用专用记账凭证的企业,收款凭证、付款凭证与转账凭证互相串用,用途不清,特别是对于库存现金和银行存款相互划转的业务,未按规定编制付款凭证,而错误地编制收款凭证或重复制证。

（4）附件和金额错误。记账凭证与所附原始凭证内容不符、张冠李戴、未附原始凭证或者与所附原始凭证张数不符;原始凭证所记金额合计数与记账凭证记录金额不符。

（5）记账凭证无编号或者编号错误。例如,对于一笔经济业务需要编制两张及两张以上记账凭证的,未正确采用分数编号法;或者虽有编号,但顺序混乱。

(6) 印鉴错误。记账凭证中没有记账、审核、会计主管等人员的签名和盖章,责任不清,内部控制程序形同虚设。

(三) 电子会计凭证使用与管理中需要注意的问题

电子会计凭证是指以电子形式生成、传输、存储的各类会计凭证,包括电子原始凭证、电子记账凭证。在实务中最常见的电子原始凭证是从外部接收的电子形式的各类会计凭证,包括电子发票、财政电子票据、电子客票、电子行程单、电子海关专用缴款书、银行电子回单等电子会计凭证。

随着信息技术的广泛应用以及电子商务、电子政务的飞速发展,电子发票和电子客票等电子会计凭证被广泛地应用于各行各业,一方面使得相关业务处理更加便捷高效,另一方面对于会计核算以及会计信息的质量带来了挑战。从目前我国的会计实务看,在电子会计凭证使用与管理中需要注意三个方面的问题。

1. 电子发票的重复报销及变造问题

相较于纸质发票的不可复制性,电子发票存在着复制和篡改的可能性。对于电子专用发票,需要"勾选认证",勾选时通过与综合服务平台的比对,会计人员可以很好地避免发票重复入账和变造等问题;但对于电子普通发票,核查其重复报销及变造则相对困难。在会计实务中,由于目前电子发票的打印次数不受限制,可以自行无限次打印,又不需要额外再加盖专用章,这就带来重复报销的风险,需要通过一定的措施来防范电子发票重复报销。并且,由于 PS 造假技能的提高与职业道德的丧失,就存在着通过 PS 篡改电子发票金额或者抬头的现象。为核实发票是否被变造篡改,通常要求报销人员在报销时附上国家税务总局全国增值税发票查验平台的查验结果作为报销附件,会计人员在审核报销凭证时对查验结果和发票进行核对检查,以此来识别控制发票变造篡改问题。从提高会计核算效率和强化对电子凭证管控起见,未来应在会计核算系统中集成发票云模块,构建从发票采集、发票合规、发票票夹、发票抬头管理的全过程、全周期发票管理的系统。通过发票云中快速便捷的发票收集、识别、验真、去重等功能,解决电子发票作假、重复报销等问题。

2. 电子会计凭证的存储风险问题

目前对于电子会计凭证采用的存储方式包括硬盘存储和云存储。电子会计凭证采用硬盘存储,通常要求会计人员在处理电子发票时将发票源文件存储于办公电脑中,并同时要求定时备份至移动硬盘,通过此种方式来防范电子发票损毁丢失的风险。根据会计档案管理办法的规定,原始凭证保管期限为 30 年,可能已经超过硬盘的平均使用寿命。如选择使用硬盘存储,则企业需要关注硬盘损毁的风险。电子会计凭证采用云存储,就需要关注商业机密泄露的风险,并需充分考量云存储服务商的数据安全保障、抵御网络攻击的能力。

3. 电子凭证与纸质凭证是否并存问题

尽管我国有关法规已经明确,在会计核算中电子会计凭证与纸质会计凭证具有同等法律效力,但考虑到电子发票从属于会计凭证,发票介质的选择不应脱离会计凭证整体介质的形式而单独拟定,并便于日后凭证的查阅,通常仍然要求打印电子发票,即在收到电子会计发票进行账务处理时,仍要求将电子发票打印为纸质,并附在记账凭证后进行账务处理。鉴于我国电子会计凭证尚处于推广应用阶段,电子会计凭证存在着上述电子发票的重复报销及变造篡改问题与存储风险问题,电子凭证与纸质凭证并存是比较合适的选择。现阶段,可以硬盘存储和云存储的电子会计凭证为主要凭证,而打印出的纸质凭证为辅助凭证。随着电子会计凭证的全面应用与各方面技术条件的成熟与完备,可以不再打印出纸质会计凭证,从会计核算与档案保存都采用电子会计凭证。

三、复习思考题与练习题

复 习 思 考 题

1. 为什么经济业务的发生和完成必须要取得或者填制原始凭证?

2. 在我国,作为外来原始凭证的发票有哪几种类型?

3. 为什么要编制汇总原始凭证?举例说明如何编制汇总原始凭证。

4. 记账凭证是否都必须附有原始凭证?哪些记账凭证必须附有原始凭证?

5. 现金支票与转账支票如何填制?

6. 会计凭证常见的问题有哪些?如何处理会计凭证审核中发现的问题?

练 习 题

一、单项选择题(在每小题的备选答案中,选出一个最为切合题意的答案)

1. 下列各项中,属于在交易或事项发生时取得或填制的、用来证明经济业务发生、明确经济责任,并作为记账最初书面证明的会计凭证是( )。

    A. 原始凭证   B. 记账凭证

    C. 转账凭证   D. 汇总记账凭证

2. 下列各项中,不属于原始凭证的是( )。

    A. 经济合同   B. 销售发票

    C. 收料单   D. 领料单

3. 下列各项中,属于外来原始凭证的是( )。

    A. 购货发票   B. 入库单

    C. 出库单   D. 领料汇总表

4. 下列各项关于外来原始凭证的阐述中,正确的是( )。

    A. 外来原始凭证一般都是一次凭证

B. 外来原始凭证一般都是累计凭证

C. 外来原始凭证一般都是原始凭证汇总表

D. 外来原始凭证一般都是记账编制凭证

5. 下列各项中,属于累计凭证的是( )。

    A. 借款单   B. 限额领料单

    C. 差旅费报销单   D. 发料凭证汇总表

6. 某企业从本地购入一批材料,材料已验收入库,款项当即通过银行付讫。下列各项中,属于该项经济业务不涉及的原始凭证是( )。

    A. 收料单   B. 供货方开具的发票

    C. 本企业开具的发票   D. 本企业开具的支票存根

7. 对于审核原始凭证发现金额有错误,采取的下列各项措施中,正确的是( )。

    A. 由出具单位重开

    B. 由经办人员按规定在原始凭证上更正

    C. 由审核人员按规定在原始凭证上更正

    D. 由会计机构负责人或会计主管人员按规定在原始凭证上更正

8. 下列各项关于汇总记账凭证的阐述中,不正确的是( )。

    A. 汇总收款凭证是按"库存现金""银行存款"科目的借方分别设置,汇总一定时期内现金和银行存款的收款业务

    B. 汇总付款凭证是按"库存现金"和"银行存款"科目的贷方分别设置,汇总一定时期内现金和银行存款的付款业务

    C. 汇总转账凭证是按转账凭证中每一借方科目分别设置,汇总一定时期内转账业务的一种汇总记账凭证

    D. 汇总转账凭证是按转账凭证中每一贷方科目分别设置,汇总一定时期内转账业务的一种汇总记账凭证

9. 下列各项中,属于记账凭证应具备的要素是( )。

    A. 实物数量、单价及金额   B. 汉字大写金额

    C. 出具凭证单位的财务专用章   D. 应记会计科目、方向及金额

10. 下列各项中,属于将记账凭证分为收款凭证、付款凭证和转账凭证的依据是( )。

    A. 凭证填制的程序   B. 凭证在经济管理中的用途

    C. 凭证取得的来源   D. 凭证所记录的经济业务内容

11. 下列各项经济业务中,属于需要编制银行存款收款凭证的是( )。

    A. 开出转账支票购买设备   B. 将资本公积转增资本

    C. 从银行取得 3 个月的借款   D. 发出上月已预收货款的商品

12. 对于将现金存入银行的经济业务,下列应填制的记账凭证中,正确的是( )。

    A. 一张转账凭证   B. 一张收款凭证

    C. 一张付款凭证   D. 一张收款凭证和一张付款凭证

13. 下列科目中,属于可能是收款凭证借方科目的是( )。

    A. "应收账款"   B. "预收账款"

    C. "主营业务收入"   D. "银行存款"

14. 在填制会计凭证时对于 2 308.66 元的大写金额数字填写,下列各项中,正确填写的是(　　　)。

    A. 人民币贰仟叁佰捌元陆角陆分

    B. 人民币贰仟叁佰捌元陆角陆分整

    C. 人民币贰仟叁佰零捌元陆角陆分

    D. 人民币贰仟叁佰零捌元陆角陆分整

15. 下列各项关于根据同一原始凭证编制的几张记账凭证的处理中,正确的是(　　　)。

    A. 应编制原始凭证分割单

    B. 应采用分数编号法

    C. 应在未附原始凭证的记账凭证上注明附有原始凭证的记账凭证的编号

    D. 应不必作任何说明

二、多项选择题(在每小题的备选答案中,选出两个或两个以上切合题意的答案)

1. 下列各项关于会计凭证的阐述中,正确的有(　　　)。

    A. 会计凭证是记账、查账的重要依据   B. 会计凭证是编制会计报表的重要依据

    C. 会计凭证是具有法律效力的书面证明   D. 会计凭证是记录经济业务的书面证明

    E. 会计凭证是明确经济责任的书面证明

2. 下列各项中,属于外来原始凭证的有(　　　)。

    A. 供货单位开具的增值税专用发票   B. 职工出差取得的飞机票和住宿费发票

    C. 职工出差填写的借款单   D. 工资发放明细表

    E. 银行进账单

3. 下列各项中,属于原始凭证填制要求的有(　　　)。

    A. 记录真实   B. 手续完备

    C. 书写规范   D. 填制及时

    E. 分录正确

4. 下列关于原始凭证的阐述中,正确的有(　　　)。

    A. 原始凭证必须记录真实,内容完整

    B. 购买实物的原始凭证,必须有验收证明

    C. 一式几联的原始凭证应注明各联用途,只能将其中一联作为报销凭证

    D. 有关库存现金和银行存款的收支凭证,若填写错误,按规定方法予以更正

    E. 职工公出的借款收据,在报销后可予以退回

5. 下列关于原始凭证填制的阐述中,正确的有(　　　)。

    A. 阿拉伯数字应当一个一个地写,不得连笔写

    B. 所有以元为单位的阿拉伯数字,除表示单价等情况外,一律填写到角分

    C. 凭证填写发生错误,不得随意涂改、刮擦、挖补

    D. 经有关部门批准的业务,批准文件不能作为原始凭证的附件

    E. 购买实物的原始凭证,视具体情况附验收证明

6. 下列关于原始凭证和记账凭证的阐述中,正确的有(　　)。

    A. 原始凭证是记账凭证的基础,记账凭证是根据原始凭证编制的

    B. 原始凭证作为附件应附在记账凭证后面

    C. 原始凭证对经济业务是否发生或完成起到证明作用,记账凭证是为了履行记账手续而编制的分录凭证

    D. 会计凭证按照填制的程序和用途的不同,分为原始凭证和记账凭证

    E. 记账凭证是登记账簿的直接依据

7. 下列各项中,属于记账凭证填制依据的有(　　)。

    A. 每一张原始凭证　　　　　　　　B. 若干张同类原始凭证汇总

    C. 原始凭证汇总表　　　　　　　　D. 日记账

    E. 账簿记录结果

8. 下列有关会计凭证中,属于需编制会计分录的有(　　)。

    A. 原始凭证　　　　　　　　　　　B. 记账编制凭证

    C. 收款凭证　　　　　　　　　　　D. 付款凭证

    E. 转账凭证

9. 下列经济业务中,属于应填制付款凭证的业务有(　　)。

    A. 从银行提取现金　　　　　　　　B. 将现金存入银行

    C. 通过银行缴纳消费税　　　　　　D. 生产产品领用原料

    E. 用现金支付材料运费

10. 下列经济业务中,属于应填制银行存款收款凭证的业务有(　　)。

    A. 将现金存入银行　　　　　　　　B. 收到投资人投入的机器设备

    C. 通过银行预收客户购买产品的货款　D. 通过银行收到投资人投入的货币资金

    E. 收到材料并支付材料货款

11. 对于涉及库存现金与银行存款之间的划款业务,下列各项编制的记账凭证中,正确的有(　　)。

    A. 银行存款收款凭证　　　　　　　B. 银行存款付款凭证

    C. 库存现金收款凭证　　　　　　　D. 库存现金付款凭证

    E. 转账凭证

12. 下列科目中,属于收款凭证借方科目的有(　　)。

    A. "应收账款"　　　　　　　　　　B. "银行存款"

    C. "应付账款"　　　　　　　　　　D. "库存现金"

    E. "预收账款"

13. 下列科目中,属于付款凭证贷方科目的有(　　)。

    A. "应付账款"　　　　　　　　　　B. "材料采购"

    C. "库存现金"　　　　　　　　　　D. "银行存款"

    E. "管理费用"

14. 下列各项中,属于汇总记账凭证的有(　　)。

    A. 汇总收款凭证　　　　　　　　　B. 汇总付款凭证

C. 汇总转款凭证   D. 科目汇总表

E. 累计凭证

15. 下列各项业务填制的记账凭证中,属于必须附有原始凭证的有( )。

A. 收款   B. 付款

C. 转账   D. 期末结账

E. 更正错误

三、判断题(认为正确的在题目前面括号内打"√",认为错误的在题目前面括号内打"×")

1. ( )填制和审核会计凭证是会计工作的起点和基础,对会计信息质量具有至关重要的影响和作用。

2. ( )按反映经济业务的内容不同,会计凭证分为原始凭证和记账凭证。

3. ( )自制原始凭证是由本单位会计部门或人员,在经济业务发生或完成时自行填制的原始凭证。

4. ( )企业使用累计凭证,如限额领料单,既可以起到控制材料消耗的作用,又能简化凭证的填制手续。

5. ( )会计人员根据账簿记录的结果,重新归类整理而编制的原始凭证是记账编制凭证。

6. ( )从外单位取得的原始凭证如有遗失,应取得原签发单位盖有财务章的证明,并注明原来凭证的号码、金额和内容等,经单位负责人批准后,可代作原始凭证。

7. ( )所有记账凭证都必须附有原始凭证并如实填写所附原始凭证的张数。

8. ( )原始凭证一般由经办人员填制,而记账凭证一律由会计人员填制。

9. ( )收款凭证只有在库存现金增加时才填制。

10. ( )从银行提取现金,既可以编制银行存款付款凭证,又可以编制库存现金收款凭证。

11. ( )收付款记账凭证既可作为出纳人员办理收付款项的依据,又可作为登记库存现金和银行存款日记账、相关的总账及明细账的依据。

12. ( )转账凭证只登记与货币资金收付无关的业务。

13. ( )科目汇总表既可作为登记总账的依据,又可以作为登记明细分类账的依据。

14. ( )会计凭证中,所有以元为单位的阿拉伯数字,除了表示单价等情况,一律填写到角分;有角无分的,分位应当写"0"或用符号"—"代替。

15. ( )记账凭证是根据审核无误的原始凭证填制的,因此,记账凭证填制完成后,无需再进行审核即可据以登记账簿。

四、业务题

【业务题一】

目的:练习通用记账凭证的编制。

资料:长城公司20×1年9月发生的部分经济业务如下:

(1) 1日,收到联成公司作为投资投入的全新机器设备一台,各方确认的价值为300 000元。

(2) 1日,以经营租赁方式租入生产车间生产使用设备一台,通过银行支付3个月的租金15 000元。

(3) 7日,购入不需要安装的设备一台,增值税专用发票注明设备价款为20 000元,增值税税额为2 600元,另支付包装费和运杂费等2 000元(假设不考虑增值税),上述款项均已通过银行转账支付。

（4）9日，购入A材料50千克，单价200元，增值税专用发票注明A材料价款为10 000元，增值税税额为1 300元。材料运输过程中发生运输费600元（假设不考虑增值税），上述款项均未支付，材料已验收入库。

（5）10日，销售给联华公司甲产品2 000件，单价100元，增值税专用发票注明价款为200 000元，增值税税额为26 000元，产品已发出，通过银行代垫运杂费1 200元（假设不考虑增值税），上述款项尚未收到。

（6）12日，出售多余的C材料100千克，单价130元，增值税专用发票注明C材料价款为13 000元，增值税税额为1 690元。材料已发出，款项已通过银行收讫。同时结转销售C材料的实际成本，C材料的单位成本为100元。

（7）18日，通过银行支付应由本公司负担的产品运杂费3 000元（假设不考虑增值税）。

（8）30日，通过银行支付第三季度短期借款利息3 000元，前2月已计提利息2 000元。

（9）30日，摊销应由本月生产车间负担的生产设备租金5 000元。

（10）30日，月末，结转本月已销甲产品的生产成本，甲产品单位生产成本为60元。

要求：根据上述资料编制通用记账凭证。

【业务题二】

目的：练习收付款记账凭证的填制。

资料：顺丰公司20×1年5月发生下列经济业务：

（1）2日，开出转账支票一张，支付前欠飞达公司货款50 000元。

（2）5日，开出现金支票一张，从开户银行提取6 000元备用。

（3）10日，销售丁产品，增值税专用发票注明设备价款为30 000元，增值税税额为3 900元，收到购买方开具的一张转账支票已交存开户银行。

（4）16日，公司行政办公室用现金购买了500元办公用品。

（5）25日，设计师程菲出差回来报销差旅费3 850元，原借款4 000元，程菲退回多余现金150元。

要求：根据上述资料编制相应的收款凭证和付款凭证（对于每一笔业务注明需编制的凭证类型及会计分录）。

【业务题三】

目的：练习会计凭证的填制。

资料：东方公司设有一个生产车间，生产甲、乙两种产品，20×1年7月甲产品的生产成本明细账月初余额为550 000元，其中，直接材料250 000元，直接人工200 000元，制造费用100 000元。乙产品无月初余额。7月发生下列经济业务：

（1）本月仓库发出材料，用于生产甲产品4 000 000元，用于生产乙产品2 000 000元，生产车间一般耗用400 000元，行政管理部门耗用200 000元。

（2）结算本月应付职工薪酬，生产甲产品职工薪酬1 800 000元，生产乙产品职工薪酬1 200 000元，车间管理人员职工薪酬500 000元，行政管理部门职工薪酬400 000元。

（3）计提本月固定资产折旧，其中，生产车间530 000元，行政管理部门250 000元。

（4）摊销以前月份已支付，应由本月负担的房屋租金，生产车间和行政管理部门分别为50 000元和150 000元。

（5）通过银行支付生产车间水电费20 000元。

（6）月末,按甲、乙产品生产工人薪酬比例分配并结转本月发生的制造费用。

（7）月末,生产车间所生产的 5 000 件甲产品全部完工,验收入成品仓库。乙产品尚未完工。

要求:

（1）根据上述资料编制制造费用分配表、产品成本计算单及产品入库单。

（2）依据编制的制造费用分配表、产品成本计算单及产品入库单编制记账凭证。

【业务题四】

目的:练习会计凭证的审核。

资料:华茂公司采购员张宏 20×1 年 5 月 5 日去杭州出差采购材料,5 月 7 日出差返回上海,5 月 8 日回公司报销差旅费。该公司财务管理制度规定,因公出差住宿标准每人每日上限 300 元,伙食补助标准每人每日 100 元,市内交通费标准每日 80 元。张宏根据有关原始单据填写差旅费报销单（附单据 12 张,略）,如表 6-1 所示。经采购部负责人林澄批准后去财务部报销。

表 6-1 **差旅费报销单**

单位:采购部　　　　　　　　　　　　　20×1 年 5 月 8 日

出发				到达				公出补助				住宿费	市内交通	伙食补助	其他	合计金额
月	日	时	地点	月	日	时	地点	飞机	火车	轮船	长途汽车					
5	5		上海	5	5		杭州		65							65
5	7		杭州	5	7		上海		65			640	240	300	1 800	3 045
合　计									130			640	240	300	1 800	3 110
人民币（大写）:　　叁仟壹佰壹拾元																
原借差旅费　2 000 元,报销　3 110 元,结余（或超支）1 110 元。																
出差事由　　　　　　　　张宏去杭州采购材料																

审批:林澄　　　　　会计主管:　　　　　报账人:张宏　　　　　审核人:杨扬

在差旅费报销单中的"其他"项目包括出租车费 180 元、电话卡 500 元、餐费 550 元、购买礼品 570 元,会计杨扬审核后,编制的会计凭证,如表 6-2 所示。

表 6-2 **转账凭证**

20×1 年 5 月 8 日　　　　　　　　　　　　转字第 86 号

摘　要	一级科目	二级或明细科目	借方金额	记账	贷方金额	记账
张宏报销差旅费	在途物资		3 110			
	库存现金		390			
	其他应收款				3 500	
合　计			3 500		3 500	

会计主管:　　　　　记账:肖敏　　　　　审核:　　　　　制单:杨扬

附件 1 张

要求：

（1）根据会计凭证填制与审核要求，对上述会计凭证进行审核，并将审核意见予以说明。

（2）请重新编制正确的会计凭证。

四、案例分析

会计凭证岂介编造——博天环境受到行政处罚并被强制退市

博天环境集团股份有限公司（公司简称：博天环境，证券代码：603603），成立于1995年，2017年2月在上海证券交易所挂牌上市，是一家提供工业水系统综合服务、绿氢系统集成服务、市政水环境治理服务与生态修复综合服务的企业。

2024年2月2日中国证监会北京监管局发布《行政处罚决定书》（〔2024〕2号），认定博天环境披露的2017年至2021年年度报告存在严重的虚假记载，对公司给予警告，并处以500万元的罚款；对四位高管给予警告，并分别处以100万元至500万元不等的罚款。上海证券交易所于2024年3月19日发布《关于博天环境集团股份有限公司股票终止上市的公告》{上证公告（股退）〔2024〕015号}，博天环境被强制退市。

经查明，博天环境存在以下违法事实：

博天环境虚增营业收入、利润的主要方式包括：一是未及时对已终止的设备销售业务进行会计处理，并通过签署虚假委托付款协议的方式抵销虚增收入引起的往来款项，此类情形涉及合肥清溪项目；二是未及时对已竣工结算的项目进行会计处理，并通过签署虚假委托付款协议的方式抵销虚增收入引起的往来款项，此类情形涉及兖矿榆林100万吨/年煤间接液化示范项目污水处理厂及回用水处理工程总承包项目等EPC项目；三是使用无商业实质的验工计价凭证确认工程进度，并通过签署虚假债权债务转让协议、委托付款协议的方式，隐瞒虚增收入的情况，此类情形涉及雷州市村级生活污水处理PPP项目等PPP项目。具体影响情况如下：

2017年，博天环境虚增营业收入34739.80万元，占当期披露营业收入的11.40%；综合考虑相关减值的影响，虚增利润11801.65万元，占当期披露利润总额的70.68%；

2018年，博天环境虚增营业收入109847.85万元，占当期披露营业收入的25.33%；综合考虑相关减值的影响，虚增利润50144.73万元，占当期披露利润总额的223.80%；

2019年，博天环境虚减营业收入2874.52万元，占当期披露营业收入的0.99%；综合考虑相关减值的影响，虚减利润11605.96万元，占当期披露利润总额的14.01%；

2020年，综合考虑相关减值的影响，虚减利润4939.16万元，占当期披露利润总额的11.90%；

2021年，综合考虑相关减值及投资收益调整等因素影响，虚减利润24944.26万元，占当期披露利润总额的17.37%。

上述事项导致博天环境2017年、2018年、2019年、2020年和2021年年度报告存在虚假记载。

此外，2023年3月31日博天环境披露《关于前期会计差错更正及追溯调整的公告》，主动更正相关年度案涉虚假记载金额等会计差错，对2017年度至2021年度合并财务报表和母公司财务报表进行追溯调整，涉及对各年度主要财务指标和合并资产负债表的影响，自认更正如下会计差错：2017年，多记应收账款72056841.99元，多记在建工程278613919.45元，多记应付账款225588994.04元；2018年，多记应收账款392962647.60元，多记在建工程1058923120.64元，多记应付账款790017083.10元；2019年，多记应收账款 6 592 819.33 元,多记在建工程 881 388 595.13 元,多记应付账款 349 989 292.35 元;2020 年,少记应收账款 3819 450.01 元,多记在建工程 822 391 385.38 元,多记应付账款 351 020 608.35 元;2021 年,多记应收账款 419 294 145.87 元,多记应付账款 358 269 670.33 元。

根据中国证监会行政处罚决定认定的事实,博天环境虚假记载的信息披露违法行为持续时间长,虚假记载金额大、占比高,严重损害证券市场秩序。

分析与讨论:

(1)请分析博天环境虚增营业收入与利润的会计凭证是什么?

(2)结合博天环境会计造假案例,谈谈真实合法的会计凭证对确保会计信息质量的作用。

第七章 会计账簿

一、概要解析

(一) 会计账簿

会计账簿是由具有一定格式、相互联系的账页组成,以审核无误的会计凭证为依据,用来连续、系统、全面地记录和反映各项经济业务的簿籍。会计账簿作为一本"簿籍",通常由封面、扉页、账页和封底构成。账页是会计账簿构成的主体,具有一定的格式,格式因记录的经济业务内容不同而有所不同;封面和封底通常采用硬纸,起到保护账页的作用;扉页位于封面之后账页之前,主要载明"账簿启用及接交表"和"账户目录"。

设置和登记账簿是会计核算中连接会计凭证和财务报表必不可少的一个中间环节,也是会计核算方法的组成部分,会计账簿是编制财务报表的基础和依据。

在会计核算中,设置的账簿多种多样,以满足不同经济业务和经营管理的需要。会计账簿可按不同的标准进行不同的分类。按用途,可分为序时账簿(日记账)、分类账簿和备查账簿;按账页格式,可分为三栏式账簿、多栏式账簿和数量金额式账簿;按外表形式,可分为订本式账簿、活页式账簿、卡片式账簿和电子式账簿。

企业应当遵循一定的原则设置会计账簿,并按规定启用和登记账簿。在年度开始启用新的会计账簿时要做好账簿的启用记录。登记账簿时应当按规定的要求与方法进行,并以审核无误的会计凭证为依据进行账簿登记。为保证会计核算工作的质量,必须定期进行对账和结账,对发生的错账要及时根据错误情况采用不同方法对账簿进行更正,年度结束进行年末结账后应当按规定更换账簿。

(二) 序时账簿

序时账簿也称日记账,是按照经济业务发生或者完成时间的先后顺序,逐日逐笔连续登记的账簿。序时账簿按记录的经济业务内容不同,又可分为普通序时账簿和特种序时账簿。普通序时账簿是用来逐日逐笔登记全部经济业务的账簿,在会计实际工作中,设置普通序时账簿的企业不是很普遍。特种序时账簿是用来逐日逐笔记录某一类比较重要的经济业务的账簿。在会计实务中,通常要求每个企业都设置库存现金日记账和银行存款日记账,这是为了加强货币资金的管理,通过设置日记账提供库存现金和银行存款收付情况的详细资料。

库存现金日记账格式主要有三栏式和多栏式两种,库存现金日记账通常由出纳人员根据审核无误的收款凭证(库存现金收款凭证)与付款凭证(库存现金付款凭证和银行存款付款凭证)逐日逐笔按顺序登记。银行存款日记账格式也有三栏式和多栏式两种,只是为了监督银行结算凭证的严格使用,需增设"结算凭证种类和号数"栏目。银行存款日记账通常也是由出纳人员根据审核无误的收款凭证(银行存款收款凭证)与付款凭证(银行存款付款凭证和库存现金付款凭证)逐日逐笔按顺序登记。库存现金日记账和银行存款日记账均采用订本式形式。

(三)分类账簿

分类账簿按反映内容的详细程度,可分为总分类账簿(总分类账)和明细分类账簿(明细分类账)两种。

总分类账是按照一级会计科目开设并登记全部经济业务的账簿。总分类账的格式通常采用三栏式,按是否反映对应科目,又可分为反映对应科目的三栏式和不反映对应科目的三栏式两种。总分类账的登记依据和方法主要取决于企业所采用的账务处理程序。

明细分类账是按照二级或者明细会计科目设置,详细登记某一具体经济业务的账簿。明细分类账的格式主要有三栏式、数量金额式和多栏式。明细分类账格式设有多种,是与所要进行明细分类核算的经济业务具体内容有关,因为有的经济业务发生后,只需要反映价值变动情况;而有的经济业务发生后既要反映价值变动情况,又要反映实物量的变动情况;还有的经济业务构成内容较为复杂,需要根据具体内容反映变动情况。这就需要根据所记录经济业务的不同要求对明细分类账户设置多种格式,并根据核算要求选择适用的格式。三栏式明细分类账适用于只需要进行金额核算,不需要进行数量核算的账户,如"应收账款""应付账款""短期借款"等债权、债务结算的明细分类账;数量金额式明细分类账适用于既需进行金额核算,又需进行数量核算的财产物资明细账户,如"原材料""库存商品"等明细分类账;多栏式明细分类账主要适用于成本、费用、收入等需要详细核算与分析构成内容情况的明细分类账,如"生产成本""制造费用""管理费用""主营业务收入"等明细分类账。明细分类账的登记依据和方法不受企业所采用的账务处理程序的影响,即任何账务处理程序下明细分类账都是根据审核无误的记账凭证及所附原始凭证或原始凭证汇总表,按经济业务发生的时间先后顺序逐日逐笔进行登记。

(四)对账和结账

在每个会计期末,为了保证账簿记录的准确可靠,及时结算企业的经营成果和反映企业的财务状况,企业要进行对账和结账。

对账即核对账目,是指企业将发生的经济业务根据审核无误的会计凭证完整地登入会计账簿后,为保证账实相符、账证相符、账账相符,核对会计账簿记录与财产物资及款项的实有数额是否相符、各种会计账簿记录与据以记账的会计凭证记载的信息是否相符、不同会计账簿之间相对应的记录是否相符的工作。

对账的内容,如图 7-1 所示。

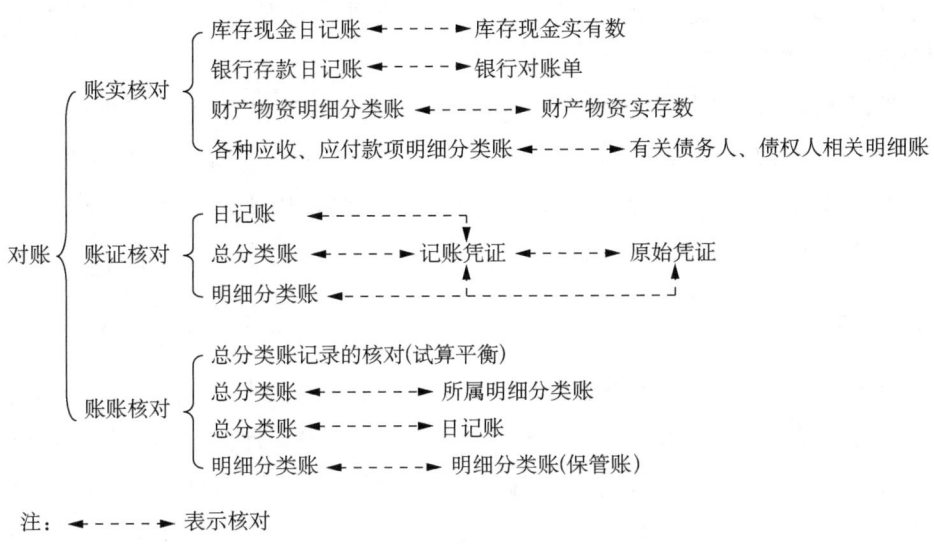

注:◄ - - - ► 表示核对

图 7-1　对账内容示意图

进行账目核对可以及时地发现存在的问题并解决问题,使账簿记录始终保持账实相符、账证相符、账账相符,如实反映企业的经济活动情况及其结果,并为编制财务报表提供准确完整可靠的数据资料。

结账,是指在将一定时期发生的经济业务全部登记入账的基础上,于会计期末对账簿记录进行总结,计算出各个账户的本期发生额和期末余额并做相应的结转工作。结账工作的内容包括将本期发生的经济业务全部登记入账;按权责发生制基础进行账项调整,包括对应计收入的调整、对预收收入的调整、对应计费用的调整与对预付费用的调整;期末账项结转,包括成本的结转(制造费用的结转、完工产品成本的结转、已售产品成本的结转)、收入和费用的结转以及本年利润的结转;结出所有账户的本期发生额和期末余额并将余额转入下期。结账一般采用划线的方法进行,平时(月末、季末)结账划通栏单红线,年末结账划通栏双红线。

(五) 错账更正方法

登记账簿发生错误,或者发现账簿登记错误,应当按照规定的错账更正方法进行更正。常用的错账更正方法有划线更正法、红字更正法和补充登记法三种,应采用哪种方法进行更正,则要根据具体的错账情况选择相应的更正方法。

划线更正法是用红线划销账簿中的错误记录,并在红线上方填写正确记录的方法。这种方法适用于期末结账前发现账簿记录错误,但记账凭证正确,纯粹由于过账不慎导致文字或数字记录错误的情况。

红字更正法是用红字(红字金额)冲销原有的错误记录,以更正或调整账簿记录的方法。这种方法适用于两种情况:一是记账后,发现记账凭证中科目错误,致使账簿记录错误的情况;二是记账后,发现记账凭证中应记科目、借贷方向无误,只是所记金额大于应记金额,致使账簿记录错误的情况。

补充登记法是将原记账凭证和账簿记录中少记的金额用蓝字或黑字再填制一张记账凭证,以此来调整账簿记录的方法。这种方法适用于记账后发现记账凭证中应记科目、借贷方向无误但所记金额小于应记金额致使账簿记录错误,即由于记账凭证错误(金额少记)引起账簿记录错误(金额少记)的情况。

(六) 账务处理程序

交易或事项发生后,通过运用会计核算的各种方法(设置账户、复式记账、填制与审核会计凭证、登记账簿、成本计算、财产清查、编制财务报表)向会计信息的使用者提供决策或管理所需的会计信息。从交易或者事项的发生到提供满足会计信息使用者决策与管理所需的会计信息,主要是通过填制与审核会计凭证、登记会计账簿、编制财务报表来完成的。

账务处理程序也称会计核算程序,是指会计凭证和账簿组织与记账程序和方法有机结合的方式。会计凭证和账簿组织,是指会计核算所运用的会计凭证和会计账簿的种类、格式,以及各种凭证之间、凭证与账簿之间、各种账簿之间的关系。记账程序和方法,是指会计凭证的填制和审核、会计账簿的登记直至编制财务报表的程序和方法。具体地说,账务处理程序是指从取得、填制和审核原始凭证开始,到填制记账凭证,登记账簿,最后编制财务报表,提供会计信息的一系列工作步骤和方法。

不同的企业,由于经营规模的大小、交易或事项的内容、管理的要求各不相同,账务处理程序的选择也不一样。账务处理程序主要有记账凭证账务处理程序、汇总记账凭账务处理程序、科目汇总表账务处理程序和日记账账务处理程序等。

各种账务处理程序之间既各有特点,又具有共性,共同的工作步骤是:

(1)根据原始凭证或原始凭证汇总表填制记账凭证。

(2)根据收款凭证和付款凭证,序时逐笔登记库存现金日记账和银行存款日记账。

(3)根据收款凭证、付款凭证和转账凭证及其所附的原始凭证或原始凭证汇总表,登记各种明细分类账。

(4)根据登记总账的"依据"登记总分类账。

(5)按照对账要求,定期将总分类账与日记账、明细分类账相核对。

(6)根据总分类账和有关明细分类账编制财务报表。

登记总账的"依据"包括记账凭证、汇总记账凭证和科目汇总表等,根据登记总账的依据和方法不同,就形成了不同的账务处理程序。账务处理程序的一般流程,如图 7-2 所示。

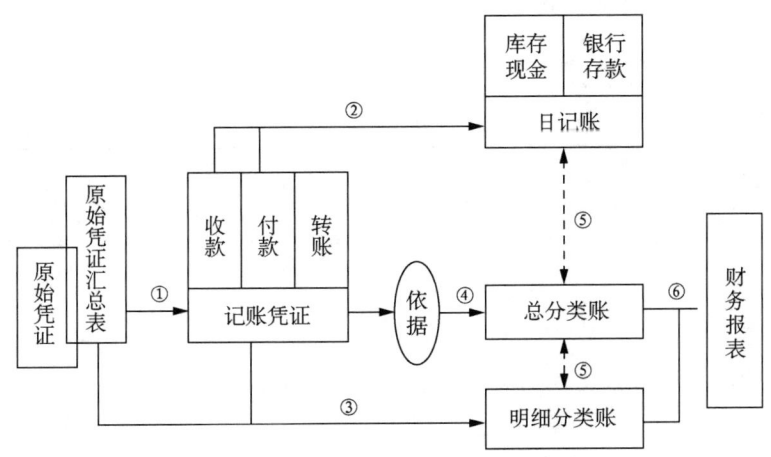

图 7-2　账务处理程序的一般流程图

企业无论采用哪种账务处理程序,都必须确定以下几方面的工作内容:

(1)所采用的记账凭证的种类,是通用记账凭证,还是专用记账凭证(收款凭证、付款凭证、转账凭证)。

(2)所设置的账簿(日记账、分类账等)的种类与格式,是三栏式、多栏式,还是数量金额式。

(3)登记总账的依据,是根据记账凭证直接登记总账,还是对记账凭证定期汇总后,据以登记总账。

(4)记账凭证、汇总记账凭证与总账的关系,汇总记账凭证的编制方法,总账的登记方法。

(5)总账与日记账、总账与明细账之间的核对方法。

(6)编制财务报表的资料来源,财务报表项目与总账、明细账之间的关系。

二、背景资料

(一) 棋盘式总账

棋盘式总账是在一张账页上反映企业某一时期全部的经济业务,即将所有总账科目设在一张表内,按照总账科目的对应关系反映本期发生额。棋盘式总账产生于 20 世纪 50 年代中期,由于纸质账页的局限以及会计人员长期以来习惯于采用"三栏式总账",棋盘式总账未得到普及和应用。棋盘式总账是采用矩阵原理,以横栏、纵栏分别表示借方科目、贷方科目,以借贷交叉点反映账户的对应关系。格式上一般是纵向依次设置"应借科目"与"贷方发生额合计"栏,横向依次设置"期初余额(分借、贷两栏)""应贷科目""借方发生额合计""期末余额(分借、贷两栏)"栏。棋盘式总账的格式,如表7-1所示。

表 7-1　　　　　　　　　　　　总分类账(棋盘式)

20×1 年×月

应借科目　　应贷科目	期初余额		库存现金	银行存款	……		借方发生额合计	期末余额	
	借方	贷方						借方	贷方
库存现金									
银行存款									
……									
……									
贷方发生额合计									

棋盘式总账中应借、应贷科目通常按企业会计科目表的科目顺序排列。登记棋盘式总账时,先定期将记账凭证进行汇总,然后根据记账凭证汇总表即科目汇总表登记棋盘式总账。计算期末余额时,资产类科目将横栏的期初借方余额和本期借方发生额相加后,再减去该科目纵栏的贷方本期发生额,即该科目的期末借方余额;负债及所有者权益类科目将横栏的期初贷方余额和纵栏本期贷方发生额相加后,再减去该科目横栏的借方本期发生额,即该科目的期末贷方余额。

采用棋盘式总账,可清晰地反映一定时期内总账账户的对应关系,直观地反映企业资金结构的变化,还可在结账过程中同时进行试算平衡。但由于账簿涉及的科目多,账页过于庞大,记账易发生串栏、串行的错误,在采用纸质账页的情况下其应用受到限制。

随着电子信息技术广泛应用到会计领域,棋盘式总账也被会计工作者所重视,其作用可以被充分发挥出来。在使用电子信息技术时,棋盘式总账中每一空格,皆占用电子数据存储介质中的一个位置。当经济业务发生后,可指令电子数据存储介质在适当空格内显示其金额,表明经济业务的借贷关系。电子信息技术处理下,棋盘式总账不仅保留了便于编制总账本期发生额对照表和资产负债表的优点,还可避免发生记账串栏、串行错误。

(二)日记账账务处理程序

账务处理程序除了记账凭证账务处理程序、汇总记账凭证账务处理程序、科目汇总表账务处理程序外,还有多栏式日记账账务处理程序和日记总账账务处理程序。

1. 多栏式日记账账务处理程序

多栏式日记账账务处理程序是通过登记多栏式日记账对收、付款记账凭证进行汇总，然后根据多栏式日记账、转账凭证或转账凭证汇总表登记总账的一种账务处理程序。

多栏式日记账账务处理程序的特点是，对于涉及货币资金收付款业务的，根据收款凭证和付款凭证逐笔登记多栏式库存现金、银行存款日记账，再根据多栏式日记账登记总账；对于不涉及货币资金收付款业务的，根据转账凭证直接或汇总后登记总分类账。

多栏式日记账账务处理程序下，记账凭证、总分类账、明细分类账的格式及设置与记账凭证账务处理程序基本相同，只是将日记账由"三栏式"改为"多栏式"，设置"多栏式"库存现金日记账、银行存款日记账，或者设置多栏式库存现金（银行存款）收入日记账、库存现金（银行存款）付出日记账。

多栏式日记账账务处理程序的工作步骤如下：

（1）根据原始凭证或汇总原始凭证编制记账凭证。

（2）根据收款凭证、付款凭证序时逐笔登记多栏式库存现金、银行存款日记账。

（3）根据各种记账凭证及所附原始凭证或原始凭证汇总表，逐笔登记各种明细分类账。

（4）月终，根据多栏式库存现金、银行存款日记账和转账凭证（或转账凭证汇总表），登记总分类账。

（5）按照对账要求将总分类账与各明细分类账核对相符。

（6）根据总分类账及有关明细分类账，编制财务报表。

多栏式日记账账务处理程序的工作流程，如图7-3所示。

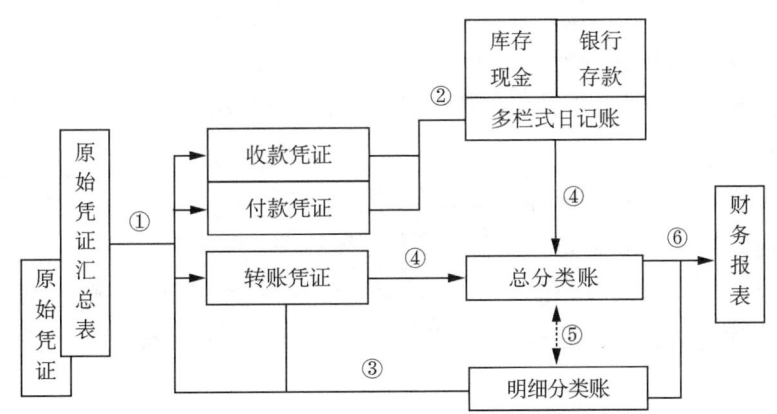

图7-3 多栏式日记账账务处理程序流程

多栏式日记账账务处理程序的优点是，通过多栏式日记账将收款凭证、付款凭证进行汇总，再据以登记总分类账，简化了总账的登记工作量；其缺点是多栏式日记账的专栏较多，账页较大，不利于登账和查账。所以，这种账务处理程序一般只适用于规模较小、收、付业务较多的单位。

2. 日记总账账务处理程序

日记总账账务处理程序是对发生的经济业务根据原始凭证或原始凭证汇总表编制记账凭证,再根据记账凭证逐日逐笔登记日记总账的账务处理程序。

在日记总账账务处理程序下,记账凭证可以采用通用记账凭证,也可以采用收款凭证、付款凭证和转账凭证三种专用凭证;账簿一般设置现金日记账、银行存款日记账、各类明细账和将日记账和总分账相结合的联合账簿——日记总账。

日记总账的账页分为分别为左、右两部分。左边设置日期、记账凭证号数、摘要及发生额四栏,用来序时核算的日记账部分;右边按科目分设借方和贷方栏,用来进行总分类核算的总账部分。日记总账的格式,如表 7-2 所示。

表 7-2

日记总账

年　月

年		凭证		摘要	发生额	库存现金		银行存款		应收账款			……	
月	日	种类	号数			借方	贷方	借方	贷方	借方	贷方		借方	贷方

登记日记总账时,逐日根据记账凭证将每一笔经济业务的发生额登记在发生额栏中,将借方发生额和贷方发生额分别登记在同一行有关科目的借方栏和贷方栏。通常月度终了,各项经济业务登记完毕后结算出各栏合计数,计算出各科目月末借方或贷方余额,并进行对账工作。

日记总账账务处理程序的工作步骤如下:

(1)根据原始凭证或原始凭证汇总表填制记账凭证。

(2)根据收款凭证和付款凭证,序时逐笔登记库存现金日记账和银行存款日记账。

(3)根据收款凭证、付款凭证和转账凭证及其所附的原始凭证或原始凭证汇总表登记各种明细分类账。

(4)根据收款凭证、付款凭证和转账凭证逐日逐笔登记日记总账。

(5)按照对账要求,定期将日记总账与库存现金日记账、银行存款日记账和明细分类账核对。

(6)根据日记总账与有关明细分类账编制财务报表。

日记总账账务处理程序的工作流程,如图 7-4 所示。

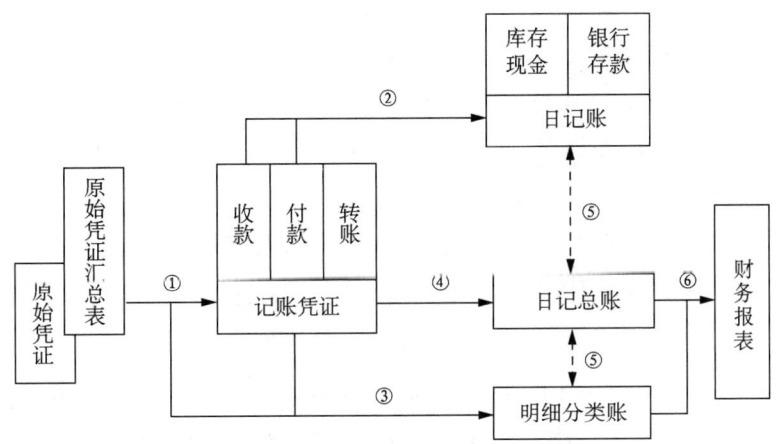

图7-4 日记总账账务处理程序流程图

日记总账账务处理程序的优点是,全部总账账户放在一张账页上,可以全面反映各个账户间的对应关系,便于了解交易或事项的来龙去脉。日记总账账务处理程序的缺点是全部总账账户放在一张账页上,账页过大,不便于登记和分工协作。这种账务处理程序通常适用于交易或事项简单,涉及账户少的单位。

(三) 会计账簿常见造假形式

会计造假是指会计信息处理和报告过程中,故意歪曲事实,为了自身的利益,向外界提供虚假、不真实会计信息的行为。根据赵宇红的分析,会计账簿中有如下六种常见的造假形式:

(1) 无据记账、凭空记账。无记账凭证记账或者有凭证不记账,账簿中所列的业务不是根据经审核无误的原始凭证填制的记账凭证逐笔登记,而是虚列业务,按自身造据和舞弊的需要,将不存在的业务登记入账,或将真实合法的原始凭证置于一旁,用虚假的业务和凭证,或在原有凭证基础上加入一些不合法的业务内容,使登记入账的业务的原有内容面目全非。

(2) 虚假做账。虚账包括进行空头核算,私下转移资金;巧立名目,合法"包装",填制凭证公开入账,假账真做;账户之间金额互相转移,搅乱账户对应关系等。其特点是在账簿中有关业务存在虚假因素,而虚假因素往往与真实的东西混同一处,真中有假,假中有真。

(3) 涂改、销毁、遗失、损坏账簿造假。对已有账簿记录进行破坏,或使原有记录消失,或使其不能正常反映原有经济业务的全貌,或使其发生变异。账簿改动的方法很多,类似凭证的涂写、篡改,将有关账簿烧毁、撕拼、拆换、化学褪色等,有的则制造事故,伪造现场,造成账簿不慎被毁的假象。

(4) 设置账外账和小金库。账外账和小金库的实质是违反财经法纪,进行隐性核算。设置两套账,一套用于对外不公开的内部管理,另一套用于应付外来检查,逃避财政、银行的监督。小金库则以公款私分、滥发奖金、请客送礼、乱开乱支等手段为小集体或个别人谋利，侵占、截留国家和单位的收入。其来源包括截留各种生产经营收入，以私人名义存入银行，非法侵占出售国家和集体其他资产的收入，虚列支出、虚报冒领、套取现金，转移投资、联营所得，隐藏回扣、佣金、好处费，截留应上缴国家财政的各种罚款和物资等。

（5）登账、挂账、改账、结账作假。登账作假是指在登记账簿过程中，不按记账凭证的内容和要求记账，而是随意改动业务内容，或故意使用错误账户，使借贷科目弄错，混淆业务应有对应关系，以掩饰其违法乱纪的意图。挂账作假是指利用往来科目和结算科目对资金不结清到位而是挂在账上，或将有关资金款项挂在往来账上，等待时机成熟再转回到账上。改账作假是指对账簿记录中发生的错误不按规定的改错方法，而是用非规范的改错方法进行改错，或用红字改错，随意对账户记录中的记录进行处理，如用红字改变库存数，冲销材料成本差异等。结账作假是指在结账和编制财务报表过程中，通过提前或推迟结账、结果增列或减列和结账空转等手法故意多加或减少数据，虚列账面金额，或者为了人为地把账做平，而故意调节账面数据，以达到其掩饰或舞弊的目的。

（6）电子记账造假。随着信息技术的发展，电子舞弊正被日益关注。其主要的作案手法是利用信息技术知识和经验，在系统程序中设置陷阱，篡改程序，或者篡改输入、篡改文件和非法操作等。电子记账造假具有一定的技术含量，且较隐蔽，不留线索，较难发现和查处。

三、复习思考题与练习题

复习思考题

1. 为什么要设置和登记会计账簿？会计账簿是如何构成的？账页一般包括哪些基本要素？

2. 企业通常设置哪些特种日记账？企业设置这些特种日记账的目的是什么？

3. 为什么要设置和登记备查账簿？备查账簿和分类账簿主要有哪些不同之处？

4. 对于账簿的登记应符合哪些要求？

5. 为什么企业的生产成本明细账更适宜采用多栏式？生产成本明细账是否可以不设置贷方栏目？如果生产成本明细不设置贷方栏目，则完工产品成本的结转在该明细账中如何登记？

6. 账证核对、账账核对与账实核对分别包括哪些主要内容？

7. 划线更正法、红字更正法和补充登记法三种错账更正方法各适用于何种错账情况？具体如何进行错账更正？

8. 结账的基本程序如何？如何进行月结、季结、半年结与年结？

9. 一般情况下，企业何时要对会计账簿进行更换？更换账簿时哪些账簿要换新账？

10. 各种账务处理程序工作步骤的共同点与主要区别是什么？

练 习 题

一、单项选择题(在每小题的备选答案中,选出一个最合适的答案)

1. 下列各类会计账簿中,属于按照经济业务发生的先后顺序逐日逐笔登记经济业务的账簿
   是( )。
   A. 序时账簿 　　　　　　　　　B. 总分类账簿
   C. 明细分类账簿 　　　　　　　D. 备查账簿

2. 下列各类会计账簿形式中,属于库存现金与银行存款日记账应采用的账簿形式是( )。
   A. 订本式 　　　　　　　　　　B. 活页式
   C. 卡片式 　　　　　　　　　　D. 任何形式

3. 下列各类账簿中,属于原材料明细分类账簿外表形式一般采用的是( )。
   A. 三栏式账簿 　　　　　　　　B. 数量金额式账簿
   C. 订本式账簿 　　　　　　　　D. 活页式账簿

4. 下列形式的账簿中,属于总分类账簿一般采用的是( )。
   A. 订本式账簿 　　　　　　　　B. 活页式账簿
   C. 卡片式账簿 　　　　　　　　D. 任何形式的账簿

5. 下列明细分类账簿中,属于账页格式适宜采用贷方多栏式的是( )。
   A. 生产成本 　　　　　　　　　B. 销售费用
   C. 营业外收入 　　　　　　　　D. 营业外支出

6. 下列明细分类账簿中,属于账页格式适宜采用数量金额式的是( )。
   A. 制造费用 　　　　　　　　　B. 管理费用
   C. 库存商品 　　　　　　　　　D. 应付账款

7. 下列会计账簿中,属于记载内容不按照会计科目开设的账户进行记录的是( )。
   A. 序时账簿 　　　　　　　　　B. 总分类账簿
   C. 明细分类账簿 　　　　　　　D. 备查账簿

8. 下列各项中,属于登记账簿依据的是( )。
   A. 经济活动 　　　　　　　　　B. 经济合同
   C. 会计凭证 　　　　　　　　　D. 财务报表

9. 下列各项中,属于不能直接作为登记总分类账依据的是( )。
   A. 原始凭证 　　　　　　　　　B. 记账凭证
   C. 科目汇总表 　　　　　　　　D. 汇总记账凭证

10. 下列各项中,属于登记账簿时文字与数字书写格距的是( )。
    A. 1/3 　　　　　　　　　　　B. 1/2
    C. 2/3 　　　　　　　　　　　D. 满格

11. 负责登记账簿的会计人员根据记账凭证登记完账簿后,除了要在记账凭证下方记账处签上自己的名字
    或加盖印章以示负责外,还要在记账凭证设定的位置处注明已经登账的符号"√",是为了( )。
    A. 防止凭证散失 　　　　　　　B. 防止错行或隔页

    C. 明确记账责任　　　　　　　　　　　D. 防止重记或漏记

12. 登记库存现金日记账和银行存款日记账时,当每一账页登记完毕结转下页时,结计"过次页"的本页合计数是(　　　)。

    A. 本页的发生额合计数　　　　　　　　B. 自本月初起至本页末止的发生额合计数

    C. 本月的发生额合计数　　　　　　　　D. 自本年初起至本页末止的发生额合计数

13. 下列各项关于在登记账簿时发生跳行的处理中,正确的是(　　　)。

    A. 用蓝色墨水笔划线注销

    B. 用红色墨水笔划线注销

    C. 用红色墨水笔划斜线注销,同时注明"此行空白"

    D. 用红色墨水笔划斜线注销,同时注明"此行空白",并由记账人员盖章

14. 下列各项对账的内容中,属于账实核对的是(　　　)。

    A. 银行存款日记账余额与银行对账单余额的核对

    B. 库存现金日记账余额与库存现金总账余额的核对

    C. 总账账户借方发生额合计数与其所属明细账户借方发生额合计数的核对

    D. 总账账户贷方发生额合计数与其所属明细账户贷方发生额合计数的核对

15. 在根据审核无误的付款凭证登记银行存款日记账时,将"借记2 000元"错记为"贷记2 000元",下列各项采用的错账更正方法中,正确的是(　　　)。

    A. 红字更正法　　　　　　　　　　　　B. 划线更正法

    C. 补充登记法　　　　　　　　　　　　D. 注销登记法

16. 年度结账时,在结出本期借、贷方发生额和期末余额后,应在该行(　　　)。

    A. 上面划通栏双红线　　　　　　　　　B. 下面划通栏双红线

    C. 上、下划通栏双红线　　　　　　　　D. 上、下金额栏划双红线

17. 下列账簿中,属于可跨年度连续使用,不必每年更换新账的是(　　　)。

    A. 总分类账　　　　　　　　　　　　　B. 银行存款日记账

    C. 固定资产明细账　　　　　　　　　　D. 财务费用明细账

18. 下列账务处理程序中,属于最基本的账务处理程序的是(　　　)。

    A. 记账凭证账务处理程序　　　　　　　B. 汇总记账凭证账务处理程序

    C. 科目汇总表账务处理程序　　　　　　D. 多栏式日记账账务处理程序

19. 下列各种账务处理程序中,属于总账账户之间不能体现账户的对应关系的是(　　　)。

    A. 记账凭证账务处理程序　　　　　　　B. 科目汇总表账务处理程序

    C. 汇总记账凭证账务处理程序　　　　　D. 多栏式日记账账务处理程序

20. 汇总记账凭证账务处理程序,为了便于转账凭证的汇总,要求转账凭证会计科目间的对应关系为(　　　)。

    A. 一借一贷、一借多贷

    B. 多借多贷

    C. 一借一贷、一贷多借

    D. 一借一贷、一贷多借、一借多贷

二、多项选择题(在每小题的备选答案中,选出所有合适的答案)

1. 下列关于会计账簿作用的阐述中,正确的有( )。

    A. 可以提供全面、系统、连续、分类的核算资料

    B. 为及时编制财务报表提供依据

    C. 确保财产物资的安全完整

    D. 为建立经济档案提供重要资料

    E. 可以促进会计核算工作的分工协作

2. 下列各种会计账簿中,属于应采用订本式账簿的有( )。

    A. 总分类账   B. 原材料明细账

    C. 库存现金日记账   D. 银行存款日记账

    E. 短期借款明细账

3. 与订本式账簿相比较,下列各项中,属于活页式账簿优点的有( )。

    A. 可以根据实际需要随时添加或减少账页

    B. 可以避免账页的浪费

    C. 可以防止账页散失

    D. 可以防止记账错误

    E. 便于多人分工记账

4. 下列各项中,属于明细分类账可采用的账页格式有( )。

    A. 三栏式   B. 数量金额式

    C. 多栏式   D. 卡片式

    E. 活页式

5. 下列各项中,正确的有( )。

    A. 库存现金日记账采用三栏式账簿

    B. 原材料明细账采用数量金额式账簿

    C. 应收账款明细账采用三栏式账簿

    D. 财务费用明细账采用多栏式账簿

    E. 实收资本明细账采用三栏式账簿

6. 下列各项中,属于符合会计账簿登记要求的有( )。

    A. 登记账簿必须以审核无误的会计凭证为依据

    B. 登记账簿时书写的文字和数字应占格距的 3/4,不可顶格

    C. 登记账簿时不得使用圆珠笔和铅笔书写

    D. 登记账簿时应按页次顺序登记,不得跳行、隔页

    E. 没有余额的账户,余额栏空置不填

7. 下列会计账簿中,属于备查账簿的有( )。

    A. 租入固定资产登记簿   B. 受托加工材料登记簿

    C. 代管商品登记簿   D. 固定资产卡片账

    E. 其他应收款明细账

8. 下列关于银行存款日记账的阐述中,正确的有( )。

   A. 必须采用订本式

   B. 由出纳人员逐日逐笔登记

   C. 每日结出余额并与银行进行核对

   D. 收入栏只能依据银行存款收款凭证登记

   E. 收入栏可以依据银行存款收款凭证或库存现金付款凭证登记

9. 下列各项中,属于库存现金日记账借方登记依据的有( )。

   A. 库存现金收款凭证   B. 库存现金付款凭证

   C. 银行存款收款凭证   D. 银行存款付款凭证

   E. 转账凭证

10. 下列有关总分类账登记的阐述中,不正确的有( )。

    A. 总分类账的登记依据和方法取决于账务处理程序

    B. 总分类账不能根据记账凭证直接登记

    C. 总分类账可以根据原始凭证直接登记

    D. 总分类账可以根据汇总记账凭证登记

    E. 总分类账可以根据科目汇总表登记

11. 下列各项关于会计账簿的阐述中,正确的有( )。

    A. 总分类账提供总括核算资料

    B. 总分类账应根据明细账的资料进行登记

    C. 总分类账应采用订本式账簿

    D. 明细账提供详细核算资料

    E. 明细账都应根据原始凭证进行登记

12. 下列各项有关余额的核对中,属于账账核对的有( )。

    A. 银行存款总分类账余额与银行存款日记账余额的核对

    B. 总分类账户余额与其所属明细账户余额之和的核对

    C. 本企业应收账款明细账余额与债务企业应付账款明细账余额的核对

    D. 会计部门财产物资明细账余额与保管部门财产物资明细账余额的核对

    E. 各种财产物资明细账账面余额与该种财产物资实存数的核对

13. 下列各项结账前发现的账簿记录错误中,属于不能采用划线更正法进行更正的有( )。

    A. 记账凭证上会计科目错误,导致账簿记录错误

    B. 记账凭证正确,在登账时借贷方向记错,导致账簿记录错误

    C. 记账凭证正确,在登账时发生金额错位,导致账簿记录错误

    D. 记账凭证上会计科目正确,但所记金额大于应记金额,导致账簿记录错误

    E. 记账凭证上会计科目正确,但所记金额小于应记金额,导致账簿记录错误

14. 下列错账更正方法中,属于适用于结账前发现因记账凭证错误而导致账簿记录错误的有( )。

    A. 划线更正法   B. 红字更正法

    C. 补充登记法   D. 红字更正法或划线更正法

E. 补充登记法或划线更正法

15. 下列错账更正方法中,属于适用红字更正法的有(　　)。

    A. 记账凭证中应记科目、借贷方向错误,金额正确

    B. 记账凭证中应记科目、借贷方向正确,金额多记

    C. 登记账簿后发现的记账凭证中应记科目、借贷方向错误,而所记金额正确

    D. 登记账簿后发现的记账凭证中应记科目、借贷方向正确,但所记金额大于应记金额

    E. 登记账簿后发现的记账凭证中应记科目、借贷方向正确,但所记金额小于应记金额

16. 下列关于记账凭证账务处理程序的阐述中,正确的有(　　)。

    A. 直接根据记账凭证逐笔登记总账

    B. 账务处理程序简单明了,易于理解

    C. 总账登记详细,便于对账和查账

    D. 登记总账的工作量较大

    E. 适用于经营规模较小、业务量较少的单位

17. 下列关于汇总记账凭证账务处理程序的阐述中,正确的有(　　)。

    A. 根据汇总记账凭证登记总账,减轻了登记总账的工作量

    B. 汇总记账凭证是按照会计科目的对应关系编制的,总账能够反映交易或事项的来龙去脉

    C. 汇总记账凭证的编制较复杂

    D. 转账凭证中的会计分录只能是"一借一贷""多借一贷"的对应关系

    E. 适用于规模大、业务量多,特别是收付款业务多、转账业务少的单位

18. 下列各种账务处理程序中,属于明细账登记依据的可能有(　　)。

    A. 原始凭证　　　　　　　　　　B. 原始凭证汇总表

    C. 记账凭证　　　　　　　　　　D. 科目汇总表

    E. 汇总记账凭证

19. 下列各项中,属于在编制汇总记账凭证时按贷方科目设置,按其对应的借方科目归类、汇总的有(　　)。

    A. 汇总收款凭证　　　　　　　　B. 汇总付款凭证

    C. 汇总转账凭证　　　　　　　　D. 科目汇总表

    E. 原始凭证汇总表

20. 下列会计科目中,属于汇总收款凭证借方科目的可能有(　　)。

    A. "库存现金"　　　　　　　　　B. "银行存款"

    C. "应收账款"　　　　　　　　　D. "原材料"

    E. "固定资产"

三、判断题(认为正确的在题目前面括号内打"√",认为错误的在题目前面括号内打"×")

1. (　　)分类账簿包括总分类账簿和明细分类账簿,它不仅是会计账簿的主体,也是编制财务报表主要依据。

2. (　　)银行存款收付业务较少的企业,可以不设置银行存款日记账而以银行对账单代替银行存款日记账,以简化会计核算。

3. （   ）企业在分设多栏式库存现金收入日记账和多栏式库存现金付出日记账的情况下,每日终了,出纳人员应在多栏式库存现金付出日记账中计算出本日付出合计并将其转记到多栏式库存现金收入日记账的"付出合计"栏内。

4. （   ）备查账簿是对某些在序时账簿和分类账簿中未能记载或记载不全的事项进行补充登记的账簿,因此,任何企业都必须设置备查账簿。

5. （   ）企业进行会计核算时,并非对所有的总分类账户都需要开设明细分类账户。

6. （   ）多栏式明细分类账主要适用于成本、费用和收入等需要详细核算并分析构成内容情况的账户。

7. （   ）电子式账簿是随着信息技术的发展而形成的,它不仅可根据要求输出形成实体账簿,而且具有使用方便、信息量大的优点。

8. （   ）无论是三栏式明细账还是多栏式明细账都是由会计人员根据审核无误的原始凭证或原始凭证汇总表,按经济业务发生的先后顺序逐日逐笔登记的。

9. （   ）对账是指对账簿记录进行核对,它是会计核算工作的一项重要内容。实际工作中,对账工作只能在每月月末进行。

10. （   ）账实核对是指将各财产物资的账面余额与实有数额进行核对。因此,银行存款日记账的账面余额与开户银行对账单余额的核对不属于账实核对。

11. （   ）划线更正法适用于结账前发现账簿记录中的文字或数字有误,而其所依据的记账凭证无误的情况。

12. （   ）记账后发现记账凭证中借记"管理费用"5 000 元错记为借记"管理费用"50 000 元,则可以采用红字更正法更正错账。

13. （   ）结账就是计算出每个账户期末余额,并进行试算平衡的工作;结账按其时间不同,可分为日结、月结、季结和年结。

14. （   ）会计年度终了进行年度结账后,必须按规定更换新账。更换新账时,应将各账户的年末余额直接转记入新账余额栏内而不需要编制记账凭证。

15. （   ）备查账簿与其他账簿之间没有严密的勾稽关系,而且还可以跨年度使用。

16. （   ）记账凭证账务处理程序,总账是直接根据记账凭证逐笔登记的,因此期末编制财务报表前,不需要进行总账与明细账的核对。

17. （   ）汇总记账凭证是按照每一贷方科目设置,按其对应的借方科目归类、汇总。

18. （   ）汇总记账凭证和根据其登记的总账能够反映总账账户间的对应关系。

19. （   ）科目汇总表的编制简化了登记总账的工作量,并且能够进行日常试算平衡。

20. （   ）科目汇总表和根据其登记的总账不能够反映总账账户间的对应关系。

四、业务题

【业务题一】

目的:练习库存现金日记账的登记。

资料:鸿业公司 20×1 年 6 月初库存现金余额为 2 500 元。6 月份发生下列与现金收付有关的经济业务:

(1) 6 月 2 日,从银行提取现金 2 000 元,以备零星开支之用。

（2）6月4日，收到客户所欠上月销货款差额850元现金。

（3）6月5日，将前一天收到的850元现金存入银行。

（4）6月10日，采购员王强出差预借差旅费1 500元，以现金支付。

（5）6月15日，以现金支付公司办公用品费500元。

（6）6月18日，采购员王强回公司报销差旅费1 300元，并交回多余的200元现金。

（7）6月20日，从银行提取现金120 000元，备发职工薪酬。

（8）6月20日，以现金发放职工薪酬120 000元。

（9）6月25日，以现金支付业务招待费800元。

（10）6月30日，收到购货方以现金支付的租借包装物的押金900元。

要求：

（1）根据上述经济业务编制专用记账凭证（以会计分录代替）。

（2）根据专用记账凭证登记如表7-3所示的库存现金日记账。

（3）月末结出库存现金日记账的本月发生额和月末余额。

表7-3 库存现金日记账

20×1年		凭证		摘要	对应科目	收入	付出	结余
月	日	种类	号数					

【业务题二】

目的：练习总分类账和明细分类账的登记。

资料：友联公司设有一个基本生产车间，生产甲、乙两种产品。20×1年7月发生如下相关经济业务：

（1）7月5日，生产甲、乙产品分别领用材料400 000元和300 000元，车间一般性消耗领用材料50 000元。

（2）7月15日，车间管理用固定资产发生外请维修支出2 000元，款项通过银行付讫。

（3）7月25日，通过银行支付当月水电费70 000元，其中，由车间负担45 000元，行政管理部门负担25 000元。

（4）7月31日，结算本月职工薪酬，甲产品生产工人薪酬800 000元，乙产品生产工人薪酬400 000元，车间管理人员薪酬200 000元，行政管理部门人员薪酬400 000元。

（5）7月31日，计提本月车间用固定资产折旧120 000元。

（6）7月31日，摊销本月负担的车间财产保险费2 000元。

（7）7月31日，计提本月负担的因临时租入生产设备应付租金25 000元。

（8）7月31日，结转本月制造费用，根据公司成本管理规程，按所生产产品耗用的直接人工费作为分配标准。

要求：

（1）根据上述经济业务编制专用记账凭证（以会计分录代替）。

（2）根据专用记账凭证逐笔登记如表7-4和表7-5所示的制造费用总分类账和明细分类账并进行月末结账。

表 7-4   **总分类账**

会计科目：制造费用

20×1年		凭证		摘要	对应科目	借方	贷方	借/贷	余额
月	日	种类	号数						

表 7-5   **制造费用明细分类账**

明细科目：基本生产车间

20×1年		凭证		摘 要	借方						贷方	余额
月	日	种类	号数		机物料	薪酬	折旧	水电费	保险费	其他		

【业务题三】

目的：练习明细分类账的登记。

资料：华新公司单独设立"预付账款"账户核算预付货款。20×1年8月1日，A材料结存500千克，单价20元。8月发生如下有关经济业务：

（1）8月2日，从东方公司购入A材料400千克，单价20元，增值税专用发票上注明价款为8 000元，增值税税额为1 040元，款项暂欠，材料已验收入库。

（2）8月5日，接受南方公司投资转入A材料9 000千克，投资合同约定单价20元，双方确认南方公司出资额为180 000元，材料已验收入库。

（3）8月10日，生产产品领用A材料1 200千克。

（4）8月15日，与北方公司签订采购合同，向北方公司采购A材料1 000千克，单价20元，货款20 000元。按照合同规定，签订合同后通过银行向北方公司预付40%的货款。

（5）8月20日，从东方公司购入A材料600千克，单价20元，增值税专用发票上注明价款为12 000元，增值税税额为1 560元，款项已通过银行支付，材料尚未到达。

（6）8月25日，向北方公司采购的A材料1 000千克运达并验收入库，收到的增值税专用发票注明价款为20 000元，增值税税额为2 600元，当即通过银行补付货款差额。

（7）8 月 28 日，行政管理部门领用 A 材料 800 千克，车间一般消耗领用 A 材料 500 千克。

（8）8 月 30 日，本月 20 日从东方公司购入的 A 材料运达并验收入库。

要求：

（1）根据上述经济业务编制专用记账凭证（以会计分录代替）。

（2）登记如表 7-6 所示的 A 材料明细分类账并进行月末结账。

表 7-6　　　　　　　　　　　　　原材料明细分类账

品名：_____　　　　　　　　　　　　　　　　　　实物计量单位_____

20×1年		凭 证		摘要	收入			发出			结存		
月	日	种类	号数		数量	单价	金额	数量	单价	金额	数量	单价	金额
~	~	~	~	~	~	~	~	~	~	~	~	~	~

【业务题四】

目的：练习错账更正方法。

资料：利达公司于 20×1 年 8 月 31 日月末结账前，经对账发现本月以下几笔经济业务的记录有错误：

（1）8 月 5 日，以库存现金支付行政管理部门购买办公用纸张文具 765 元。编制的记账凭证审核无误，会计人员在登记管理费用明细分类账时，将 765 元误记为 675 元。

（2）8 月 10 日，生产车间生产甲产品领用 A 材料 4 500 元，会计人员在编制记账凭证时，将应借记"生产成本"账户误记为借记"制造费用"账户，并已登记入账。

（3）8 月 20 日，以银行存款支付本月短期借款利息 80 000 元，会计人员在编制记账凭证时，将 80 000 元误记为 800 000 元，并已登记入账。

（4）8 月 31 日，结转本月已销甲产品生产成本 32 000 元，会计人员在编制记账凭证时，将 32 000 元误记为 23 000 元，并已登记入账。

要求：指出以上各笔错误记录应当采用的错账更正方法，并进行错账更正。对于需要编制错账更正会计分录的，请编制错账更正会计分录；不需要编制错账更正会计分录的，请用文字说明更正的方法。

【业务题五】

目的：练习错账更正方法。

资料：万丰公司于 20×1 年 9 月 30 日月末结账前，经对账发现如表 7-7 所示的管理费用总账记录中有两处错误：

（1）9 月 30 日，行政管理部门领用材料 5 300 元，在管理费用总账中登记为 3 500 元，经查系记账凭证错记为 3 500 元所致。

（2）9 月 30 日，行政管理部门计提折旧 2 000 元，会计人员在登记管理费用总账时，将对应账户"累计折旧"写成了"累积折旧"。

表 7-7　　　　　　　　　　　　　　　　　　总分类账

会计科目:管理费用

20×1年		凭证		摘要	对应科目	借方	贷方	借/贷	余额
月	日	种类	号数						
9	2	现付	1	购买办公用品	库存现金	800		借	800
	10	银付	3	支付业务招待费	银行存款	1 200		借	2 000
	20	银付	7	支付本月水电费	银行存款	4 000		借	6 000
	30	转	15	领用材料	原材料	3 500		借	9 500
	30	转	16	分配职工薪酬	应付职工薪酬	80 000		借	89 500
	30	转	17	计提折旧	累积折旧	2 000		借	91 500

要求:

(1) 采用适当的错账更正方法更正上述记账错误。

(2) 编制月末结转管理费用账户的会计分录,并登记管理费用总账及进行月末结账。

【业务题六】

目的:练习错账更正方法。

资料:东信公司 20×1 年 8 月月末结账前,各损益类账户的发生额,如表 7-8 所示。

表 7-8　　　　　　　　　　20×1 年 8 月各损益类账户发生额

账户名称	借方发生额	账户名称	贷方发生额
主营业务成本	1 300 000	主营业务收入	2 500 000
其他业务成本	120 000	其他业务收入	300 000
税金及附加	50 000	营业外收入	20 000
销售费用	25 000		
管理费用	80 000		
财务费用	40 000		
营业外支出	5 000		

月末,经会计人员核对账目后发现账簿记录中有如下错误:

(1) 8 月 15 日,公司以银行存款支付公益性捐赠支出 50 000 元,会计将其记入 8 月份的"管理费用"账户。

（2）月末预收购货方货款 67 800 元存入银行,会计即将其确认为本月收入 60 000 元与增值税额 7 800 元。

（3）月末计提行政管理部门固定资产折旧 2 540 元,会计在过账时,借记"管理费用"账户 2 450 元。

（4）月末摊销公司行政管理部门负担的房屋租金 4 200 元,会计在编制记账凭证时误记为 2 400 元,并已登账。

要求:

（1）采用适当的错账更正方法更正上述记账错误。

（2）计算上述记账错误影响公司 8 月份营业利润的数额。

（3）计算错账更正后公司 8 月份的营业利润与利润总额。

（4）编制月末结转损益类账户的会计分录。

【业务题七】

目的:掌握各种账务处理程序。

资料:东方公司 20×1 年 7 月份发生如下经济业务:

（1）1 日,通过银行收回八一公司前欠货款 220 000 元。

（2）3 日,通过银行归还 400 000 元短期借款。

（3）5 日,长城公司作为投资投入货币资金 300 000 元,款项已转入公司银行账户。

（4）6 日,通过银行发放 500 000 元职工薪酬。

（5）8 日,通过银行支付 59 000 元产品广告费。

（6）10 日,出售产品给八一公司,其中,甲产品 300 件,单价 2 000 元;乙产品 200 件,单价 1 000 元。增值税专用发票注明价款为 800 000 元,增值税税额为 104 000 元。货款已通过银行收讫。

（7）12 日,向银行借入短期借款 200 000 元,借款已转入公司银行账户。

（8）14 日,通过银行支付 20 000 元购买办公用品,其中,9 000 元属于生产车间耗用,11 000 元属于行政管理部门耗用。

（9）15 日,通过银行偿还前欠红星公司货款 150 000 元。

（10）15 日,出售产品给八一公司,其中,甲产品 300 件,单价 2 000 元;乙产品 400 件,单价 1 000 元。增值税专用发票注明价款为 1 000 000 元,增值税税额为 130 000 元。货款尚未收到。

（11）16 日,基本生产车间加工产品领用 A 材料 10 000 千克,单位成本 30 元,其中甲产品耗用 6 000 千克,乙产品耗用 4 000 千克;领用 B 材料 2 000 千克,单位成本 20 元,其中甲产品耗用 1 000 千克,乙产品耗用 1 000 千克。

（12）18 日,向东风公司购进 A 材料 10 000 千克,单价 30 元,增值税专用发票注明价款为 300 000 元,增值税税额为 39 000 元。货款尚未支付,材料已验收入库。

（13）20 日,向红星公司购进 B 材料 15 000 千克,单价 20 元,增值税专用发票注明价款为 300 000 元,增值税税额为 39 000 元。货款尚未支付,材料已验收入库。

（14）22 日,通过银行偿还前欠东风公司货款 120 000 元。

（15）25 日,基本生产车间加工产品领用 A 材料 5 000 千克,其中,甲产品耗用 3 000 千克,计 90 000 元,乙产品耗用 2 000 千克,计 60 000 元;车间与公司管理部门领用 B 材料 2 000 千克,其中,车间一般性耗用 1 000 千克,计 20 000 元,公司管理部门耗用 1 000 千克,计 20 000 元。

(16) 28日,通过银行偿还红星公司货款300 000元。

(17) 31日,计提固定资产折旧100 000元,其中,车间计提58 000元,行政管理部门计提42 000元。

(18) 31日,分配职工薪酬675 000元,其中,生产甲产品工人薪酬270 000元,生产乙产品工人薪酬135 000元,车间管理人员薪酬108 000元,行政管理人员薪酬162 000元。

(19) 31日,长城公司作为投资转入全新机器设备一台,确认价值280 000元。

(20) 31日,按生产工人薪酬比例分配结转本月发生的制造费用。

(21) 31日,甲产品、乙产品各1 000件全部完工,结转已完工入库产品的生产成本(甲产品期初在产品成本为70 000元,乙产品期初在产品成本为50 000元)。

(22) 31日,结转本月已销售产品的生产成本,甲产品单位成本760元,乙产品单位成本450元。

(23) 31日,结转本月实现的主营业务收入。

(24) 31日,结转本月发生的主营业务成本、管理费用与销售费用。

要求:

将上述交易或事项分为两组,第一组业务(1)~(10),第二组业务(11)~(24)。第一组,收、付款业务较多,转账业务较少;第二组,转账业务较多,收、付款业务较少。比较两组交易或事项编制汇总记账凭证、科目汇总表的方法和工作量。具体包括:

(1) 根据第一组记账凭证,编制汇总记账凭证和科目汇总表。

(2) 根据第二组记账凭证,编制汇总记账凭证和科目汇总表。

(3) 比较这两组汇总记账凭证、科目汇总表的工作量。

(4) 说明汇总记账凭证账务处理程序与科目汇总表账务处理程序的优缺点和适用范围。

四、案例分析

(一)如何认识会计业务

某财经大学会计专业毕业生李鑫,被录取到宏达股份公司财务部担任出纳工作,由于工作表现出色,3个月后由出纳岗位转任材料核算岗位,1年后又调任成本核算岗位。对公司安排的每项工作,李鑫都能认真负责地予以完成。在先后接任材料核算与成本核算会计工作2年后,李鑫又被调任了会计稽核岗位,工作的专业要求与责任都在增加,这对李鑫来说,既是锻炼的机会也是严峻的挑战。调任会计稽核岗位不久,李鑫在对公司20×1年6月份的有关凭证进行审核时,对以下四笔业务的记录产生疑问:

(1) 20×1年6月5日,以现金支票支付业务招待费4 000元。记账凭证和账簿记录为:

借:销售费用 4 000

　　贷:库存现金 4 000

(2) 20×1年6月10日,公司在新产品展览会上与庆丰公司签订了供货合同,供货金额600 000元,庆丰公司当即支付了271 200元货款,余款在下月交货后付清。记账凭证和账簿记录为:

借:银行存款 271 200

　　贷:主营业务收入 240 000

　　　　应交税费——应交增值税(销项税额) 31 200

（3）20×1 年 6 月 30 日,产品生产车间一般消耗领用材料 2 000 元。记账凭证和账簿记录为:

借:生产成本　　　　　　　　　　　　　　　　　　　　　　　　2 000

　　贷:原材料　　　　　　　　　　　　　　　　　　　　　　　　2 000

（4）20×1 年 6 月 30 日,摊销上月预付本月新产品展览会的展览费 50 000 元。记账凭证和账簿记录为:

借:管理费用　　　　　　　　　　　　　　　　　　　　　　　50 000

　　贷:预付账款　　　　　　　　　　　　　　　　　　　　　　　50 000

李鑫认为上述记录存在问题,在与有关人员进行交流时得到如下辩解理由:

对业务(1)处理的理由是:发生业务招待费是为了争取客户销售本公司的产品,因而作为销售费用是合理的。

对业务(2)处理的理由是:收到的 271 200 元,是销售产品所得,按增值税税率 13% 计算[71 200÷1.13＝240 000(元),240 000×13%＝31 200(元)],240 000 元作为营业收入和将 31 200 元作为增值税额处理有理有利,利在公司可盈利而国家还可征税。

对业务(3)处理的理由是:产品生产车间耗料最终是为了生产产品,理应由产品成本负担,应借记"生产成本"账户。

对业务(4)处理的理由是:展览费是因公司组织参展发生的,属于由公司统一负担的费用,应该作为管理费用处理。

李鑫听了有关人员的辩解后,认为上述处理不符合相关会计规定并作了解释,要求进行更正。

分析与讨论:

（1）你是否认可宏达股份公司有关人员对上述业务的处理及其理由? 若不认可,请说明理由。

（2）若认为宏达股份公司有关人员对上述业务的处理是错误的,请为宏达股份公司编制更正错账的会计分录。

(二) 企业应采用何种账务处理程序

远华公司下属远南、远北两个分公司,分别独立核算,且业务量较大。远南分公司收付款业务较多,远北分公司转账业务较多,会计部均采用了记账凭证账务处理程序。其理由是简便、易于操作,容易进行总账与明细账之间的核对。最近,李翔新应聘远华公司财务部经理后,提议远南分公司采用汇总记账凭证账务处理程序,远北分公司采用科目汇总表账务处理程序。

分析与讨论:

（1）李翔提议改变账务处理程序的依据是什么?

（2）你认为李翔的建议合理吗? 你有其他建议吗?

第八章 财产清查

一、概要解析

(一) 财产清查

财产清查是通过对财产物资的盘点和核对,查明各项实物资产、货币资金以及债权债务的实存数,并与账面数进行核对,从而检查账实是否相符的一种专门的会计核算方法。

财产清查不仅是会计核算的专门方法,也是会计监督中针对财产物资管理的一项重要监管制度。通过财产清查可以发现账面结存数和实际结存数是否存在差异,进而采用相应的会计方法进行调整,以保证账实相符,从一定程度上保证会计信息的真实性和可靠性。

(二) 全面清查

全面清查,是指对所有的财产物资进行盘点与核对,清查对象包括库存现金、银行存款、其他货币资金、往来款项、在途物资、原材料、库存商品、委托加工物资和固定资产等全部财产物资。

全面清查的内容全、范围广,需要彻底清查所有财产物资,因此,需要投入的人力多、费用大、时间长,一般在年终决算,企业主要领导人调离,企业合并、撤销、分立、改制或者改变隶属关系,清产核资时进行,目的是保证会计核算资料的真实性和可靠性。此外,企业在进行清产核资时通常也进行全面清查,以如实反映企业的资产情况。

(三) 局部清查

局部清查也称重点清查,是指对部分财产物资进行的清查。例如,对于流动资产中变化较为频繁的库存现金、银行存款、其他货币资金、往来款项、在途物资、原材料、库存商品等,除每年进行全面清查外,还应当根据需要随时轮流盘点或重点抽查。对于库存现金要天天核对,对于银行存款至少每月与银行核对一次,对于各种贵重物资至少每月盘点一次。局部清查相对于全面清查而言,需要投入的人力少、费用小、时间短。

(四) 银行存款清查的步骤

银行存款清查应当按以下四个步骤进行:

（1）以结算凭证的种类、号码和金额为依据，将本企业银行存款日记账与银行对账单逐日逐笔核对。凡双方都有记录的，用铅笔在金额旁打上记号"√"。

（2）查出未达账项，即银行存款日记账和银行对账单中没有打"√"的款项。

（3）将日记账和银行对账单的月末余额及查出的未达账项填入"银行存款余额调节表"，并计算出调整后的余额。

（4）将调整平衡的"银行存款余额调节表"，经主管会计签章后，呈报开户银行。

凡有几个银行户头以及开设有外币存款户头的企业，应当分别按照存款户头编制"银行存款余额调节表"。

需要注意的是，编制银行存款余额调节表的目的是检查账簿记录的正确性，而不是变更账簿记录，所以在各项未达账项未收到银行转来的有关收、付结算凭证时，不能进行账务处理。对于银行已经划账，而企业尚未入账的未达账项，必须待银行结算凭证达到后，才能据以入账，不能以银行存款余额调节表作为记账依据。

（五）财产清查结果的处理

对于财产清查结果，应当分以下两种情况进行处理：

（1）审批之前的处理。根据"清查结果报告表""盘点报告表"等已经查实的数据资料，填制记账凭证，调整有关账簿记录，使账簿记录与实际盘存数相符；同时应查明原因，根据权限，将处理建议报请股东大会或董事会，或经理会议或类似机构批准。

（2）审批之后的处理。对于财产清查中发现的各种财产损溢的处理建议，根据权限，报请股东大会或董事会，或经理会议或类似机构批准后，应在期末结账前处理完毕。企业应当严格按照报请批准的处理建议进行账务处理，填制有关记账凭证，登记有关账簿，并追回由于责任者原因造成的财产损失。

企业清查的各种财产的损溢，如果在期末结账前尚未经批准，在对外提供财务报表时，先按财产损溢的处理建议进行处理，并在附注中作出说明；其后批准处理的金额与已处理金额不一致的，应当调整财务报表相关项目的年初数。

二、背景资料

（一）财产清查与内部控制

1. 财产清查与内部控制在理论上的关系

内部控制是实施会计监督的重要措施。内部控制，是指企业为了实现确定的目标，保证经营管理合法合规、资产安全、财务报告及相关信息真实完整，提高经营效率和效果，促进企业实现发展战略，通过建立科学的治理结构与制约机制，制定制度、实施措施和执行程序,对经济活动的风险进行防范和管控。

内部控制经历了"内部牵制→内部控制制度→内部控制结构→内部控制整体框架→企业风险管理架构"五个发展阶段,内部控制与会计之间存在着"天然"的联系。早期的内部控制思想是以账簿之间的核对、账簿记录与财产的一致性以及会计报表数据可靠性为核心内容。内部控制在现金业务、银行存款业务、往来款项业务、存货与固定资产等实物资产业务的控制方面得到了充分的重视与应用。

从会计循环程序看,当企业将所有经济业务处理完毕并登记到相关账户中后,到会计期末就可准备编制财务报表。为保证财务报表信息的准确、可靠与完整,除了日常的会计循环过程中严格执行各项程序,还需要定期进行财产清查,做到账实相符。

2. 内部控制下财产清查的准备工作

首先,根据企业资产清查的现状,通过细致的工作调研结合专业的实践经验,编制如图 8-1 所示的流程图,并进行流程梳理,明确关键节点,规范企业资产清查方面的工作流程。

流程图	流程说明	关键节点	会计部门	资产使用部门	采购与设备管理部门	总经理
清点汇总	(1) 清点盘查固定资产、存货并汇总数额	(1) 按时清点,形成制度	组织	实施	实施	
账实对照	(2) 根据清点结果,账实对照	(2) 清点小票与实物核对,检查清点的准确性 (3) 实物账与清点结果核对	实施	实施	实施	
账账对照	(3) 核查账账是否相符	(4) 实物账和财务账核对	实施		实施	
分析整改	(4) 呈报盘点报告,分析产生差异的原因,进行整改	(5) 分析原因,查找漏洞,进行整改		实施	实施	批准

图 8-1　资产清查流程

然后,根据所编制的流程图,深入了解企业工作实际情况,在编制流程图与风险矩阵期间,不断与相关部门进行沟通,逐层分析关键风险点,跟进实际状况采取内控策略。

(二) 三种特殊存货的盘点技巧

一般企业的存货盘点较为容易,但特殊企业存货的盘点具有特殊性,这里简要阐述一些特殊存货的盘点方法。

1. 渔业水产养殖的盘点方法

这里介绍鲟鱼的盘点方法，其他渔业的盘点可作参照。在盘点鲟鱼及其他鱼种时，应多关注它们的生活习性和生长特征，以便在盘点时，不致对其造成伤害。盘点鲟鱼经常使用如下几种方法：

（1）拉网盘点法。拉网盘点是通常采用的盘点方法，即在每年鱼种生长能力最强的时期通过拉网翻池的方法，将商品鱼由渔网驱赶到养殖水域一端，再由人工用小捕捞网把商品鱼由密集水域向另一侧无鱼水域翻池，同时记录已翻池的商品鱼鱼种及数量。

（2）结合生产作业记录的抽样盘点法。在实际工作中，渔业水产养殖企业如果建立了相对完善的生产内控制度，可以根据企业生产部门的生产作业记录，结合抽样盘点的方法对其进行盘点。生产作业记录，包括亲鱼产卵数量记录、鱼苗投放数量记录和每日出鱼死鱼数量记录。首先通过查阅生产作业记录，即通过"本月存栏量＝上月存栏量＋本月投放数量－本月出鱼死鱼数量"这一计算公式计算商品鱼的存栏量，然后再通过抽样盘点的方法确认商品鱼的存栏量。抽样盘点应根据鱼种的生活习性选择标准面积水域存量盘点的方法进行抽样。操作时应注意下网后停留一段时间，待目标水域恢复水产分布后收网；将存网商品鱼数量进行详细清点，以此数据作为估算整体水域商品鱼存栏量的标准基数。

（3）估算法。对于养殖中特殊的鱼卵、鱼苗和幼鱼，通常根据其所处的养殖环境不同，采用定量计量的方法选取一定量的养殖样本，根据样本量水体中的鱼卵、鱼苗和幼鱼数量来估算整体养殖容器中的总存活量。

2. 金属材料的盘点方法

在冶金行业与大型机械加工行业中，经常遇到金属材料的盘点。这部分存货由于数量大、品种多的特点，不便于全面盘点，即使采用抽样的盘点方法也由于数量和品种的原因给盘点带来不便。

在实际工作中，一般分材质采用比重法进行抽样盘点。这种办法通过量方、计尺等方法确定金属材料的体积，然后通过金属材质标准密度测算出金属材料的重量。其计算公式为：重量＝体积×密度。

3. 药品的盘点方法

制药企业由于所属行业与其产品特性的局限，对原料和产成品的账面价值认定有一定的影响。通常，制药企业存货品种繁多，会计核算以商品箱件数为单位进行核算，盘点难度较大。在实际工作中，对制药企业的存货通常通过内部控制调查与抽样盘点相结合的方法，确定企业的存货账面价值的真实性。

制药企业由于产品的特殊性，其生产工艺较为复杂，自动化程度普遍较高。由于自动化程度较高，企业生产环节内控制度相对完善，在产品灌装包装过程中基本可以控制允许误差范围。制药企业的生产、包装车间由于对卫生环境要求极高，通常情况下不允许盘点，但可以通过考核企业内控制度和分析企业内部控制执行情况的方法来判断企业在包装环节是否存在瑕疵,是否存在可能影响财务账面公允反映存货价值的因素。

在内部控制调查的基础上,可以在成品库中随机抽取某一品种的药品进行抽样盘点,结合账面存货数量进行核对。制药企业存货抽样盘点和随机检查时,产品一般包装质量能够保证,但应警惕的是所有产品的生产日期,关注已过期及将要到期的产品。如属于将要到期或过期的产品,一般已失去价值,属于应报废产品。

(三)利用新技术对特殊资产的盘点

獐子岛集团股份有限公司(公司简称:獐子岛,证券代码:002069)造假事件的发生,极大地损害了投资者的利益,也扰乱了资本市场的正常秩序。在此事件中,最关键的问题是对消耗性生物资产——扇贝数量的确定,而这也正是审计机构在对獐子岛进行存货清查盘点过程中遇到的难点。这一事件也引发了公众对特殊资产清查盘点的思考。而证监会使用我国新一代导航定位技术——北斗卫星还原獐子岛事件的始末,为特殊资产清查盘点提供了新的思路和方法。

2006年9月28日,獐子岛在深圳证券交易所挂牌上市。公司主营产品为虾夷扇贝、皱纹盘鲍、海参等海珍品,拥有国内唯一的国家级虾夷扇贝原良种场和国内一流的海参、鲍鱼等海珍品育苗基地,也是国内最大的海珍品增养殖基地,曾经被公认为国内水产养殖业的一张名片。

2014年10月30日晚,獐子岛发布公告,声称因"冷水团"导致100多亩虾夷扇贝绝收。公司三季度业绩也受此影响大幅下滑,对虾夷扇贝存货计提跌价准备金2.83亿元,最终导致2014年亏损11.89亿元,亏损数额达到历史顶峰,影响巨大。

然而,3年后,相同的戏码再次上演。2018年1月30日晚,獐子岛发布公告称,部分底播虾夷扇贝存货存在异常,2017年业绩预计亏损5.3亿~7.2亿元,并随后计提跌价准备6.29亿元。獐子岛对扇贝再次"跑路"给出的解释是,由于当年降水减少,直接导致扇贝饵料匮乏,再加上海水温度的异常减缓了扇贝的摄食效率,导致扇贝最终被"饿死"。针对獐子岛的这一系列行为,监管部门对獐子岛连发3份关注函,同时对獐子岛及其4名高管发出警示函。

2019年4月,獐子岛发布一季度报,在报告中指出公司海洋牧场受灾,损失4314万元。当年11月,獐子岛又发布公告称,在秋季抽测时发现底播虾夷扇贝出现大规模死亡。

一而再再而三的扇贝"跑路"事件,严重影响中国证券市场的健康、有序发展,损害了众多投资者的投资信心和合法权益,彻查獐子岛扇贝"跑路"事件刻不容缓。

为全面揭开獐子岛事件的谜团,2020年,证监会统筹执法力量,走访渔政监督、水产科研等部门,寻求专业支持,依托现代新型科技执法手段开展全面、深入调查。委托中科宇图科技股份有限公司(以下简称中科宇图)和中国水产科学研究院东海水产研究所(以下简称东海水产研究所)两家专业机构,利用獐子岛所属渔船上的北斗卫星导航定位系统,还原了真实的捕捞航行路线,最终计算出獐子岛实际的捕捞区域。在这次调查中,中科宇图应用遥感、地理信息,以及大数据等先进技术,弥补了传统存货清查盘点方法的不足,为特殊资产清查盘点提供了新的思路和方法。调查结果显示,獐子岛的实际采捕面积与账面记载的面积存在较大出入,证明其存在虚假披露、恶意欺骗投资者行为。至此,历时6年的扇贝"跑路"骗局最终被揭穿。

三、复习思考题与练习题

复习思考题

1. 为什么要进行财产清查? 财产清查应按哪些程序进行?

2. 什么是全面清查? 什么是局部清查? 企业一般在什么情况下进行全面清查与局部清查?

3. 库存现金采用什么方法进行清查? 应注意哪些事项?

4. 银行存款采用什么方法进行清查? 什么是未达账项? 未达账项有哪几种? 如何编制银行存款余额调节表?

5. 往来款项采用什么方法进行清查? 应注意哪些事项?

6. 实物资产采用哪些方法进行清查? 应注意哪些事项?

7. 财产清查结果处理的步骤与方法如何?

8. 如何对财产清查的结果进行会计处理?

练习题

一、单项选择题(在每小题的备选答案中,选出一个最合适的答案)

1. 财产清查是通过实地盘点、查证核对来查明(　　)是否相符的一种方法。

    A. 账证　　　　　　　　　　　　B. 账表

    C. 账实　　　　　　　　　　　　D. 账账

2. 下列各项财产清查中,属于年终决算或者企业合并、撤销、分立、改制以及改变隶属关系时进行的是(　　)。

    A. 全面清查　　　　　　　　　　B. 局部清查

    C. 抽样清查　　　　　　　　　　D. 内部清查

3. 下列对账工作中,属于账实核对的是(　　)。

    A. 总分类账与所属明细分类账核对

    B. 企业银行存款日记账与银行对账单核对

    C. 会计部门的财产物资明细账与财产物资保管部门的有关明细账核对

    D. 总分类账与日记账核对

4. 下列各项财产清查方法中,属于对银行存款所采用的清查方法一般是(　　)。

    A. 实地盘点法　　　　　　　　　B. 对账法

    C. 估算法   D. 技术推算法

5. 下列各项财产清查方法中,属于对债权债务所采用的清查方法是( )。

    A. 函证核对法   B. 实地盘点法

    C. 技术推算盘点法   D. 抽样盘点法

6. 下列各项中,属于适用于对大堆、笨重材料物资盘点的方法是( )。

    A. 实地盘点法   B. 抽查检验法

    C. 技术推算盘点法   D. 询证核对法

7. 对于现金的清查,应将其结果及时填列( )。

    A. 盘存单   B. 实存账存对比表

    C. 现金盘点报告表   D. 对账单

8. 在财产清查中填制的"账存实存对比表"是( )。

    A. 调整账面记录的原始凭证

    B. 调整账面记录的记账凭证

    C. 登记总分类账的直接依据

    D. 登记日记账的直接依据

9. 库存商品因管理不善盘亏,在批准核销前,应借记( )账户。

    A. "管理费用"   B. "营业外支出"

    C. "库存商品"   D. "待处理财产损溢"

10. 对于原材料、产成品等存货因计量具等管理原因造成盘盈,报经批准后,应贷记( )账户。

    A. "管理费用"   B. "营业外支出"

    C. "营业外收入"   D. "待处理财产损溢"

二、多项选择题(在每小题的备选答案中,选出所有合适的答案)

1. 发生下列事项时,企业通常需要进行全面财产清查的有( )。

    A. 企业更换财产物资保管人员、出纳人员

    B. 任命企业新的主要领导人上任

    C. 企业发生自然灾害或意外损失

    D. 企业合并、撤销、分立、改制或者改变隶属关系

    E. 清产核资

2. 发生下列事项时,企业通常需要进行临时财产清查的有( )。

    A. 企业更换财产物资保管人员、出纳人员

    B. 企业发生自然灾害或意外损失

    C. 企业主要领导人调离

    D. 企业合并、撤销、分立、改制或者改变隶属关系

    E. 年、季、月度终了进行对账结账

3. 下列各项中,属于账实核对工作内容的有( )。

    A. 现金日记账的账面余额与实际库存数核对

    B. 银行存款日记账账面余额与银行对账单核对

C. 各种债权、债务明细账账面余额与有关单位或个人核对

D. 各种财产物资实有数与相应明细账核对

E. 总账和明细账的核对

4. 下列各项中,属于在财产清查中应采用实地盘点法进行清查的有(　　)。

A. 固定资产　　　　　　　　　　B. 库存商品

C. 银行存款　　　　　　　　　　D. 往来款项

E. 现金

5. 下列关于银行存款的阐述中,正确的有(　　)。

A. 不需根据"银行存款余额调节表"进行账务处理

B. 对于未达账项,有关原始凭证到达后进行账务处理

C. 银行存款日记账余额与对账单余额如果调整后仍不一致,说明记账有可能出现错误

D. 期末要根据"银行存款余额调节表"调整后的金额进行账务处理

E. 银行余额调节表是通知银行更正错误的依据

6. 存货采用实地盘存制,平时账簿记录中不能反映(　　)。

A. 存货的期初数　　　　　　　　B. 存货的增加数

C. 存货的减少数　　　　　　　　D. 存货的结存数

E. 存货的期末数

7. 下列各项中,属于造成账实不符原因的有(　　)。

A. 储存中发生自然损耗　　　　　B. 财产物资收发计量错误

C. 财产物资的损毁　　　　　　　D. 账簿的漏记、重记

E. 财产物资的被盗

8. 下列各项中,属于应记入"待处理财产损溢"账户借方核算的有(　　)。

A. 盘亏财产物资数额

B. 盘盈财产物资的转销数额

C. 盘盈财产物资数额

D. 盘亏财产物资的转销数额

E. 现金盘盈

9. 对于盘亏的财产物资,报经批准后进行账务处理,可能涉及的借方账户有(　　)。

A. "管理费用"　　　　　　　　　B. "营业外支出"

C. "营业外收入"　　　　　　　　D. "其他应收款"

E. "待处理财产损溢"

10. 结转盘亏的固定资产时,不能列入"营业外支出"核算的有(　　)。

A. 固定资产的变价收入

B. 过失人赔偿部分

C. 已经提取的折旧

D. 固定资产原价扣除累计折旧、变价收入和赔偿后的差额

E. 保险公司的赔偿部分

三、判断题(认为正确的在题目前面括号内打"√",认为错误的在题目前面括号内打"×")

1. ( )在财产清查的种类中,一般地说,定期清查是全面清查,不定期清查是局部清查。

2. ( )在进行财产清查前,会计部门应将所有发生的业务全部登记入账,结出余额,核对正确,做到账簿记录完整,计算准确,账证相符,账账相符。

3. ( )会计部门各种财产物资明细分类账期末余额与财产物资使用、保管部门的有关财产物资明细分类账期末余额进行核对,属于账账核对的内容。

4. ( )财产清查如果账实不符,说明记账肯定出现了差错。

5. ( )银行存款余额调节表是用于核对银行存款余额的,因此,可以作为记账的依据。

6. ( )银行存款日记账和银行对账单都正确时,两者的余额仍然有可能不一致。

7. ( )坏账是指企业无法收回或收回的可能性极小的应收款项。对于坏账,企业一旦确认,就意味着放弃了追索权。

8. ( )不论采用何种盘存制度,账面上都应反映存货的增减变动及结存情况。

9. ( )无论采用何种盘存制度,期末仍需要对存货进行盘点清查。

10. ( )根据财产物资盘点结果填制的"实存账存对比表",可以作为调整账面记录的原始凭证。

11. ( )为了反映和监督各单位在财产清查过程中查明的各种财产物资的盈亏或毁损及报废的转销数额,应设置"待处理财产损溢"账户,该账户属于资产类性质账户。

12. ( )企业对财产清查的处理都要先通过"待处理财产损溢"账户进行调整,以保证账实相符。

13. ( )现金清查中发现长款,如果无法查明原因,经批准应当冲减当期管理费用。

14. ( )财产清查中,对发现的确实无法支付的应付账款经批准后应转入"营业外收入"账户处理。

15. ( )企业财产清查中,发现账外设备一台,报经批准后,应冲减"营业外支出"。

四、业务题

【业务题一】

目的:练习编制银行存款余额调节表。

资料:东方公司银行存款日记账20×1年4月30日余额为124 950元,银行对账单的余额为129 885元,经核对,发现下列未达账项:

(1) 公司存入转账支票11 200元,公司已入账,银行尚未入账。

(2) 公司购入材料开出转账支票9 100元,公司已入账,银行尚未入账。

(3) 银行代收销售款6 790元,银行已入账,公司尚未入账。

(4) 公司银行存款本月利息245元,银行已入账,公司尚未入账。

要求:根据以上未达账项,编制银行存款余额调节表。

【业务题二】

目的:练习编制银行存款余额调节表。

资料:新光公司20×1年11月30日银行存款日记账账面余额为386 000元,银行对账单上的余额为368 200元。经与银行对账,发现有下列几笔未达账款:

(1) 销售产品,收到货款60 000元,支票已送存银行,公司已入账,银行尚未入账。

(2) 用银行转账支票支付广告费10 000元,公司已开出支票入账,银行尚未入账。

(3) 本月水电费2 800元,银行已代付入账,公司尚未入账。

（4）客户宏景公司偿付前欠货款 35 000 元，银行已收入账，公司尚未入账。

要求：

（1）编制企业银行余额调节表。

（2）说明公司 20×1 年 11 月 30 日可实际动用的银行存款实有数。

【业务题三】

目的：练习财产清查中的会计处理。

资料：融通公司在财产清查中，盘盈 A 材料一批，价值 3 400 元，经查验属于计量器具原因造成，盘亏 B 材料 15 000 元，经查验其中 5 000 元属于自然损耗，10 000 元属于非常损失。

要求：

（1）在报经批准前，根据实存账存对比表编制会计分录。

（2）在报经批准后，根据批准处理意见编制会计分录。

【业务题四】

目的：练习财产清查中的会计处理。

资料：嘉城公司在财产清查中，发现下列情况：

（1）短缺机器一台，原价 6 000 元，已提折旧 2 400 元。

（2）A 材料账面余额 300 千克，单价 20 元，实地盘点数为 292 千克。

（3）B 材料账面余额 450 千克，单价 15 元，实地盘点数为 460 千克。

（4）库存现金短缺 55 元。

经查验并报经批准，上述盘亏的固定资产，列为营业外支出；A 材料盘亏系材料收发过程中计量误差所致，列作管理费用；B 材料盘盈作冲减管理费用处理；短缺现金责成有关过失人赔偿。

要求：根据以上资料，编制报经批准前后的会计分录。

【业务题五】

目的：练习财产清查的方法和清查结果的会计处理。

资料：禾木公司 20×1 年 11 月 30 日财产清查中发现下列账实不符以及查验原因后处理情况：

（1）库存材料 A 盘亏 1 500 元，属于一般经营损失，报经批准冲减管理费用。

（2）库存材料 B 盘亏 2 000 元，报经批准，200 元属于定额内损耗；300 元属于保管人员失职造成损失；自然灾害造成损失 1 500 元，应由保险公司赔偿 1 000 元，其余转为营业外支出。

（3）发现账外设备一台，参照同类固定资产市场价格，确定价值为 40 000 元。

（4）发现短缺设备一台，账面原值为 30 000 元，已提折旧 18 000 元，报经批准转作营业外支出。

要求：根据以上资料，编制报经批准前后的会计分录。

【业务题六】

资料：越秀公司 20×1 年年终进行资产清查，在清查中发现下列事项：

（1）发现短缺设备一台，原价 40 000 元，已提折旧 16 000 元。

（2）查明其他应收款 350 元，已无法收回。

（3）查明其他应付款 1 000 元，已无法偿还。

（4）原材料的账面资料和清查资料，如表 8-1 和表 8-2 所示。

表 8-1   原材料账面资料

材料名称	单价(元/千克)	结余(12月31日)	
		数量	金额(元)
A 材料	30	1 200	36 000
B 材料	25	800	20 000
C 材料	9	20 000	180 000
D 材料	20	2 700	54 000

表 8-2   实物资产盘存单

资产类别:原材料

存放地点:3 号仓库盘点时间 12 月 31 日编号:105423

名称	单价(元/千克)	数量(千克)	金额(元)	备注
A 材料	30	1 120	33 600	定额损耗 30 千克,收发计量差错 50 千克
B 材料	25	780	19 500	保管人员失职造成
C 材料	9	19 000	171 000	收发计量上的差错
D 材料	20	2 750	55 000	代为加工节余材料

盘点人签章:×××　　　实物保管人签章:×××

上述各项盘盈、盘亏和损失,经查明原因属实,按程序报经批准,作如下账务处理:

(1) 固定资产损失,作为公司营业外支出。

(2) 无法收回款项,转销坏账准备。

(3) 无需偿还款项,作为公司营业外收入。

(4) 材料定额内损耗,冲销管理费用。

(5) 材料收发计量上的差错,不论盘亏、盘盈均列入管理费用处理。

(6) 管理人员失职造成材料短缺,责成过失人赔偿。

(7) 代为加工节余材料,作为公司营业外收入。

要求:

(1) 编制原材料实存账存对比表。

(2) 根据上述清查结果及处理,编制报经批准前后的会计分录。

四、案例分析

(一)值得注意的采购验收过程中的舞弊行为

光华会计师事务所受托对东海钢铁公司的存货进行审计,发现以下问题:

东海钢铁公司从制度规章上看,已经建立了完善的内部控制制度,在其存货管理环节中实行了采购人员、运输人员和保管人员等不同岗位分工负责的内部牵制制度。然而,在实际操作过程中由于三人合谋作弊,使内部控制制度失去了应有的作用。东海钢铁公司20×1年根据生产需要每月购进各种型号的铁矿石10 000吨。20×1年7月,采购人员张刚办理购货手续后,将发票提货联交由本公司汽车司机胡强负责运输,胡强在运输途中,一方面将200吨铁矿石卖给某企业,另一方面将剩余的9 800吨铁矿石运到本公司仓库,交保管员王虎按10 000吨验收入库,三个人随即分得赃款。财会部门从发票、运单、入库单等各种原始凭证的手续上看,完全符合规定,依规如数付款。东海钢铁公司在进行年终财产清查时发现短缺铁矿石300吨,只得将不足的原材料数量金额作流动资产的盘亏处理,批准转销后部分作管理费用处理,部分作营业外支出处理。

分析与讨论:

(1) 该企业的会计处理是否合理? 你认为盘亏的300吨铁矿石应该如何进行账务处理?

(2) 你认为企业的管理中存在哪些漏洞? 应采取什么措施以防止类似问题的发生?

(二) 特殊资产应如何盘点——基于獐子岛"冷水团"事件的案例

獐子岛集团股份有限公司(公司简称:獐子岛,证券代码:002069)的起步可追溯至1958年,集团公司位于辽宁省大连市,注册资本7.1亿元,资产总额49亿元,公司于2006年9月28日在深交所上市,并创造中国农业第一个百元股,曾先后被誉为"黄海深处的一面红旗""海上蓝筹"。现公司已发展成为以海洋水产业为主,集海珍品育苗、养殖、加工、贸易、冻鲜品冷藏物流、客运、休闲渔业于一体的大型综合性海洋食品企业。

2014年10月31日,獐子岛发布的三季度业绩报告成为A股市场议论的焦点,将近150万亩海洋牧场受北黄海异常冷水团影响而遭遇重创,这些存货的价值高达10.18亿元,是其2013年净利润9 694.28万元的10.5倍。獐子岛由预盈乍然变成亏损超8亿元。消息一出,投资者哗然。一场"海洋冷水团"寒流,竟然令一家公司巨亏8亿多元。投资者们纷纷质疑"扇贝都去哪儿了",更有股民直接提出"生要见肉死要见壳"的要求。

分析与讨论:

(1) 对于獐子岛处于海洋牧场的扇贝,这一特殊的存货应该如何进行盘点?

(2) 这些作为存货的生物资产盘亏了,应该如何进行会计处理? 对于资产和利润将会产生什么重大影响?

(3) 对于农业和渔业类上市公司,应如何建立特殊存货资产的内部控制制度?

第九章　财务报表

一、概要解析

(一) 资产负债表

资产负债表是反映企业在某一特定日期财务状况的财务报表。财务状况是企业一个会计期间经营活动结果在财务上的综合反映,体现企业资金运用(即形成的各项资产)和资金来源(即负债和所有者权益)的状况。因此,资产负债表提供了在某一特定日期企业资产、负债和所有者权益及其相互关系的信息。例如,年度资产负债表提供的就是每年 12 月 31 日企业的资产、负债和所有者权益信息。

资产负债表按照资产、负债、所有者权益三大类别采用账户式格式分类列报,反映企业所拥有或者控制的资产以及与其对应的负债和所有者权益。从企业法人的义务视角来看,企业的资产来源于负债和所有者权益,即债权人和企业所有者为企业提供资源的同时享有从企业取得经济利益的要求权。而这些资源一旦进入企业,就难以区分究竟是由债权人提供的还是由股东提供的了。

在资产负债表中,资产和负债按照流动性分别分为流动资产和非流动资产项目、流动负债和非流动负债项目列报。流动性描述的是企业资产、负债与现金转换的能力,通常按资产的变现或耗用时间长短或者负债的清偿时间长短确定。流动性强的资产、负债项目列报在前,流动性弱的资产、负债项目列报在后,为此,在资产列报中先列报流动资产项目,再列报非流动资产项目;负债列报中先列报流动负债项目,再列报非流动负债项目。

资产负债表中的所有者权益项目,按照权益的来源分为投入(或缴入)资本(包括实收资本或股本、资本公积)、直接计入所有者权益的利得和损失(其他综合收益)、留存收益(包括盈余公积和未分配利润),分别实收资本(或股本)、资本公积、其他综合收益、盈余公积和未分配利润等项目进行列报。

(二) 利润表

利润表是反映企业在一定会计期间经营成果的财务报表。企业一定会计期间的经营成果体现了这一时期的经营业绩,利润表提供了企业在一定会计期间经营业绩的来源及其构成信息。

利润表应当按综合收益进行列报。综合收益,是指企业在某一期间与所有者以其所有者身份进行的交易以外的其他交易或事项所引起的所有者权益变动。传统的利润表仅反映企业的营业利润、直接计入当期利润的利得和损失等,而一部分未计入当期利润但直接计入所有者权益的利得和损失被排除在外,从而导致资产负债表和利润表之间的割裂,影响了报表使用者对企业经营成果的全面理解和评价。利润表按综合收益列报实现了资产负债表与利润表之间的勾稽关系。资产负债表与利润表之间的勾稽关系,如图 9-1 所示。

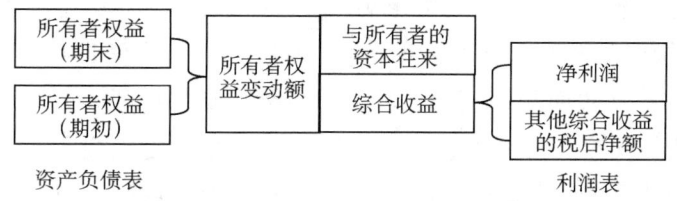

图 9-1　资产负债表与利润表之间的勾稽关系

在一个会计期间内,企业与所有者之间发生的资本性交易(所有者投入企业资本和向所有者分配利润)不属于企业的经营活动,但会导致所有者权益发生变动,不应包括在综合收益中。

从资产负债表视角看,综合收益的计算公式为:

$$综合收益＝所有者权益变动额－与所有者发生的资本交易金额$$
$$＝(期末所有者权益－期初所有者权益)$$
$$－所有者投入资本(或＋所有者减少资本)$$
$$＋向所有者(或股东)分配利润$$

从利润表视角看,综合收益的计算公式为:

$$综合收益＝净利润＋其他综合收益的税后净额$$

利润表采用多步式格式反映经营成果的不同来源及其构成。综合收益总额项目反映净利润和其他综合收益扣除所得税影响后的净额相加后的合计金额。其他综合收益反映企业按规定未在当期损益中确认的各项利得和损失,净利润等于利润总额减去所得税费用。利润由按规定已在当期损益中确认的各项收入、费用、利得、损失所构成。利润总额按照来源进一步分为营业活动形成的营业利润和非经营活动形成的利得或损失。营业利润按来源构成分为经营活动形成的利润(营业收入－营业成本－营业税金及附加－期间费用等)、投资活动形成的利润(投资收益、公允价值变动收益等)。非经营活动形成的利得或损失反映为营业外收入和营业外支出。

(三) 现金流量表

现金流量表是反映企业在一定会计期间现金和现金等价物流入和流出的财务报表。

现金流量表中列报的现金,是指企业库存现金以及可以随时用于支付的存款,包括库存现金、银行存款和其他货币资金,不能随时用于支取的存款不属于现金;现金等价物,是指企业持有的期限短、流动性强、易于转换为已知金额现金、价值变动风险很小的投资,通常包括3个月内到期的短期债券投资。现金流量,是指一定会计期间内企业现金和现金等价物的流入和流出。企业从银行提取现金、用现金购买短期到期的国债等现金和现金等价物之间的转换不属于现金流量。

现金流量表按经营、投资、筹资三类活动对现金和现金等价物的流入和流出进行列报,并列报汇率变动对现金及现金等价物的影响。

经营活动,是指企业投资活动和筹资活动以外的所有交易和事项。经营活动主要包括销售商品、提供劳务、购买商品、接受劳务、支付薪酬和支付税费等。对于经营活动的现金流量可以有直接法与间接法两种列报方法。直接法,是指通过现金收入和现金支出的主要类别列报经营活动的现金流量;间接法,是指以净利润为起算点,调整不涉及现金的收入、费用和营业外收支等有关项目,剔除投资活动、筹资活动对现金流量的影响,据此计算出经营活动产生的现金流量。按规定,企业应当采用直接法编报现金流量表,同时要求在附注中提供以净利润为基础调节到经营活动现金流量的信息。

投资活动,是指企业长期资产的购建和不包括在现金等价物范围内的投资及其处置活动。投资活动主要包括构建固定资产、处置子公司及其他营业单位等。

筹资活动,是指导致企业资本及债务规模和构成发生变化的活动。筹资活动主要包括吸收投资、发行股票、分配利润、向银行借款、发行债券、偿还债务等。

(四)所有者权益变动表

所有者权益变动表是反映构成所有者权益的各组成部分当期增减变动情况的财务报表。所有者权益变动表不仅反映了一个会计期间所有者权益总额的增减变动情况,而且反映了所有者权益各组成部分的当期增减变动情况以及引起变动的原因。一个会计期间内,引起所有者权益总额发生变化的原因主要是与所有者的资本交易(反映在资产负债表所有者权益内)和综合收益(反映在利润表内),所有者权益变动表也就成了揭示资产负债表和利润表勾稽关系的中间报表。

所有者权益是企业资产扣除负债后由所有者享有的剩余权益,资产负债表中的所有者权益类项目按照实收资本(或股本)、资本公积、其他综合收益、盈余公积和未分配利润等项目分项列报,而所有者权益变动表则反映构成所有者权益的这些组成部分当期的变动情况。并且,所有者权益变动表对于综合收益和与所有者的资本交易导致的所有者权益变动分别列报。

所有者权益变动表应当反映构成所有者权益的各组成部分当期的增减变动情况,还应对所有者权益变动情况分项单独列报。因此,所有者权益变动表采用矩阵格式列报。从上往下,以所有者权益的上年度余额作为起始,分项列报导致所有者权益变动的交易或事项,从而得出本年年末余额;从左往右,对所有者权益总额及其组成部分分项列报,以反映相关交易和或事项对所有者权益的影响。

所有者权益变动表通常按年度列报。

(五) 附注

附注是财务报表的重要组成部分,是对资产负债表、利润表、现金流量表和所有者权益变动表等财务报表中列报项目的文字描述或明细资料,以及对未能在这些报表中列报项目的说明等。

附注应当遵循下列总体要求:

(1) 附注相关信息应当与资产负债表、利润表、现金流量表和所有者权益变动表等报表列报的项目相互参照,从而有助于报表使用者联系相关的信息,从整体上更好地理解财务报表。

(2) 附注披露的信息应当是定量和定性信息的结合,从而能从量和质两个方面对企业发生的交易或者事项进行完整的反映,满足信息使用者的决策需求。

(3) 附注应当按照一定的结构进行系统合理的排列和分类,有序地披露信息。附注的内容繁多,因此应当合理安排内容结构并按逻辑顺序排列、分类披露,以便于使用者的理解和掌握,提高财务报表的有用性。

二、背景资料

(一) 确定收益的收入费用观与资产负债观

确定收益有收入费用观和资产负债观两种方法。这两种方法本是同源的,但由于经济环境的变化,使得按照这两种方法确定的收益产生了差异,并影响了会计准则的制定。

1. 收入费用观与资产负债观及其导致收益差异的原因

收入费用观直接从收入和费用的角度来确认与计量企业收益,收益被视为是企业一定会计期间获得的收入与发生的费用相配比的结果。收入费用观认为,收益的确定应当以交易为依据,收益的确定要符合权责发生制会计基础、谨慎性信息质量要求以及历史成本原则、配比原则;会计处理的重心应该是对收入和费用要素的确认与计量,而资产和负债要素的确认与计量从属于收入和费用要素;在财务报表体系中,利润表居于核心地位,资产负债表是利润表的补充和附属。

资产负债观直接从资产和负债的角度确认与计量企业的收益,收益被视为是企业一定会计期间期末净资产和期初净资产比较的结果。由于有关收入与费用发生的交易均会对企业的相关资产和负债产生影响,为此可以根据期末期初资产和负债的变动,即通过期末期初企业净资产的变动(所有者的投资、减资以及对所有者的分配所引起的净资产的变动除外)来确定收益,收益的实质是企业在某一期间净资产的增加。资产负债观认为,为提高会计信息的相关性,在计量上不应推崇历史成本原则而应推崇公允价值计量属性;会计处理的重心应该是对资产和负债要素的确认与计量,而收入和费用要素的确认与计量从属于资产和负债要素;在财务报表体系中,资产负债表居于核心地位,利润表是资产负债表的附表,是对资产负债观所确定的收益的一个明细说明。

通常认为,收入费用观与资产负债观仅是确定企业收益的两种不同的计算方法而已,区别在于从不同的资金运动角度确定企业的收益。企业在一定会计期间的资金流量实际上就是企业在该期间交易所产生的发生额,其中包括收入、费用和利润;企业在某一时点的资金存量实际上就是企业资金在这一时点的余额,表现为企业在该时点资金存在形态的资产、资金来源的负债和所有者权益。为此,既可以通过资金流量的比较,即收入和费用的比较来确定企业当期的收益,也可以通过资金存量期末与期初的比较,即资产和负债期末期初的比较来确定企业当期的收益。收入费用观与资产负债观分别从资金运动的不同角度来确定企业的收益,因而造成所提供的收益信息含量有所不同。收入费用观所确定的收益聚焦于收入和费用相关业务形成的经营业绩,更直接地反映了企业当局所取得的经营业绩;资产负债观所确定的收益聚焦于资产和负债相关业务形成的净资产的增值,更直接地反映了归属于企业所有者的财富变化。

无论是收入费用观还是资产负债观,在不考虑经济环境发生变化的情况下,都采用历史成本计量属性,确定收益时不必考虑资产期末持有价值的变化,只需考虑取得时的历史成本,因此,两种方法所确定的收益是一致的。一旦经济环境发生变化,使得资产的现行价值与历史成本出现较大差异,这时资产的期末价值不再是发生相关耗费后的剩余历史成本,而是能反映资产现行价值的现行价格,但收入和费用仍然以历史成本为计量基础,为此造成了收入费用观确定的收益与资产负债观确定的收益出现了差异。

2. 收入费用观与资产负债观带来的差异影响

收入费用观与资产负债观对于收益的确定在会计目标、会计要素确定次序、计量重心、对未实现损益处理以及信息披露上存在着差异。

从会计目标来看,收入费用观主要体现的是受托责任观会计目标,资产负债观主要体现的是决策有用观会计目标。在收入费用观下,企业对外提供的财务报表体系中以利润表为核心,利润表中的收益信息是在权责发生制会计基础上按历史成本原则、配比原则生成的,反映的是企业在一定会计期间的经营业绩,且聚焦于本期。因此,按收入费用观确定的收益信息有助于客观评价企业管理层受托责任的履行情况,主要体现了受托责任观的会计目标,对会计信息质量要求也就更注重可靠性。在资产负债观下,企业对外提供的财务报表体系中以资产负债表为核心,资产负债表中的资产和负债从对企业未来经济利益的影响出发,采用未来利益观进行定义与计量。因此,按资产负债观确定的收益信息有助于合理评估企业未来的业绩,主要体现了决策有用观的会计目标,对会计信息质量要求也就更注重相关性。

从会计要素确定次序来看,收入费用观先行考虑收入和费用要素,资产负债观先行考虑资产和负债要素。收入费用观认为,企业随着生产经营的持续进行,不断发生有关收入和费用的交易,从而导致资产和负债的变化,为此,在六项会计要素中先行定义收入和费用要素,在此基础上定义利润要素,进而定义资产、负债和所有者权益要素。资产负债观认为,资产和负债是会计要素中最核心的要素,只要对资产和负债作出了定义,其他要素都可以通过引起资产和负债的相关变化来进行定义。例如,我国企业会计准则首先将资产定义为"预期会给企业带来经济利益的资源",将负债定义为"预期会导致经济利益流出企业的现时义务",在此基础上,将所有者权益定义为"企业资产扣除负债后由所有者享有的剩余权益",进而将收入定义为"会导致所有者权益增加的、与所有者投入资本无关的经济利益的总流入",将费用定义为"会导致所有者权益减少的、与向所有者分配利润无关的经济利益的总流出"。

从会计计量重心看,收入费用观的计量重心是收益,资产负债观的计量重心是资产。收入费用观认为,资产计价要么是为了计量已实现的收入所对应的资产价值,要么是为了计量与实现收入相配比的支出中作为费用的资产价值,主要目的是确定收益,资产的计量服务于收益的确定,服务于对企业过去经营业绩的客观反映,也就必然地采用历史成本计量属性。资产负债观认为,资产是最为基本的会计要素,其他会计要素的计量都从属于资产的计量,并强调资产在未来能够给企业带来经济利益流入的能力,资产的计量应该关注资产的未来价值不再局限于历史成本,可根据情况采用重置成本、可变现净值、现值与公允价值等计量属性。

从对未实现损益处理看,收入费用观着重于已实现的收益,资产负债观既考虑实现的收益也考虑未实现的收益。在收入费用观下,首先确认已实现的收入和费用,然后根据配比原则确定收益,为此,确定的收益均是已实现的收益。在资产负债观下,收益是当期剔除所有者的投资、减资以及对所有者的分配因素后净资产的净增加额,收益的确定不考虑是否实现,也不考虑交易因素与非交易因素,只要是净资产的增加,就作为收益进行确认与计量。显然,采用历史成本计量并受实现原则限制而不能确认的一些未实现损益项目,由于物价变动而导致的资产持有收益,在资产负债观下则确认为收益的一个组成部分。

从披露的会计信息质量看,收入费用观着重收入和费用信息的质量,资产负债观着重资产和负债信息的质量。收入费用观根据发生的交易确认收入和费用并确定利润,不仅操作性强,而且还可提供各种性质的收益明细资料,并且在会计分期假设下强调遵循实现原则和配比原则,那些不符合实现原则和配比原则而对收入或费用产生影响的项目,通过采用递延、应计、摊销和分配等会计程序,作为跨期项目暂记资产负债表中,待到以后会计期间再逐步转入相应的利润表中,从而造成资产负债表中出现了一些本质上是费用、收益或损失的项目却被当作资产、负债和所有者权益项目加以列示。资产负债观根据会计期间净资产的变动确定收益,而资产和负债项目都严格遵守资产和负债的确认与计量原则,资产负债表所提供的信息真实地反映企业在资产负债表日的财务状况。显然,由于资产负债观下通过期末和期初资产和负债的计量确定收益,收益只能是一个总括信息,无法提供收益的明细信息,减弱了收益信息对使用者的有用性。为此,在资产负债观下,需要在利润表中增加报告全面收益的会计信息,对资产负债表收益总括信息起到补充说明的作用。

(二) 会计中的勾稽关系

会计中的勾稽关系,是指会计账簿和财务报表有关数据之间所存在的内在逻辑对应关系。应用勾稽关系,有助于准确登记会计账簿和编制财务报表,可以核对、查验与推论会计账簿和财务报表有关数据的准确性和一致性,揭示会计账簿和财务报表中的错漏与舞弊问题,保证会计账簿与财务报表的真实性和可靠性。

会计中的勾稽关系从不同的维度可以进行不同的分类,掌握不同类别的勾稽关系,可以充分发挥各种勾稽关系的作用。

1. 等式勾稽关系和非等式勾稽关系

按照会计账簿和财务报表有关数据之间所存在的内在逻辑对应关系是否可以通过等式直接反映出来,会计中的勾稽关系可以分为等式勾稽关系和非等式勾稽关系两大类。

等式勾稽关系,是指可以通过一定的等式来反映会计账簿和财务报表有关数据之间所存在的内在逻辑对应关系。例如,通过"资产＝负债＋所有者权益"这一等式,反映企业在某一特定时点资产、负债和所有者权益之间的勾稽关系;再如,通过"总分类账户本期借方(或贷方)发生额＝所属明细分类账户本期借方(或贷方)发生额之和"这一等式,反映某一总分类账户与其所属明细账户之间的勾稽关系。通过等式勾稽关系,可以直接查验会计账簿和财务报表有关数据的准确性和一致性。

非等式勾稽关系,是指会计账簿和财务报表有关数据之间虽然不存在直接的等式关系,但存在一定的内在逻辑对应关系。例如,利润表中的"净利润"项目与现金流量表中的"经营活动产生的现金流量净额"项目,尽管数据之间不存在直接的等式关系,但所反映业务的相关性而存在着内在逻辑对应关系,通过这种非等式的勾稽关系,仍能在一定程度上揭示企业净利润的质量或者真实性;再如,现金流量表中的"取得投资收益收到的现金"项目和利润表中的"投资收益"项目与资产负债表中的一些投资性资产项目之间,也由于所反映业务的相关性而存在着内在逻辑对应关系,通过资产负债表、利润表与现金流量表这三张报表有关投资活动之间的勾稽关系,可以揭示出这项项目数据的合理性。可以认为,非等式勾稽关系与等式勾稽关系同样重要,在发现会计账簿和财务报表存在的重大错漏,甚至舞弊问题中发挥重要作用。

2. 平衡勾稽关系、和差勾稽关系、积商勾稽关系和补充勾稽关系

按照会计账簿和财务报表有关数据之间所存在的内在逻辑对应关系的表现形式不同，会计中的勾稽关系可以分为平衡勾稽关系、和差勾稽关系、积商勾稽关系和补充勾稽关系等诸多类型。

平衡勾稽关系，是指会计账簿和财务报表有关数据之间表现为一定的平衡关系。例如，根据借贷记账法下的记账规则，各账户的期初余额、本期增加额、本期减少额与期末余额之间存在着"期初余额＋本期增加额－本期减少额＝期末余额"这一等式所反映的平衡勾稽关系；再如，企业某一特定时点反映资金存在形态的资产与反映资金来源的负债及所有者权益之间存在着平衡等式关系，通过"资产＝负债＋所有者权益"这一等式，反映了企业在某一特定时点资产、负债及所有者权益之间的平衡勾稽关系。

和差勾稽关系，是指会计账簿和财务报表有关数据之间表现为一个项目金额等于其他几个项目金额的和或差的关系。例如，根据总分类账与明细分类账的平行登记规则，总分类账与所属的明细账的金额之间形成了和的勾稽关系，即"总分类账户期初借方（或贷方）余额＝所属明细分类账户期初借方（或贷方）余额之和""总分类账户本期借方（或贷方）发生额＝所属明细分类账户本期借方（或贷方）发生额之和""总分类账户期末借方（或贷方）余额＝所属明细分类账户期末借方（或贷方）余额之和"；再如，资产负债表中流动资产合计是所有流动资产项目余额之和，非流动资产合计是所有非流动资产项目余额之和，资产总计又是流动资产合计与非流动资产合计之和；又如，利润表中的有关项目金额之间表现为和或差的等式关系，营业利润是营业收入减去营业成本再加或减其他收益、公允价值变动收益、信用减值损失、资产减值损失等的结果，利润总额是营业利润加营业外收入、减营业外支出的结果。

积商勾稽关系，是指会计账簿和财务报表有关数据之间表现为一个项目金额等于其他几个项目金额的积或商的关系。例如，根据规定企业销售商品或者提供劳务按照增值税税率计算销项税额，购入商品或者消耗劳务同样按照增值税税率计算进项税额，企业应纳税额是销项税额抵扣进项税额后的余额，企业营业收入账户上的收入金额与增值税销项税额之间，固定资产、原材料账户上的购入金额与增值税进项税额之间，就存在着这种积商勾稽关系；再如，企业应根据规定按一定的比例提取盈余公积与任意公积，企业当年的净利润与当期提取的法定盈余公积、任意盈余公积之间也存在着这种积商勾稽关系。

补充勾稽关系，是指财务报表与财务报表或者财务报表与补充资料的有关数据之间存在的补充说明关系。例如，所有者权益变动表补充说明了资产负债表所有者权益变动的详细情况；再如，现金流量表中的经营活动产生的现金流量净额与现金流量表补充资料中将净利润调节为经营活动产生的现金流量净额之间，也反映了这种补充勾稽关系。

3. 账内或者表内勾稽关系、账间或者表间勾稽关系和账与表间勾稽关系

按照会计账簿和财务报表有关数据之间所存在的内在逻辑对应关系的数据来源不同，

会计中的勾稽关系可以分为账内或者表内勾稽关系、账间或者表间勾稽关系和账与表间勾稽关系。

账内或者表内勾稽关系,是指账簿或者财务报表内部有关数据之间所存在的内在逻辑对应关系。例如,每一账户的期初余额、本期增加额、本期减少额与期末余额之间所存在的"期初余额+本期增加额-本期减少额=期末余额"关系,属于账内勾稽关系;再如,资产负债表中所反映的资产与负债及所有者权益之间所存在的"资产=负债+所有者权益"关系,现金流量表中所反映的经营活动产生的现金流量、投资活动产生的现金流量、筹资活动产生的现金流量、汇率变动对现金及现金等价物的影响、期初现金及现金等价物余额与期末现金及现金等价物余额之间所存在的"经营活动产生的现金流量净+投资活动产生的现金流量净额+筹资活动产生的现金流量+汇率变动对现金及现金等价物的影响+期初现金及现金等价物余额=期末现金及现金等价物余额"关系,属于表内勾稽关系。

账间或者表间勾稽关系,是指不同账簿或者不同财务报表有关数据之间所存在的内在逻辑对应关系。例如,根据借贷记账法记账后有关账户之间所存在的对应关系,总分类账户与所属明细分类账户之间存在的"总分类账户本期借方(或贷方)发生额=所属明细分类账户本期借方(或贷方)发生额之和"的关系等,就属于账间勾稽关系。再如,资产负债表中的盈余公积、未分配利润的净增加额与利润表中的净利润之间,资产负债表中的所有者权益(实收资本、资本公积、其他综合收益、盈余公积、未分配利润等项目)余额与所有者权益变动表中的余额之间,资产负债表中现金及其等价物期末余额与期初余额之差与现金流量表中现金及其等价物净增加额之间,利润表中的"净利润"项目与现金流量表中的"经营活动产生的现金流量净额"项目之间等,就属于表间勾稽关系。

账与表间勾稽关系,是指会计账簿与财务报表有关数据之间所存在的内在逻辑对应关系。例如,资产负债表中的有关项目是根据有关资产类、负债类与所有者权益类等账户的期末余额直接或者分析计算填列,利润表的有关项目根据损益类账户的发生额直接或者分析计算填列,为此相关会计账簿与财务报表之间就存在着账与表间勾稽关系。

(三) 现行财务报表的局限

由资产负债表、利润表、现金流量表、所有者权益(或股东权益)变动表以及附注构成的现行财务报表尽管着力于反映企业财务状况、经营成果和现金流量,但随着会计环境的变化,现行财务报表所存在的局限,尚不能满足会计信息使用者决策的需求。

(1) 现行财务报表尚不能完全实现会计的目标。现行财务报表所提供的信息是基于企业已经发生的交易或事项,主要采用历史成本计量属性生成的,能较好地实现客观评价企业管理层受托责任履行情况的受托责任观会计目标。但是,会计信息使用者的决策总是面向未来,需要的是能够面向未来的预测性信息,投资者与债权人等信息使用者只有能够预测其投资及信贷决策的现金流量金额、时间及不确定性,才能作出正确的经济决策。现行财务报表所提供的主要是面向过去的信息尽管可靠性较高,但相关性较低,尚不能实现为信息使用者的决策提供有用信息的决策有用观会计目标。

(2) 现行财务报表尚不能满足不同信息使用者的信息需求。现行财务报表基于使用者的共同需求而采用通用型模式,但不同使用者的具体决策及其考虑的视角各不相同,所需的信息必然也各有异,通用的财务报表显然难以同时满足所有信息使用者的个性化的需要。事实上,现行财务报表在形式和内容上都以股东和债权人为主要服务对象,必然忽视了企业其他利益相关方的信息需求。

(3) 现行财务报表的技术性削弱了信息的有用性。现行财务报表项目按一定的标准进行分类、汇总与排列,目的是更有效地实现其沟通职能,便于使用者的理解,然而这种结构性的表述演变为纯技术的信息展现,以致于只有精通会计与财务报表规则的使用者才能理解财务报表所提供的信息。同时,许多会计信息正是在分类、汇总、确认和计量过程中丧失了其本身的含义,从而削弱了财务报表信息的有用性。

(4) 现行财务报表尚不能满足可比性信息质量要求。可比性是会计信息质量的一项重要要求。从横向可比来看,财务报表信息是基于单个企业的,而不同企业均可在会计规范之内决定自己的会计政策以及会计估计,导致按不同会计政策生成的信息存在着差异,因而财务报表信息在不同企业之间往往不具有可比性。尽管采用了在报表附注中披露会计政策以及会计估计的补救措施,但进行可比的调整需要花费一定的时间与成本,可比性问题显然是会计信息决策有用性的一大障碍。从纵向看,企业使用的会计政策以及会计估计并非一成不变。会计政策以及会计估计允许变更,为企业通过"会计数字游戏"操纵利润、粉饰财务报表提供了契机,必然造成前后各期财务报表不可比。尽管也采用了在报表附注中披露会计政策、会计估计变更的补救办法,但仍然影响了信息使用者通过对财务报表的纵向比较分析来准确判断企业的真实财务状况与经营业绩。

现行财务报表的局限性是由会计这一人造系统所固有的局限性引起的。例如,会计假设对变化了的经济环境不适应、会计核算系统内部的缺陷、会计规范体系的内在矛盾等。财务报表只是会计核算系统中的最后一个环节,是以前置确认、计量、记录等环节的结果为依据,会计理论与方法所固有的局限性便直接在财务报表中集中地表现出来。认识财务报表的局限性,才能真正认识财务报表的作用,才能改进与完善财务报表,从而合理有效地利用财务报表,发挥财务报表的信息作用。

三、复习思考题与练习题

复习思考题

1. 什么是财务报表? 一套完整的财务报表至少包括哪些组成部分?

2. 什么是财务报表列报？财务报表列报应当符合哪些基本要求？

3. 为什么要编制资产负债表？资产负债表的结构内容如何？如何编制资产负债表？

4. 为什么要编制利润表？利润表的结构内容如何？如何编制利润表？

5. 为什么要编制现金流量表？现金流量表的编制基础是什么？现金流量表的结构内容如何？

6. 为什么要编制所有者权益变动表？所有者权益变动表的结构内容如何？

7. 资产负债表、利润表、现金流量表、所有者权益变动表之间存在什么勾稽关系？请举例说明。

8. 财务报表附注的作用是什么？财务报表附注应当符合哪些要求？

练 习 题

一、单项选择题(在每小题的备选答案中,选出一个最合适的答案)

1. 下列各项中,属于企业资产负债表所反映的内容是(　　)。

　　A. 某一会计期间经营成果　　　　　　　　B. 某一会计期间现金流量

　　C. 某一会计期间财务状况　　　　　　　　D. 某一特定日期财务状况

2. 下列关于资产负债表中资产项目和负债项目列报的阐述中,不正确的是(　　)。

　　A. 资产类项目按流动性或者按变现能力,分为流动资产和非流动资产两类,并分项列报

　　B. 资产类项目列报顺序为流动性大、变现能力强的项目列报在前

　　C. 负债类项目按偿还债务时间的长短,分为流动负债和非流动负债两类,并分项列报

　　D. 债类项目列报顺序为要求清偿时间长的项目列报在前

3. 下列项目中,属于资产负债表中流动资产项目的是(　　)。

　　A. 应收账款　　　　　　　　　　　　　　B. 应付账款

　　C. 预收款项　　　　　　　　　　　　　　D. 预付账款

4. 下列项目中,属于资产负债表中流动负债项目的是(　　)。

　　A. 应收账款　　　　　　　　　　　　　　B. 预付款项

　　C. 预收账款　　　　　　　　　　　　　　D. 预收款项

5. 资产负债表中的应收账款项目,应根据(　　)减去计提的相应坏账准备后的金额填列。

　　A. "应收账款"总账账户的期末余额

　　B. "应收账款"总账账户所属明细账户的期末余额

　　C. "应收账款"和"应付账款"总账账户所属明细账户期末借方余额的合计数

　　D. "应收账款"和"预收账款"总账账户所属明细账户期末借方余额的合计数

6. 资产负债表中的"存货"项目,应根据(　　)。

　　A. "存货"账户的期末借方余额直接填列

　　B. "原材料"账户的期末借方余额直接填列

　　C. "在途物资""原材料""生产成本"和"库存商品"等账户的期末借方余额之和,减去"存货跌价准备"账户的期末余额后的金额填列

　　D. "原材料""在产品""库存商品"等账户的期末借方余额之和填列

7. 下列项目中,属于影响利润表营业利润项目的是(　　)。

　　A. 营业外收入　　　　　　　　　　　　　B. 税金及附加

C. 所得税费用 D. 营业外支出

8. 下列项目中,属于根据利润表中相关项目金额计算列示的是(　　　)。

　　A. 营业收入 B. 营业成本

　　C. 利润总额 D. 财务费用

9. 企业支付借款利息发生的银行存款减少属于(　　　)。

　　A. 经营活动产生的现金流量 B. 投资活动产生的现金流量

　　C. 筹资活动产生的现金流量 D. 非现金流量活动

10. 所有者权益变动表中未分配利润项目期末余额与(　　　)中未分配利润项目期末余额应该保持一致。

　　A. 资产负债表 B. 利润表

　　C. 现金流量表 D. 现金流量表补充资料

二、多项选择题(在每小题的备选答案中,选出所有合适的答案)

1. 企业对外提供的财务报表至少应当包括(　　　)等组成部分。

　　A. 资产负债表 B. 利润表

　　C. 现金流量表 D. 所有者权益变动表

　　E. 附注

2. 根据财务报表列报的基本要求,下列关于"财务报表项目"的阐述中,正确的有(　　　)。

　　A. 财务报表项目的列报应当在各个会计期间保持一致,不得随意变更

　　B. 性质或功能不同的项目,一般可以在财务报表中汇总列报

　　C. 性质或功能类似的项目,一般可以在财务报表中汇总列报

　　D. 资产和负债、收入和费用、直接计入当期利润的利得和损失项目的金额不能相互抵销,即不得以净额列报,除非会计准则另有规定

　　E. 企业在列报当期财务报表时,应当列报比较信息

3. 下列关于财务报表的阐述中,正确的有(　　　)。

　　A. 资产负债表是时点报表

　　B. 利润表、现金流量表和所有者权益变动表是时期报表

　　C. 财务报表的编制采用权责发生制会计基础

　　D. 财务报表的编制以持续经营作为列报基础

　　E. 资产负债表、利润表、现金流量表和所有者权益变动表属于对外报表

4. 下列关于财务报表的阐述中,正确的有(　　　)。

　　A. 资产负债表有账户式和报告式两种格式,我国采用账户式格式

　　B. 账户式资产负债表的编制依据是"资产＝负债＋所有者权益"这一会计等式

　　C. 利润表有单步式和多步式两种格式,我国采用单步式格式

　　D. 现金流量表补充资料中的净利润,就是利润表中的净利润

　　E. 所有者权益变动表中的未分配利润项目期末余额与资产负债表中的未分配利润项目期末余额应该保持一致

5. 下列关于资产负债表的阐述中,正确的有(　　　)。

A. 资产负债表提供企业在某一特定日期所拥有或者控制的经济资源、所承担的现时义务和所有者对净资产的要求权信息

B. 账户式资产负债表的编制依据是"资产＝负债＋所有者权益"这一会计等式

C. 资产负债表资产类项目按流动性或者按变现能力,分为流动资产和非流动资产两类分项列报,流动性小、变现能力弱的项目列报在前

D. 负债类项目按偿还债务时间的长短,分为流动负债和非流动负债两类分项列报,要求清偿时间短的项目列报在前

E. 在资产负债表中不仅需要列报资产、负债、所有者权益各项目的期末余额,而且需要列报各项目的上年年末余额

6. 下列项目中,属于资产负债表中流动资产项目的有( )。

   A. 货币资金   B. 存货

   C. 预付款项   D. 预收款项

   E. 固定资产

7. 下列项目中,属于资产负债表中流动负债项目的有( )。

   A. 短期借款   B. 应付账款

   C. 预收款项   D. 预付款项

   E. 应交税费

8. 下列项目中,属于资产负债表中所有者权益项目的有( )。

   A. 实收资本   B. 资本公积

   C. 其他综合收益   D. 盈余公积

   E. 利润分配

9. 下列关于利润表的阐述中,正确的有( )。

   A. 利润表提供企业在一定会计期间经营业绩的主要来源和构成信息

   B. 我国的利润表以"收入－费用＝利润"这一会计等式为编制依据,采用单步式格式

   C. 我国的利润表以"收入－费用＝利润"这一会计等式为编制依据,采用多步式格式

   D. 利润表中的综合收益包括净利润和其他综合收益的税后净额

   E. 在利润表中不仅需要列报各项目的本期金额,而且需要列报各项目的上期金额

10. 下列项目中,影响利润表中营业利润项目的有( )。

   A. 营业收入   B. 营业成本

   C. 税金及附加   D. 营业外收入

   E. 所得税费用

11. 下列关于现金流量表的阐述中,正确的有( )。

   A. 现金流量表提供企业在一定会计期间现金的来源、现金的运用以及现金余额变化的信息

   B. 现金流量表按照收付实现制基础列报,将权责发生制下的盈利信息调整为收付实现制下的现金流量信息,

   C. 现金流量表按照权责发生制基础列报,将收付实现制下的盈利信息调整为权责发生制下的现金流量信息

D. 现金流量表分类列报经营活动现金流量、投资活动现金流量和筹资活动现金流量

E. 企业应在现金流量表补充资料中披露将净利润调节为经营活动现金流量、不涉及现金收支的重大投资和筹资活动、现金及现金等价物净变动情况等信息

12. 下列各项中,属于经营活动产生的现金流量的有( )。

A. 销售商品、提供劳务收到现金

B. 通过银行偿付应付账款

C. 支付各项税费

D. 取得借款收到现金

E. 吸收投资收到现金

13. 下列各项中,属于投资活动产生的现金流量的有( )。

A. 支付各项税费

B. 处置固定资产、无形资产和其他长期资产收回现金净额

C. 购建固定资产、无形资产和其他长期资产支付现金

D. 对外长期投资支付现金

E. 吸收投资收到现金

14. 下列经济业务中,影响企业未分配利润的有( )。

A. 本期企业实现净利润　　　　　　B. 本期企业发生净亏损

C. 接受投资者投入资本　　　　　　D. 按全年实现净利润的10%计提盈余公积

E. 宣告分配现金股利

15. 下列各项中,属于编制财务报表依据的账簿资料主要有( )。

A. 资产、负债、所有者权益账户的总账及相关明细账期末余额

B. 资产、负债、所有者权益账户的总账及相关明细账本期发生额

C. 损益类账户的本期发生额(净额)

D. 损益类账户的期末余额

E. 科目汇总表

三、判断题(认为正确的在题目前面括号内打"√",认为错误的在题目前面括号内打"×")

1. ( )财务报表是对企业财务状况、经营成果和现金流量的结构性表述,是企业对外提供会计信息的主要载体。

2. ( )按照编报期间的不同,财务报表可以分为中期财务报表和年度财务报表,其中中期财务报表是半年度报表。

3. ( )企业的财务报表,除了现金流量表按照收付实现制编制,其他财务报表应当按照权责发生制编制。

4. ( )财务报表项目的列报,包括项目名称、项目的分类与排列顺序等应当在各个会计期间保持一致,不得随意变更。

5. ( )财务报表项目在财务报表中是单独列报还是汇总列报,应当依据重要性原则来判断。

6. ( )在资产负债表中,可以将企业的债权与债务抵销后列报,净债权在资产方列报,净债务在负债方列报。

7. （　　）资产负债表中的"长期借款"项目,应根据"长期借款"总账账户余额填列。

8. （　　）利润表中的"营业收入"项目,应根据"主营业务收入"和"其他业务收入"两个总账账户余额的合计数填列。

9. （　　）通常情况下,偿付应付账款、应付票据等商业应付款等产生的现金流量属于筹资活动产生的现金流量。

10. （　　）现金流量表中的现金及现金等价物净增加额与资产负债表中货币资金的增加额应该相等。

11. （　　）所有者权益变动表采用账户格式,以清晰地反映构成所有者权益各组成部分当期的增减变动情况。

12. （　　）所有者权益变动表反映所有者权益各组成项目在一定期间的增、减变动情况,并与资产负债表和利润表的相关项目相联系。

13. （　　）通过附注与资产负债表、利润表、现金流量表和所有者权益变动表列报项目的相互参照关系,以及对未能在财务报表中列报项目的说明,可以使财务报表使用者全面了解企业的财务状况、经营成果和现金流量以及所有者权益的情况。

14. （　　）企业在财务报表附注中必须披露的内容包括财务报表是否以持续经营为基础编制。

15. （　　）企业在财务报表附注中必须披露的内容包括采用的重要会计政策和会计估计。

四、业务题

【业务题一】

目的:练习财务报表相关项目的填列。

资料:海嘉公司20×1年有关账户发生额及余额,如表9-1所示。

表9-1　　　　　　　　　　　　　　　　**试算平衡表**

20×1年12月31日　　　　　　　　　　　　　　　单位:元

账户名称	期初余额		本期发生额		期末余额	
	借方	贷方	借方	贷方	借方	贷方
库存现金	5 000		6 000	4 000	7 000	
银行存款	25 000		75 000	50 000	50 000	
应收账款	20 000		80 000	50 000	50 000	
在途物资（在途物资）	60 000		5 000	5 000	60 000	
原材料	24 000		5 000	7 000	22 000	
生产成本	66 000		80 000	（　　）	50 000	
库存商品	70 000		80 000	110 000	40 000	
固定资产	110 000		40 000	—	150 000	
累计折旧		25 000	—	（　　）		44 000
应付账款		50 000	20 000	（　　）		60 000

（续表）

账户名称	期初余额		本期发生额		期末余额	
	借方	贷方	借方	贷方	借方	贷方
应付股利		50 000	50 000	40 000		40 000
应交税费		25 000	25 000	35 000		35 000
实收资本		170 000	—	—		170 000
资本公积		20 000	—	—		20 000
盈余公积		20 000	—	（　）		（　）
本年利润			（　）	（　）		（　）
利润分配		20 000	（　）	（　）		（　）
主营业务收入			200 000	（　）		
主营业务成本			100 000	（　）		
其他业务收入			40 000	（　）		
其他业务成本			10 000	（　）		
税金及附加			4 000	（　）		
销售费用			20 000	（　）		
管理费用			26 000	（　）		
财务费用			10 000	（　）		
营业外收入			20 000	（　）		
营业外支出			10 000	（　）		
所得税费用			20 000	（　）		
合计	380 000	380 000	（　）	（　）	（　）	（　）

其中,应收账款、应付账款各明细账余额如下：

应收账款——甲公司 30 000（借方）　　　应付账款——长江公司　60 000（贷方）

　　　　　——乙公司 20 000（贷方）　　　　　　　　——长城公司　10 000（贷方）

　　　　　——丙公司 40 000（借方）　　　　　　　　——东方公司　10 000（借方）

要求：

(1) 根据表 9-1 中的账户资料,编制结转损益类账户至"本年利润"账户的会计分录。

(2) 编制对全年实现净利润按 10％计提盈余公积的会计分录。

(3) 编制董事会宣告发放现金股利 40 000 元的会计分录。

(4) 编制年末将本年利润和利润分配各明细账户本期发生额结转至"利润分配——未分配利润"账户的会计分录。

(5) 将正确的数字填入表 9-1 的括号中,完成试算平衡表。

(6) 计算并填写如表 9-2 所示的财务报表项目金额。

表 9-2   **财务报表有关项目**

单位:元

财务报表	报表项目	计算过程及结果
资产负债表	货币资金	
	存货	
	应收账款	
	预付款项	
	流动资产合计	
	固定资产	
	资产总计	
	应付账款	
	预收款项	
	负债总额	
	未分配利润	
	所有者权益合计	
利润表	营业收入	
	营业利润	
	利润总额	
	净利润	

【业务题二】

目的:练习财务报表有关项目的填列。

资料:海城公司 20×1 年 1 月 1 日部分账户余额,如表 9-3 所示。

表 9-3   **海城公司 20×1 年 1 月 1 日部分账户余额**

单位:元

账户名称	借方	贷方
原材料	1 500 000	
生产成本	120 000	
库存商品	880 000	
固定资产	7 800 000	
累计折旧		1 260 000

20×1 年 1 月海城公司发生如下经济业务:

(1) 月末,结转本月发出材料成本 800 000 元,其中,生产甲产品耗用 400 000 元,生产乙产品耗用 300 000 元,生产车间一般耗用 70 000 元,公司管理部门耗用 30 000 元。

(2) 月末,分配本月职工薪酬 1 080 000 元,其中,生产甲产品人员薪酬 500 000 元,生产乙产品人员薪酬 250 000 元,生产车间管理人员薪酬 120 000 元,公司管理部门人员薪酬为 210 000 元。

(3) 月末,计提固定资产折旧 350 000 元,其中,生产车间负担 190 000 元,公司管理部门负担 160 000 元。

(4) 月末,通过银行支付本月发生的水电费 38 000 元,其中,生产车间负担 26 000 元,公司管理部门负担 12 000 元。

(5) 月末,通过银行支付本月制造产品临时租用设备租赁费 14 000 元。

(6) 月末,按照甲、乙产品生产人员薪酬的比例分配并结转本月发生的制造费用。

(7) 假设"生产成本"账户期初余额均为甲产品的在产品成本,月末甲产品和乙产品全部完工,并均已验收入库,结转完工产品成本。

(8) 结转已销售产品成本,其中,甲产品 980 000 元,乙产品 650 000 元。

要求:

(1) 根据以上经济业务编制相应的会计分录。

(2) 根据海城公司 20×1 年 1 月 1 日部分账户余额以及 1 月发生的上述经济业务填制 20×1 年 1 月 31 日如表 9-4 所示的财务报表有关项目金额。

表 9-4 　　　　　　　　　　　　　　　　　财务报表有关项目

单位:元

财务报表	报表项目	计算过程及金额
资产负债表	存货	
	固定资产	
	应付职工薪酬	
利润表	主营业务成本	
	管理费用	

【业务题三】

目的:练习利润表的编制。

资料:海逸公司损益类账户 20×1 年发生额汇总,如表 9-5 所示。

表 9-5 　　　　　　　　　　　　　　　　　海逸公司损益类账户

单位:千元

账户名称	借方	贷方
主营业务收入		125 000
主营业务成本	75 000	
其他业务收入		22 750
其他业务成本	3 950	
税金及附加	2 000	
销售费用	2 000	

（续表）

账户名称	借方	贷方
管理费用	13 200	
财务费用	400	
营业外收入		500
营业外支出	60	
所得税费用	12 910	

要求：

（1）结转损益类账户至"本年利润"账户。

（2）结转全年累计实现的净利润至"利润分配"账户。

（3）填列如表9-6所示的海逸公司20×1年利润表有关项目。

表 9-6　　　　　　　　　　　　　**海逸公司利润表有关项目**

单位：千元

报表项目	计算过程及金额
营业收入	
营业成本	
营业利润	
利润总额	
净利润	

【业务题四】

目的：练习制造企业有关业务的会计处理与财务报表的编制。

资料：海昌公司20×1年1月1日有关总分类账户的余额，如表9-7所示。

表 9-7　　　　　　　**海昌公司20×1年1月1日有关总分类账户余额**

单位：元

会计科目	期初余额	
	借方	贷方
库存现金	71 000	
银行存款	3 790 000	
原材料	830 000	
库存商品	887 000	
生产成本	109 000	
固定资产	5 113 000	
累计折旧		500 000
应付账款		200 000

（续表）

会计科目	期初余额	
	借方	贷方
应付职工薪酬		600 000
实收资本		8 000 000
盈余公积		1 000 000
利润分配		500 000
合计	10 800 000	10 800 000

海昌公司20×1年1月1日有关明细分类账户的余额如下：

原材料：A材料2 000千克，单价310元，金额620 000元；B材料1 000千克，单价210元，金额210 000元。

库存商品：甲产品620件，单价850元，金额527 000元；乙产品750件，单价480元，金额360 000元。

应付账款：红星公司，180 000元；东风公司，20 000元。

生产成本：甲产品1 000件，67 000元，其中，直接材料费32 000元，直接人工费20 000元，制造费用15 000元；乙产品960件，42 000元，其中，直接材料费17 000元，直接人工费15 000元，制造费用10 000元。

假设海昌公司为增值税一般纳税人，所得税税率为25%，存货采用先进先出法核算。

海昌公司20×1年1月份发生的经济业务如下：

（1）1日，从工商银行取得借款2 000 000元，款项已转入公司银行账户。借款期限为1年，年利率为6%，按月计提利息费用，按季度支付利息。

（2）3日，通过银行支付上月职工薪酬600 000元。

（3）5日，向华东公司销售产品一批，其中，甲产品300件，单价2 000元；乙产品200件，单价1 000元。增值税专用发票注明价款为800 000元，增值税税额为104 000元。货款已通过银行收讫。

（4）6日，从东风公司购入A材料1 000千克，单价300元；B材料1 000千克，单价200元，增值税专用发票注明价款为500 000元，增值税税额为65 000元。货款已通过银行付讫。

（5）10日，从东风公司购入A材料1 000千克，单价300元，增值税专用发票注明价款为300 000元，增值税税额为39 000元。货款尚未支付。

（6）10日，按合同规定以银行存款向锐捷公司预付购买B材料的货款250 000元。

（7）14日，从锐捷公司购入B材料1 000千克，单价200元，增值税专用发票注明价款为200 000元，增值税税额为26 000元，款项已按合同规定通过银行预付。

（8）14日，上述10日、14日购入的A、B材料由运输公司一并运回，通过银行共支付运杂费40 000元（暂不考虑增值税因素），按材料重量分配运杂费。

（9）15日，上述购入的A、B材料运达并验收入库，结转验收入库材料的成本。

（10）16日，结算上半月领用材料成本。生产车间加工产品领用A材料500千克，计155 000元，其中，甲产品耗用300千克，计93 000元；乙产品耗用200千克，计62 000元。车间一般性领用B材料100千克，计21 000元，公司管理一般性领用B材料100千克，计21 000元。

（11）18日，向华东公司销售甲产品一批，数量300件，单价2 000元。增值税专用发票注明价款为600 000元，增值税税额为78 000元。货款尚未收到。

（12）20 日，按合同规定通过银行预收华北公司购买乙产品货款 400 000 元。

（13）22 日，按合同规定向华北公司发出乙产品一批，数量 400 件，单价 1 000 元。增值税专用发票注明价款为 400 000 元，增值税税额为 52 000 元。

（14）26 日，通过银行支付产品广告费 159 600 元。

（15）27 日，以现金支付公司办公用品费 2 000 元。

（16）31 日，通过银行支付本月水电费 25 000 元，其中，生产车间耗用 19 000 元，行政管理部门耗用 6 000 元。

（17）31 日，结算下半月领用材料成本。生产车间加工产品领用 A 材料 1 000 千克，计 310 000 元，其中，甲产品耗用 600 千克，计 186 000 元；乙产品耗用 400 千克，计 124 000 元；领用 B 材料 600 千克，计 126 000 元，其中，甲产品耗用 400 千克，计 84 000 元；乙产品耗用 200 千克，计 42 000 元。

（18）31 日，结算本月职工薪酬 650 000 元，其中，生产甲产品人员薪酬 300 000 元，生产乙产品人员薪酬 150 000 元，车间管理人员薪酬 80 000 元，行政管理人员薪酬 120 000 元。

（19）31 日，计提本月份固定资产折旧 93 000 元，其中，车间使用固定资产计提折旧费用 60 000 元，行政管理部门使用固定资产计提折旧费用 33 000 元。

（20）31 日，按生产人员薪酬比例分配并结转制造费用 18 000 元。

（21）31 日，生产的甲产品 1 000 件、乙产品 960 件全部完工入库，结转完工入库产品的生产成本。

（22）31 日，结转本月已售产品的成本。

（23）31 日，计提 1 日从工商银行取得的 2 000 000 元借款的本月利息。

（24）31 日，计算应交本月城市维护建设税 7 280 元和教育费附加 3 120 元。

（25）31 日，将本月收入类账户的发生额结转至"本年利润"账户。

（26）31 日，将本月费用类账户的发生额结转至"本年利润"账户。

（27）31 日，按本月利润总额的 25% 计算本月应交的所得税。

（28）31 日，结转本月的所得税费用。

要求：

（1）对发生的上述经济业务编制会计分录。

（2）编制海昌公司 1 月的试算平衡表。

（2）编制海昌公司的 1 月的资产负债表、利润表。

四、案例分析

创业板上市公司欣泰电气为何被暂停上市

丹东欣泰电气股份有限公司（公司简称：欣泰电气，证券代码：300372），在 2016 年 9 月 2 日接到深圳证券交易所《关于丹东欣泰电气股份有限公司股票暂停上市的决定》。深圳证券交易所决定，欣泰电气股票自 2016 年 9 月 6 日起暂停上市。自 2014 年 1 月 27 日起在深圳证券交易所上市至 2016 年 9 月 6 日起暂停上市，欣泰电气在创业板上市交易的时间不到 3 年。

1. 欣泰电气受到中国证监会处罚的原因

中国证券监督管理委员会（以下简称中国证监会）《行政处罚决定书》〔2016〕84 号给出的原因是（根据

行政处罚决定书整理）：

（1）首次公开发行股票并在创业板上市申请文件中相关财务数据存在虚假记载。

2011年11月，欣泰电气向中国证监会提交首次公开发行股票并在创业板上市（以下简称IPO）申请，2012年7月3日，通过创业板发行审核委员会审核。2014年1月3日，欣泰电气取得中国证监会《关于核准丹东欣泰电气股份有限公司首次公开发行股票并在创业板上市的批复》。

为达到发行上市目的，解决欣泰电气应收账款余额过大的问题，欣泰电气总会计师向公司董事长、实际控制人建议在会计期末以外部借款减少应收账款，并于下期期初再还款冲回。两人商议后，公司董事长同意并与总会计师确定主要以银行汇票背书转让形式进行冲减。2011年12月至2013年6月，欣泰电气通过外部借款、使用自有资金或伪造银行单据的方式虚构应收账款的收回，在年末、半年末等会计期末冲减应收款项（大部分在下一会计期期初冲回），致使其在向中国证监会报送的IPO申请文件中相关财务数据存在虚假记载。其中，截至2011年12月31日，虚减应收账款10 156万元，少计提坏账准备659万元；虚增经营活动产生的现金流净额10 156万元。截至2012年12月31日，虚减应收账款12 062万元，虚减其他应收款3 384万元，少计提坏账准备726万元；虚增经营活动产生的现金流净额5 290万元。截至2013年6月30日，虚减应收账款15 840万元，虚减其他应收款5 324万元，少计提坏账准备313万元；虚增应付账款2 421万元；虚减预付账款500万元；虚增货币资金21 232万元，虚增经营活动产生的现金流净额8 638万元。

欣泰电气将包含虚假财务数据的IPO申请文件报送中国证监会并获得中国证监会核准的行为，违反了《证券法》（2020年3月1日前施行的原《证券法》，下同）第十三条关于公开发行新股应当符合的条件中"最近三年财务会计文件无虚假记载，无其他重大违法行为"和第二十条第一款"发行人向国务院证券监督管理机构或者国务院授权的部门报送的证券发行申请文件，必须真实、准确、完整"的规定，构成《证券法》第一百八十九条所述"发行人不符合发行条件，以欺骗手段骗取发行核准"的行为。

（2）上市后披露的定期报告中存在虚假记载和重大遗漏。

首先是《2013年年度报告》《2014年半年度报告》和《2014年年度报告》中存在虚假记载。2013年12月至2014年12月，欣泰电气在上市后继续通过外部借款或者伪造银行单据的方式虚构应收账款的收回，在年末、半年末等会计期末冲减应收款项（大部分在下一会计期期初冲回），导致其披露的相关年度和半年度报告财务数据存在虚假记载。其中，《2013年年度报告》虚减应收账款19 940万元，虚减其他应收款6 224万元，少计提坏账准备1 240万元；虚增应付账款1 521万元；虚增货币资金20 632万元；虚增经营活动产生的现金流净额12 238万元。《2014年半年度报告》虚减应收账款9 974万元，虚减其他应收款6 994万元，少计提坏账准备272万元；虚增应付账款1 521万元；虚减其他应付款770万元；虚增货币资金14 767万元；虚减经营活动产生的现金流净额9 965万元。《2014年年度报告》虚减应收账款7 262万元，虚减其他应收款7 478万元，少计提坏账准备363万元，虚减经营活动产生的现金流净额12 944万元。

其次是《2014年年度报告》中存在重大遗漏（略）。

欣泰电气披露的2013年年度报告、2014年半年度报告、2014年年度报告存在虚假记载及2014年年度报告存在重大遗漏的行为，违反了《证券法》第六十三条有关"发行人、上市公司依法披露的信息，必须真实、准确、完整，不得有虚假记载、误导性陈述或者重大遗漏"的规定，构成《证券法》第一百九十三条所述"发行人、上市公司或者其他信息披露义务人未按照规定披露信息，或者披露的信息有虚假记载、误导性陈述或者重大遗漏"的行为。

2. 财务报表(简表)

欣泰电气的合并资产负债表(简)如表9-8所示,合并利润表(简),如表9-9所示。

表9-8 　　　　　　　　　　　合并资产负债表(简)

编制单位:丹东欣泰电气股份有限公司 　　　　　　　　　　　　　　　　单位:人民币千元

项目	2013/9/30	2012/12/31	2013/12/31	2014/12/31	2015/1/1	2015/12/31
货币资金	200 126	202 445	224 403	277 184	277 184	177 786
应收票据	4 207	8 443	10 480	9 446	9 446	40 643
应收账款	232 428	168 834	207 819	390 049	439 068	494 458
预付款项	46 473	54 887	51 820	84 093	67 586	61 001
应收利息						
其他应收款	8 871	6 346	6 916	14 754	83 242	62 079
存货	80 409	75 259	72 643	79 571	79 571	118 713
其他流动资产						626
流动资产合计	572 514	516 215	574 082	855 097	956 098	955 306
持有至到期投资						26 213
长期股权投资						25 521
投资性房地产						
固定资产	121 849	133 402	129 440	125 864	125 864	127 620
在建工程	16 085	14 784	16 504	29 394	29 394	10 000
工程物资						
固定资产清理						
生产性生物资产						
无形资产			28 983	28 615	28 615	36 951
开发支出	29 179	29 769				
商誉						
长期待摊费用				543	543	483
递延所得税资产	2 145	1 696	2 079	3 879	8 364	12 769
其他非流动资产						
非流动资产合计	169 258	179 651	177 005	188 295	192 780	239 557
资产总计	741 772	695 866	751 088	1 043 392	1 148 877	1 194 864
短期借款	130 000	60 000	80 000	186 900	186 900	230 000
应付票据	32 070	52 000	43 471	93 462	93 462	185 434
应付账款	57 240	74 498	62 148	73 018	86 035	89 963
预收款项	30 383	28 279	31 018	5 998	5 998	22 736

（续表）

项目	2013/9/30	2012/12/31	2013/12/31	2014/12/31	2015/1/1	2015/12/31
应付职工薪酬	171	497	728	1 189	1 189	1 249
应交税费	4 418	9 334	12 799	7 085	7 085	2 878
应付股利						
其他应付款	3 550	4 662	3 113	3 221	121 102	3 785
一年内到期的非流动负债	44 000		44 000			
其他流动负债						
流动负债合计	301 831	229 271	277 278	370 873	501 770	536 045
长期借款	50 000	109 000	50 000			
长期应付款						
专项应付款						
递延收益				0	15 256	16 551
递延所得税负债						
其他非流动负债	13 583	14 490	17 780	15 256	0	
非流动负债合计	63 583	123 490	67 780	15 256	15 256	16 551
负债合计	365 414	352 761	345 958	386 130	517 027	552 596
股本	70 000	70 000	70 000	85 779	85 779	171 557
资本公积	1 976	1 976	1 976	206 197	155 041	206 198
其他综合收益						1 670
盈余公积	27 387	27 387	33 695	38 260	35 719	36 601
未分配利润	276 996	243 742	300 359	327 027	304 156	265 389
归属于母公司所有者权益合计	376 358	343 105	406 030	657 263	631 851	630 258
少数股东权益				0	12 009	
所有者权益合计	376 358	343 105	406 030	657 263	631 851	642 267
负债和所有者权益总计	741 772	695 866	751 088	1 043 392	1 148 877	1 194 864

表 9-9　　　　　　　　　　　　　合并利润表（简）

编制单位：丹东欣泰电气股份有限公司　　　　　　　　　　　　　　　单位：人民币千元

项目	2013 年 1～9 月	2012 年	2013 年	2014 年	2015 年 上年金额	2015 年
一、营业总收入	301 991	461 546	473 468	419 011	419 011	372 312
其中：营业收入	301 991	461 546	473 468	419 011	419 011	372 312
二、营业总成本	271 334	405 341	414 340	380 566	384 197	380 634

（续表）

项目	2013 年 1~9 月	2012 年	2013 年	2014 年	2015 年 上年金额	2015 年
其中：营业成本	217 139	332 399	342 062	294 336	294 336	272 109
税金及附加	1 613	2 934	2 880	2 525	2 525	1 131
销售费用	13 441	19 514	18 296	21 534	21 534	19 836
管理费用	25 643	32 806	33 781	38 012	38 012	44 786
财务费用	10 507	15 575	14 821	12 174	12 174	12 041
资产减值损失	2 991	2 113	2 501	11 985	15 616	30 731
加：公允价值变动收益（损失以"—"号填列）						
投资收益（损失以"—"号填列）						—225
其中：对联营企业和合营企业的投资收益						—453
汇兑收益（损失以"—"号填列）						
三、营业利润（亏损以"—"号填列）	30 657	56 205	59 127	38 445	34 814	—8 547
加：营业外收入	6 781	14 189	12 250	11 091	11 091	13 870
减：营业外支出		22				694
其中：非流动资产处置损失		22				
四、利润总额（亏损总额以"—"号填列）	37 438	70 372	71 377	49 536	45 906	4 629
减：所得税费用	4 185	8 352	8 452	5 437	4 892	—1 049
五、净利润（净亏损以"—"号填列）	33 254	62 020	62 925	44 100	41 014	5 678
归属于母公司所有者的净利润	33 254	62 020	62 925	44 100	41 014	5 862
少数股东损益						—184
六、其他综合收益税后净额						1 670
七、综合收益总额	33 254	62 020	62 925	44 100	41 014	7 348
归属于母公司所有者的综合收益总额	33 254	62 020	62 925	44 100	41 014	7 532
归属于少数股东的综合收益总额						—184
八、每股收益：						
（一）基本每股收益（元）	0.475 1	0.886	0.898 9	0.514 1	0.239 1	0.034 2
（二）稀释每股收益（元）	0.475 1	0.886	0.898 9	0.514 1	0.239 1	0.034 2

分析与讨论：

（1）阅读欣泰电气历年财务报表数据，计算应收账款在资产负债表中的占比，分析欣泰电气要在年末、半年末等会计期末调减应收账款的原因。

（2）欣泰电气在年末、半年末等会计期末冲减应收款项（大部分在下一会计期期初冲回）的会计处理方法为什么导致了财务数据虚假？欣泰电气为什么选择在年末、半年末等会计期末冲减应收款项（大部分在下一会计期期初冲回）？

（3）欣泰电气在年末、半年末等会计期末冲减应收款项（大部分在下一会计期期初冲回）的会计处理方法，会对哪些财务报表及其项目产生财务数据虚假记载的影响？

延伸分析：

（1）欣泰电气首次公开发行股票并在创业板上市申请文件中相关财务数据存在虚假记载、上市后披露的定期报告中存在虚假记载，主要责任人是谁？应该受到怎样的处罚？

（2）欣泰电气被停牌后，受害者是众多的投资者，应该如何保护投资者的权益？

（3）作为会计师，应该具备哪些技能与素质？

第十章 会计规范

一、概要解析

(一) 会计规范

规范,是指约定俗成或明文规定的标准。将规范引申到会计领域,即会计规范。会计规范包含三层含义:第一,是指导和制约会计工作的依据,即确定会计行为的标准。第二,是对会计工作进行评价的依据,即会计工作评价的标准。第三,是引导会计工作往特定方向发展的一种约束力和牵引力,即使会计规范发挥作用的行为机制。在这三层含义中,确定会计行为标准是会计规范最核心、最基本的内容,并在此基础上派生出事后会计工作评价标准,而第三层含义是保障会计人员能自觉遵守会计规范的必要条件。

会计规范具有公认性、倾向性、层次性、相对统一性和相对稳定性等规范的共性特征。会计规范作为一种标准,它解决如何进行会计工作,并为评价会计工作提供客观依据;作为一种机制,它是保障和促进会计活动达到预期目的的一种制约力量。

(二) 会计原则

会计原则这个概念首先出现于西方国家的会计文献,至今尚未形成统一或严格的定义。通常认为,原则既能反映特定领域或学科的内在规律或基本原理,又能作为指导人们行动的规范或活动规则。会计原则既包含会计实务或会计工作的具体指导规范或规则,又包含对会计实践活动的普遍经验的总结和对会计基本原理的概括。会计原则主要反映会计活动内在规律或长期经验的一些原理性规范要求,是对会计实务中较普遍适用的一些基本指导思想的概括,如收入实现原则、配比原则等;会计原则也是对会计实务提出的处理原则,或者规定的会计基本程序与方法。对于会计原则的认识是逐步形成与发展的。早期人们将会计原则、会计实务、会计惯例概念的混同使用,把它们都作为缩小多样化的会计处理方法而采取的一定限制或规范,并将那些具有代表性或较为通用流行的会计实务视为会计惯例加以肯定,在此基础上形成了会计原则的早期概念。随着人们对会计活动内在规律性认识的深化,逐渐归纳与运用会计活动的基本经验,指导规范日常会计实务,使会计原则逐步具有高于会计实务或会计惯例的特征或性质,成为广泛性的一般规定或指导思想。尽管会计原则源于会计实务、会计惯例,但由于体现了会计活动的规律性,是对会计原理的概括反映,又属于会计理论的范畴。因此,从会计原则形成的历史与产生的作用看,会计原则是连接会计理论与会计实务之间的纽带和桥梁。

(三) 会计准则

会计准则是会计规范范畴的一个基本概念。准则是规定的准绳或法式、标准,会计准则就是对会计工作或会计实务处理的标准。会计准则产生的动因在于,企业的所有权与经营权的分离以及各类会计信息使用者对会计信息不同需求下会计信息的社会化与标准化要求。尽管社会经济环境存在着差异,但在客观上都有必要对会计实务中应当采用的会计方法、程序作出规定。会计准则既包括可指导会计工作的概念框架和原则性规定,又包括可据以操作的具体核算程序与核算方法的规定。会计准则可以由政府主管会计工作的机关制定(如中国、日本、法国等),也可以由民间的权威会计组织制定(如美国、英国等),还可以由国际性的组织制定(如国际会计准则理事会等)。作为一种规范,会计准则应当形成书面文件,公布于众。会计准则一般分为企业会计准则、政府会计准则等类别。

(四) 会计惯例

惯例的一般解释是习惯做法,会计惯例也就是会计实务中的一些习惯做法。在某个国家或地区,大多数企业自愿采用的规则与程序,是区域性的惯例。如果把范围扩大到全世界,大多数国家都习惯采用的规则与程序,就成了国际惯例。会计惯例是在长期的会计实践中形成,与一定的政治、经济、法律环境相适应并随环境的变化而变化。会计惯例遍及整个会计系统,涉及会计确认、计量、记录和报告的各个方面。一方面会计惯例被抽象为会计理论,另一方面又受会计理论研究的影响。例如,会计根据资产取得日的原始交易价格入账的习惯做法形成了历史成本原则,而在历史成本原则的制约下又产生了资产计价的许多方法。会计惯例始终经历着一个汰旧立新的过程。例如,在簿记方面,单式簿记已为复式簿记所取代;在会计确认方面,收付实现制已基本上转变为权责发生制;在会计计量方面,历史成本计量模式正在受公允价值计量模式的冲击。会计惯例的汰旧立新,是从自发的、分散的渐进演变过程,进入人为的、有组织的、选优废劣的过程。会计准则就是经过人为筛选的会计惯例,或者说是人为制定的标准会计惯例。

(五) 会计制度

会计制度一般是指对会计核算应当设置的会计科目以及对所发生的交易或事项如何进行记账,对会计报表的内容、形式和编制程序等作出规定的会计核算规范。会计制度是与会计准则平行而又相互交叉的一个有关会计核算规范的概念。在我国,两者属于同一层次的法规,具有同等的法律效力,其基本目标都是对会计核算作出规定。两者的差别在于会计制度着重于解决会计要素如何进行记录和报告的问题,而会计准则着重于解决会计要素如何进行确认和计量以及会计主体应当披露哪些方面的信息的问题;会计制度所作出的规定内容比较具体,可操作性较强但适用性较差,而会计准则所作出的规定内容比较原则,可操作性较弱但适用性较强;会计制度的执行对会计人员的素质要求不高,而会计准则的执行,要求会计人员具有较高的职业判断能力。我国在施行企业会计准则之前,与计划经济管理体制相适应,企业执行的一直是部门会计制度。随着经济体制的改革,在 20 世纪 80 年代后期,我国开始探索并着手制定企业会计准则,1992 年 11 月财政部颁布了《企业会计准则(基本准则)》,随后陆续制定发布了有关的具体会计准则,试图通过建立完整的会计准则体系来替代原来的会计制度。但由于会计准则体系的建立与完善需要有一个过程,在国家实施《企业会计准则(基本准则)》的同时颁布了分行业的企业会计制度,作为企业会计准则体系尚未建立与完善之前的过渡。当时我国对于外商投资企业、股份制企业制定有专门的会计制度,为此,事实上形成了不同行业、不同所有制的企业实行不同的会计制度的局面。这一局面不利于我国企业之间会计信息的可比性,也不适应我国加入世界贸易组织(WTO)的经济环境,于是在 2000 年 12 月财政部发布《企业会计制度》,取代分所有制、分行业的会计制度,我国形成了企业会计制度与会计准则并存的格局。在我国经济全面融入全球经济,资本市场全球化、经贸活动国际化的背景下,我国加速了会计准则的制定工作,于 2006 年 2 月颁布了由基本准则与具体准则构成的较为完整的企业会计准则体系。随着这一企业会计准则体系的逐步实施,《企业会计制度》逐步退出了我国企业会计核算的历史舞台。

(六) 会计职业道德规范

会计职业道德规范是由会计人员在共同的职业兴趣、爱好、习惯、心理基础上形成的思想和行为准则,包括会计职业理想、会计职业责任、会计职业技能、会计职业纪律、会计职业态度和会计职业作风。会计工作能否提供真实完整的会计信息,能否对发生的经济活动和相关会计核算的真实性、完整性、合法性和合理性进行监督,在很大程度上取决于会计人员在会计工作中是否遵守会计职业道德规范,按会计法律和会计准则的要求进行。会计职业道德规范贯穿于会计工作的所有领域和整个过程,作用的发挥取决于人们内心的观念、惯例、传统、社会教育以及舆论的压力。早期的会计职业道德规范是自发的、不成文的,是以传统或习惯的方式发挥作用的。随着会计工作的特殊性以及会计提供信息所具有的公共性与经济后果特征的被认识,为了维护和提高会计职业的声誉和威望,逐渐出现了成文的会计职业道德规范,并运用一些强制性手段(如取消会计执业资格等手段)来要求会计人员遵守这些职业道德规范。我国历来十分重视会计职业道德规范的建设工作,《会计法》明确要求会计人员应当遵守职业道德,专门制定的《会计人员职业道德规范》,提出"三坚三守",强调会计人员"坚"和"守"的职业特性和价值追求,要求会计人员"坚持诚信、守法奉公""坚持准则、守责敬业""坚持学习、守正创新"。对于注册会计师,制定了《中国注册会计师职业道德守则》,规定了注册会计师应当遵循的诚信、客观公正、独立性、专业胜任能力和勤勉尽责、保密、良好职业行为六个方面的职业道德基本原则。

二、背景资料

(一) 会计准则的性质

关于会计准则的性质,一直是会计界关注的一个重要问题,基于不同的视角而存在着不同的认识,有技术规范观、经济后果观与公共合约观等不同的观点。

1. 技术规范观

技术规范观把会计准则视为实现财务报告目标而设定的一种技术手段。20 世纪三四十年代,在批评当时放任的会计实务时,有学者认为会计实务泛滥的原因在于缺乏有效的约束,因此,要建立一套规范或标准来约束实务。例如,著名会计学家利特尔顿(Littleton)与佩顿(Paton)在 1940 年提出会计准(原)则应"有序、系统、内在一致,应能与可观察的客观现实相吻合;它们应是不受个人所左右的,无偏见的"。显然,当时人们在潜意识中以自然科学的眼光看待会计与会计准则。如果把会计看成是类似于物理、化学那样的一门科学,或类似于工程学那样的一门技术方法,那么,对会计实务进行规范的会计准则就如同工艺技术规程那样,是纯客观的技术规范了。并且,作为技术规范,它应当在国家之间、行业之间以及不同组织形式的企业之间均能适用,即放之四海而皆准。

2. 经济后果观

如果仅将会计系统作为处理、存储与传递数据或信息的工具,而不去考虑不同的数据与信息可能的后果,那么将约束会计系统生成信息的行为规范的会计准则作为一种纯粹的技术手段,是无可非议的。但事实上,会计信息并不是抽象的数字,这些数字代表着一定的经济意义,不同的数字将会产生不同的影响。在现实生活中,会计信息是多种合约得以履行的基础。例如,债务合约签订前,债权人需要了解债务人的财务状况与经营业绩,评价其盈利能力,进而评价其还款能力,这主要依赖于债务人的财务报表来获取相关信息;而在签约时,合约中会加入以会计信息为基础的对债务人财务指标的约束要求;在签约后,债权人要依赖债务人的财务报表来监督债务合约的履行。再如,经营者的薪酬计划中必然有对财务指标的约束,从而既影响经营者的经济利益,也影响股东的经济利益。在资本市场上,会计信息还会影响股票的涨跌,进而影响投资者的投资收益,也影响企业的融资成本。

显然,会计信息是根据会计准则生成与提供的,不同的准则规定会使会计信息内容大相径庭,从而对各利益关系人的利益分配格局产生影响,使一部分人受益,而使另一部分人受损,会计准则具有经济后果。在对会计准则研究最为深入、会计准则制定已较为完善的美国,围绕会计准则的制定而展开的各种强大的院外游说活动,以及国会或政府对较为独立的会计准则制定机构施加的压力,甚至对会计准则的否决,就是会计准则具有经济后果的明证。会计准则的经济后果观扬弃了技术规范观,因为若是纯粹的技术规范,得出的结果具有自然科学般的唯一性,那么,就没有必要展开院外游说活动了。会计介于科学与艺术之间,会计师在一定程度上充当着艺术家的角色。由于会计准则具有经济后果,所以它的制定过程必然为各利益集团所关注和参与,从而使得会计准则的制定类似于国家的其他法规、政策的制定那样,成为一个政治过程,这就是有学者认为的会计准则的政治过程观。这样,最终颁布施行的会计准则既要遵循会计本身的基本原则,又要考虑经济后果,出台的会计准则必然是各方力量争论与妥协的结果。关于会计准则经济后果观与政治过程观有两个典型的实例,对这两个实例的了解可以加深对会计准则的性质认识。

(1) 投资贷项的会计处理。所谓投资贷项,是指企业在进行固定资产投资时,政府给予企业按投资额的一定比例减免所得税。这是美国国会为了刺激当时处于低谷的经济,增强美国企业在国际市场上的竞争力而采取的一项政策措施。对于企业所取得的投资贷项的会计处理,依据权责发生制应将其予以递延,在该固定资产的使用寿命内摊销较为合理。另一种方法是在获得投资贷项时全部计入当年损益。显然,这两种方法对经济的刺激程度不一样,具有不同的经济后果。后者使政府的投资贷项这一减税政策能更直接地体现于企业财务报表上,更能刺激企业的投资需求,从而更有利于政府政策意图的实现。1962 年,美国的会计准则制定机构"会计原则委员会(APB)"发布了第 2 号意见书(即会计准则),要求企业采用"递延法"处理投资贷项。这引起了国会的强烈反应,国会通过会计原则委员会的授权者即美国"证券交易委员会(SEC)"向其施加压力,迫使会计原则委员会发布第 4 号意见书,允许企业在"递延法"与"全部计入当年损益法"之间进行选择。

(2) 废井成本的会计处理。石油、天然气公司打出废井是其经营过程中必然或者经常发生的,对于打这口井所发生的成本支出的会计处理,依据权责发生制和配比原则等,理应将之全部计入当年损益,因为该项废井成本不会为将来的收入作出贡献了。另一种方法是采用"递延法"将之递延。1973 年替代会计原则委员会来制定会计准则的"财务会计准则委员会(FASB)"在 1977 年制定了第 19 号财务会计准则,是关于石油、天然气生产公司的会计处理和财务报表,其中要求对废井成本计入当期损益。显然,这会使得一些早期经常打出废井的中小型企业的财务报表不够"美观",从而影响到其在资本市场上的融资。为此,石油、天然气行业的中小企业家们展开了院外游说活动,借助于国会的力量,使美国证券交易委员会否决上述准则,迫使财务会计准则委员会允许从"全部计入当年损益法"与"递延法"之间进行选择。

3. 公共合约观

在发达的资本市场与充满竞争的经营者市场、产品市场、劳动力市场以及较为完善的会计监管环境下,会计信息系统可以被视为解决或缓解经管责任的建立、运行与解除过程中的委托人与受托人之间信息不对称状况,降低交易成本的一个社会装置。从而,会计为资源委托人与受托人等进行经管责任关系的运行提供信息基础,影响着有关各方的经济利益,会计信息的质量就备受各方关注。在实际工作中,对这一问题的解决是通过对会计信息的生产、传递规则(即会计规则)制定权的制度安排来实现的。公共合约观将会计规则分为一般通用的会计规则和剩余的会计规则,前者是指参与会计规则制定的各方给予关注并能够作出适当规定的会计事项处理规则;后者是指一般通用的会计规则中未作出规定的会计事项的会计处理规则以及对一般通用的会计规则中具有较大的选择空间的会计事项处理规则的选择权。这样,会计规则制定权相应地被分为一般通用会计规则的制定权与剩余会计规则的制定权两部分。公共合约观所要解决的是企业会计规则制定权该如何进行合约安排,才是最有效率的问题。

　　首先,把分析的范围限定在一个企业之内。假定这个企业是由股东、债权人、经营者和一般员工四方组成,这四方签订了一组合约,这组合约的联结点就是企业。其中,股东与经营者共享企业剩余,考虑到经营才能这一人力资本的稀缺性不亚于非人力资本的稀缺性等,为此他们共享会计规则制定权。企业是承担有限责任的,所以,债权人必须面对股东和经营者共谋串通吞噬债权资本的风险,如通过会计规则的变更将企业资本尽可能快地转化为剩余并分配掉。为此,债权人必然要求参与会计规则的制定,并力图使会计计量出最稳健的资产价值与剩余额;同时,债权人为了监护其投入资本的安全,还需要更多地利用会计信息来监测企业的生产经营状况,尤其是现金流动能力、财务状况和经营业绩,这也要求债权人必须参与会计规则的制定。若再考虑到企业剩余索取权的状态依存性以及一般员工依据自己所获报酬的公平合理程度来调整自己的工作努力程度等,一般员工一方也有理由加入会计规则制定的行列。这样,在现代企业制度下,至少股东、经营者、债权人和一般员工均有参与会计规则制定的意愿。

　　其次,扩大分析的范围,把政府引入上述的分析。政府扮演着宏观经济调控者的角色,他和企业的关系也可以被视为一种合约。实质上,政府也是企业剩余的一个重要分享者,而且它的分享比例是单个企业所不容谈判的,由税法予以明确规定。尽管有许多国家实行应税收益与会计收益的分离,但另立一套计算应税收益的资料,其成本是高昂的,所以,实务中是以计算会计收益的有关资料为基础,根据所得税法调整计算而得到应税收益。因此,政府势必也要参与会计规则的制定。政府参与会计规则的制定还有另一重要原因,那就是迫于消费者结成的政治集团的压力对自然垄断行业的企业进行价格管制的需要以及对在国际市场竞争中处于劣势地位的某些行业实施关税及非关税的贸易保护政策等。显然,会计规则的制定涉及股东、经营者、债权人、一般员工和政府五方的利益,五方均要参与会计规则的制定。

　　再次,再扩大分析的范围,把市场引入上述的分析。在充满竞争的资本市场、经营者市场、产品及服务市场和员工市场上,存在着众多企业,每个企业合约涉及众多的股东、经营者、债权人和一般员工。这时,股东、债权人以及政府就变成了外部人,而经营者和一般员工则是内部人。有关企业经营状况以及其他方面的信息在外部人与内部人、外部人与外部人、内部人与内部人之间的分布显然不对称,会计作为唯一较为完善的经济信息系统,对缓解这种不对称状态有着不可替代的作用。在这个意义上,会计也就成了外部人控制经营者、经营者控制企业经营及一般员工生产的重要工具。在这里凸显出会计规则的重要性。但是,众多的企业、股东、经营者、债权人、一般员工以及政府之间通过商议来达成关于会计规则的一致意见,其交易成本之高是不言而喻的。可行的解决方法是,在这些不同类别的群体中,将会计规则的制定权授予他们之中的某一类或某几类以提高效率,降低交易成本,这是一项合约安排。这一合约安排直接或间接地涉及每一方的利益,要通过民主决策规则与程序来实现,由此该项合约安排就具有了公共合约的特性。

为提高效率并降低交易成本,会计规则制定权应该授予经营者或政府,而不是其他三方。因为经营者的数量相对较少,容易达成一致,协调的交易成本相对较低;政府因其强制优势也可以提高效率并降低交易成本,甚至比经营者在这方面更有优势。但是,政府制定的会计规则不可能事无巨细均规定得很完备,各企业的具体情形不一,千变万化,势必存在剩余的会计规则制定权,这一制定权也安排给政府势必是低效率的。因此,授予政府的应是一般通用的会计规则制定权,而剩余的会计规则制定权应授予经营者,因为经营者比政府拥有更多的企业信息,决策速度也远快于政府,能够保证剩余的会计规则制定的及时性,从而效率会高于政府。此外,将剩余会计规则制定权授予经营者,从企业委托代理关系的角度看,经营者对股东、债权人、一般员工等有关利害关系人提供客观财务报告的责任是其经管责任的重要组成部分。但由此也导致一个问题,即经营者还是拥有了较大的会计规则选择空间,且经营者也可能根本就不遵守政府制定的一般通用的会计规则。解决这一问题的办法是就此作出合约安排及引入监督机制,以防止经营者不遵守一般通用的会计规则以及滥用剩余会计规则制定权。这一监督权安排给股东或债权人是不适当的,因为其人数众多使得交易成本会很高,更重要的是股东、债权人以及一般员工们很可能缺乏会计专业知识,从而无法行使该项权利。政府虽然依靠其强制优势能够行使这项权利,但其作为税收征缴者和通用会计规则的制定者,难以保证其监督的独立、客观与公正,其监督的结果难以得到其他利益相关者的认可。交易成本最低即效率最高的安排就是由独立、客观、公正的会计专家来监督审查经营者对剩余会计规则制定权的行使,并将监督结果报告给股东、债权人、一般员工、政府等会计信息的需求者。

会计准则公共合约观的基本思路是,政府享有一般通用的会计规则的制定权,经营者享有剩余的会计规则的制定权,由独立、客观、公正的会计专家来监督经营者对一般通用的会计规则的遵循和对剩余的会计规则制定权的适当行使。这一合约安排的有效性取决于强大有效率的会计职业界、发达的资本市场、充满竞争的经营者市场和产品市场以及劳动力市场等的存在。这样,会计准则就产生了,政府制定的一般通用的会计规则就是通常所称的会计准则,而行使独立监督的会计专家就是通常所称的注册会计师。

(二) 内部控制中的博弈

常言道"魔高一尺,道高一丈"。可以认为,没有舞弊及其演变,就不会有内部控制及其发展。内部控制的产生及其发展过程,就是舞弊和反舞弊双方博弈的过程。

20 世纪 40 年代前,舞弊的主要情况是个人或部门一方可能舞弊;防范舞弊的博弈思路是一方有舞弊的行为,另一方要控制他;博弈的结果是建立内部牵制制度。内部牵制概念最早于 1905 年由英国学者 L·R·迪克西(L·R· Dicksee)提出,他认为,内部牵制由三个要素构成,即职责分工、会计记录和人员轮换。最初,内部牵制基于两个基本设想:一是两个或两个以上的人或部门无意识地犯同样错误的可能性相对较小;二是两个或两个以上的人或部门有意识地合伙舞弊的可能性大大低于单独一个人或部门舞弊的可能性。采取的防止舞弊的措施是不相容职务的分离,即以任何个人或部门都不能单独控制任何一项或一部分业务权力的方式进行组织的职责分工。不相容职务分离,即内部牵制,是内部控制的经典思想,也是内部控制的第一个思想精髓。在现代内部控制理论中,内部牵制仍占有重要地位,成为有关组织机构控制和职务分离控制的最基本措施。

20 世纪 40 年代末,舞弊演变为可能发生的串通舞弊;防范舞弊博弈的思路是针对串通的各方都可能存在的舞弊行为制定更好的制度;博弈的结果是内部控制这一机制得到强化。1949 年,美国注册会计师协会对内部控制首次作出权威性定义,即内部控制包括组织机构的设计和企业内部采取的所有相互协调的方法与措施,以保护企业财产、检查会计信息的准确性、提高经营效率和推动企业坚持执行既定的管理政策和规章制度。

20 世纪 40 年代末至 60 年代,舞弊演变为因管理方面存在问题而可能引起的舞弊行为;防范舞弊博弈的思路是,仅仅进行会计控制尚不够,控制应该系统化;博弈的结果是1958 年美国注册会计师协会将内部控制划分为会计控制和管理控制。随后该协会下属的审计准则委员会发布的《审计准则公告第 1 号》对管理控制和会计控制分别作出了详细的解释。管理控制包括但不限于为贯彻管理方针和提高经营效率及有关事项提供合理保证的组织结构、程序及记录;会计控制是为资产安全、财务记录可靠及有关事项提供合理保证的组织结构、程序及记录。在管理控制中形成分级授权控制成了内部控制的第二个思想精髓。

20 世纪 70 年代末至 90 年代,舞弊演变为由更多内外因素引起的、高层管理者可能出现的舞弊行为;防范舞弊博弈的思路是将控制环境纳入内部控制范畴;博弈的结果是 1990 年美国《审计附则公告第 1 号》首次以"内部控制结构"代替内部管理控制及内部会计控制。内部控制结构是指为了对实现特定公司目标提供合理保证而建立的一系列政策和程序构成的有机整体,包括控制环境、会计系统与控制程序三个部分。美国在 1973—1976 年对水门事件进行调查时,立法机关与行政机关开始注意内部控制问题。水门事件专案监察官办公室及美国证券交易委员的调查显示,过去不少美国大公司进行了违法的国内捐款、可疑或违法的国外支付(包括贿赂外国政府官员),由此正式将控制环境纳入内部控制范畴。其基本思想是认为控制环境是由企业全体职工(主要是企业的管理者)所造就的,是充分有效的内部控制体系得以建立和执行的基础及保证。

进入 20 世纪 90 年代后,舞弊演变为集体性的舞弊行为;防范舞弊博弈的思路是采用整体性控制结构;博弈的结果是使内部控制机制趋于完善。1992 年 9 月,AICPA 与美国会计学会(AAA)、财务经理协会(FEI)、国际内部审计师协会(IIA)和管理会计师协会(MAA)共同组成的资助组织委员会(COSO),发布了指导企业内部控制实践的纲领性文件 COSO 研究报告——《企业内部控制——整体框架》,并于 1994 年进行了增补。COSO 委员会认为,企业内部控制是由企业董事会、经理阶层以及其他员工实施的,为财务报表的可靠性、经营活动的效率和效果、相关法律法规的遵循性等目标的实现而提供合理保证的过程。同时,提出了企业内部控制的整体框架概念以及控制环境、风险评估、控制活动、信息与沟通、监控等企业内部控制的五个要素。进入 21 世纪后,随着安然、世通等公司破产及其会计丑闻事件的发生,2002 年美国出台《萨班斯法案》或《SOX 法案》,以加强会计监督、强化信息披露、完善公司治理和防止内幕交易。作为对《萨班斯法案》的响应,美国 COSO 委员会同年在内部控制整体框架概念的基础上,提出了企业风险管理框架的概念,并于 2004 年颁布正式稿,将企业风险管理定义为是一个过程,受企业的董事会、管理层和其他员工的影响,以为实现经营的效率和效果,财务报告的可靠性以及现行法规的遵循提供合理保证。同时,COSO 委员会将企业风险管理框架的构成要素拓展为内部环境、目标设定、事项识别、风险评估、风险应对、控制活动、信息与沟通和监控八个。将内部控制划分为五个要素或八个要素,制定一套严格的监督体系是内部控制最新的思想精髓。

(三) 国内外的会计职业道德规范

关于会计职业道德规范,在国内外均制定有相关的规定,包括对会计人员的职业道德规范与对注册会计师的职业道德规范。

1. 我国对会计人员的职业道德规范

我国十分重视会计职业道德规范的建设,《会计法》第三十八条明确规定"会计人员应当遵守职业道德,提高业务素质,严格遵守国家有关保密规定",并专门制定了《会计人员职业道德规范》,提出了以"坚持诚信、守法奉公""坚持准则、守责敬业""坚持学习、守正创新"为核心表述的职业道德要求。

(1)坚持诚信、守法奉公。要求会计人员牢固树立诚信理念,以诚立身、以信立业,严于律己、心存敬畏。学法知法守法,公私分明、克己奉公,树立良好职业形象,维护会计行业声誉。

(2)坚持准则、守责敬业。要求会计人员严格执行准则制度,保证会计信息真实完整。

勤勉尽责、爱岗敬业,忠于职守、敢于斗争,自觉抵制会计造假行为,维护国家财经纪律和经济秩序。

（3）坚持学习、守正创新。要求会计人员始终秉持专业精神,勤于学习、锐意进取,持续提升会计专业能力。不断适应新形势新要求,与时俱进、开拓创新,努力推动会计事业高质量发展。

2. 我国对注册会计师的职业道德规范

由于注册会计师职业的特殊性,中国注册会计师必须遵守的《中国注册会计师职业道德守则》,对注册会计师的职业道德水平提出了更高的要求。《中国注册会计师职业道德守则》具体包括《第 1 号——职业道德基本原则》《第 2 号——职业道德概念框架》《第 3 号——提供专业服务的具体要求》《第 4 号——审计和审阅业务对独立性的要求》和《第 5 号——其他鉴证业务对独立性的要求》,注册会计师应当遵循诚信、客观公正、独立性、专业胜任能力和勤勉尽责、保密、良好职业行为六项职业道德基本原则。

（1）诚信。注册会计师应当遵循诚信原则,在所有的职业活动中保持正直、诚实守信。诚信是注册会计师行业存在和发展的基石,在职业道德基本原则中居于首要地位。

（2）客观公正。注册会计师应当遵循客观公正原则,公正处事,实事求是,不得由于偏见、利益冲突或他人的不当影响而损害自己的职业判断。

（3）独立性。独立性是鉴证业务的灵魂,注册会计师在执行审计和审阅业务、其他鉴证业务时,应当遵循独立性原则,从实质上和形式上保持独立性,不得因任何利害关系影响其客观公正。

（4）专业胜任能力和勤勉尽责。注册会计师应当遵循专业胜任能力和勤勉尽责原则,获取并保持应有的专业知识和技能,确保为客户提供具有专业水准的服务,并做到勤勉尽责。

（5）保密。注册会计师应当遵循保密原则,对职业活动中获知的涉密信息保密,按规定履行保密义务。

（6）良好职业行为。注册会计师应当遵循良好职业行为原则,爱岗敬业,遵守相关法律法规,避免发生任何可能损害职业声誉的行为。

3. 国外对会计师的职业道德规范

从世界各国来看,都制定了相应的会计师职业道德规范,以昭示会计师应达到的道德水准。

（1）国际会计师联合会制定的职业道德规范。国际会计师联合会为了协调各国或地区间职业道德规范,制定和颁布了《职业会计师道德守则》,具体包括三部分。第一部分适用于所有职业会计师。职业会计师,是指国际会计师联合会的成员组织的会员,不论其是在公共业务（包括个人执业者、合伙所或公司）部门,还是在工业部门、商业部门、政府部门或教育部门工作。适用于所有职业会计师的职业道德规范包括公正性和客观性、道德冲突的解决、专业胜任能力、保密、税务服务、跨国活动、宣传等。第二部分适用于执行公共业务的职业会计师。执行公共业务的职业会计师,是指向客户提供专业服务的合伙人或类似职业人员、执业机构的雇员,不论其专业服务类别(如审计、税务或咨询),以及在执业机构中负有管理职责的职业会计师。适用于执行公共业务的职业会计师的职业道德规范包括鉴证业务的独立性、专业胜任能力以及与利用非会计师有关的责任、收费和佣金、与公共会计师业务不相容的活动、客户的资金、与其他执行公共业务的职业会计师的关系、广告与招揽等。第三部分适用于受雇的职业会计师,适当时也可适用于执行公共业务的职业会计师。受雇的职业会计师,是指受雇于工业、商业、公共或教育部门的职业会计师。适用于受雇的职业会计师的职业道德规范包括忠诚的冲突、对同行的支持、专业胜任能力、信息的表述等。

(2)美国注册会计师协会制定的职业道德规范。美国注册会计师协会专门设立了职业道德部,负责职业道德规范的制定和发布。美国注册会计师协会的职业道德规范由四部分组成。一是职业道德原则,对注册会计师应当具备的品质作出的一般性规定,包括责任、公众利益、正直、客观和独立、应有的谨慎、服务的范围和性质。职业道德原则表明了注册会计师承担的责任,也反映了职业道德的基本信条。这些原则要求,即使牺牲个人利益也要履行职业责任,坚持正确的行为。二是行为规则,美国注册会计师协会的章程要求,会员应当遵守《职业道德守则》中的规则,并对偏离规则的行为作出合理的解释。如果说职业道德原则是注册会计师的理想行为,则行为规则就是注册会计师行为的最低标准,具有强制性。三是行为规则解释,由于经常有会员就某一具体规则提出问题,因而有必要对行为规则作出公开的解释。美国注册会计师协会职业道德部成立了一个主要由执行公共业务的执行人员组成的委员会,由委员会对行为规则作出解释。在解释最终定稿之前,要向职业界征求意见,虽然解释不具有强制性,但会员要在纪律检查听证会上证明背离解释的正当理由。四是道德裁决,是美国注册会计师协会职业道德部执行委员会根据一些具体的情况作出的解释,也是行为规则及其解释在具体情况和案件中的应用。与行为规则解释一样,道德裁决不具有强制性,但要求会员说明任何背离的理由。

三、复习思考题与练习题

复习思考题

1. 什么是会计法律规范?什么是会计职业道德规范?它们之间的关系如何?

2. 我国《会计法》规定的单位负责人、会计人员的基本责任是什么?规定的法律责任有哪些?

3. 根据我国的《注册会计师法》,注册会计师、会计师事务所、注册会计师协会的性质如何?注册会计师的业务范围与工作规则如何?

4. 我国对会计机构设置、会计工作岗位设置有哪些要求?

5. 哪些会计资料属于会计档案的范围? 会计档案保管期满,如何进行销毁? 如何进行电子档案的管理?

6. 内部控制在企业管理中具有何种作用? 内部控制包含的基本要素有哪些? 具体含义是什么?

7. 在我国的企业会计准则体系中,基本会计准则与具体会计准则有哪些区别与联系?

8. 我国关于会计职业道德规范有哪些明文规定? 为什么在法治化的现代社会中仍然需要会计职业道德规范?

练 习 题

一、单项选择题(在每小题的备选答案中,选出一个最合适的答案)

1. 下列各项中,属于在我国会计法律规范体系中层次最高的法律规范是( )。

    A.《会计法》   B.《会计基础工作规范》

    C.《注册会计师法》   D.《企业会计准则》

2. 下列各项中,属于按《会计法》的规定主管全国会计工作的政府部门是( )。

    A. 审计署   B. 财政部

    C. 中国证券监督管理委员会   D. 国务院

3. 国家实行统一的会计制度,国家统一的会计制度由( )根据《会计法》制定并公布。

    A. 国务院   B. 国务院财政部门或国务院其他部门

    C. 国务院财政部门   D. 地方人民政府

4. 根据《会计法》的规定,( )对本单位的会计工作和会计资料的真实性、完整性负责。

    A. 单位负责人   B. 总会计师

    C. 会计机构负责人   D. 会计主管人员

5. 担任单位会计机构负责人或者会计主管人员的,应当具备会计师以上专业技术职务资格或者从事会计工作( )年以上经历。

    A. 4   B. 3

    C. 2   D. 5

6. 下列各项中,不属于会计档案范围的是( )。

    A. 经济合同   B. 会计凭证

    C. 会计账簿   D. 银行对账单

7. 根据规定,企业和其他组织的会计凭证与一般会计账簿的保管期限为( )。

    A. 10 年   B. 20 年

    C. 30 年   D. 永久

8. 我国的企业会计准则体系中,基本准则的作用在于( )。

    A. 统驭具体准则的制定以及对具体准则相关条款的细化和重点难点内容的操作性规定

    B. 统驭具体准则的制定以及对各项经济业务的会计处理原则、程序和方法作出具体规定

    C. 统驭具体准则的制定以及为会计实务中出现的、具体准则尚未规范的新问题提供会计处理导向

    D. 统驭具体准则的制定以及对企业会计准则实施中遇到的问题作出解释与操作规定

9. 我国企业内部控制规范体系是由基本规范与(　　　)所构成。

    A. 应用指引　　　　　　　　　　　　　　B. 配套指引

    C. 评价指引　　　　　　　　　　　　　　D. 审计指引

10. 会计职业道德规范主要受(　　　)方面因素的影响。

    A. 社会道德文化传统　　　　　　　　　　B. 会计职业特性

    C. 社会道德文化传统与会计职业特性　　　D. 会计技术发展

二、多项选择题(在每小题的备选答案中,选出所有合适的答案)

1. 下列各项中,属于我国会计法律规范体系组成部分的有(　　　)。

    A. 会计法律　　　　　　　　　　　　　　B. 会计行政法规

    C. 会计部门规章　　　　　　　　　　　　D. 企业或单位会计制度

    E. 地方性会计法规

2. 下列各项中,属于我国会计法律的有(　　　)。

    A.《总会计师条例》　　　　　　　　　　B.《会计法》

    C.《企业财务会计报告条例》　　　　　　D.《注册会计师法》

    E.《会计基础工作规范》

3. 下列各项中,属于我国《会计法》规定的各单位进行会计核算禁止的行为有(　　　)。

    A. 随意改变资产、负债、净资产(所有者权益)的确认标准或者计量方法,虚列、多列、不列或者少列资产、负债、净资产(所有者权益)

    B. 虚列或者隐瞒收入,推迟或者提前确认收入

    C. 随意改变费用、成本的确认标准或者计量方法,虚列、多列、不列或者少列费用、成本

    D. 随意调整利润的计算、分配方法,编造虚假利润或者隐瞒利润

    E. 违反国家统一的会计制度规定的其他行为

4. 会计人员从事会计工作,应当符合的要求有(　　　)。

    A. 具有本科学历

    B. 遵守《会计法》和国家统一的会计制度等法律法规

    C. 具备良好的职业道德

    D. 按照国家有关规定参加继续教育

    E. 具备从事会计工作所需要的专业能力

5. 下列各项中,属于我国会计人员职称的有(　　　)。

    A. 会计员　　　　　　　　　　　　　　　B. 助理会计师

    C. 会计师　　　　　　　　　　　　　　　D. 高级会计师

    E. 正高级会计师

6. 下列各项中,属于按规定企业或单位应进行归档的会计资料有(　　　)。

    A. 会计预测、计划与分析资料　　　　　　B. 会计凭证

    C. 会计账簿　　　　　　　　　　　　　　D. 财务会计报告

    E. 其他会计资料

7. 下列各项中,属于我国企业会计准则体系中具体准则包括的内容有(　　　)。

A. 财务会计报告的基本规范

B. 规范各类企业共同性业务会计确认、计量和披露的准则

C. 规范各类企业特殊业务会计确认、计量和披露的准则

D. 规范特定行业特殊业务的会计确认、计量和披露的准则

E. 规范财务报告的准则

8. 下列各项中,属于建立与实施内部控制应遵循的原则有( )。

A. 全面性 B. 重要性

C. 制衡性 D. 适应性

E. 成本效益

9. 下列各项中,属于企业内部控制的环境内容有( )。

A. 治理结构、机构设置及权责分配 B. 内部审计

C. 人力资源政策 D. 反舞弊机制

E. 企业文化

10. 下列各项中,属于我国《会计人员职业道德规范》提出的职业道德规范基本内容的有( )。

A. 坚持独立,创新有为 B. 坚持诚信,守法奉公

C. 坚持准则,守责敬业 D. 坚持学习,守正创新

E. 坚持保密,勤勉尽责

三、判断题(认为正确的在题目前面括号内打"√",认为错误的在题目前面括号内打"×")

1. ( )会计规范可以分为会计法律规范、会计职业道德规范两类,都需要以法律力量保证施行。

2. ( )国务院财政部门主管全国的会计工作,县级以上地方各级人民政府财政部门管理本行政区域内的会计工作。

3. ( )各单位的会计机构、会计人员对违反本法和国家统一的会计制度规定的会计事项,有权拒绝办理或者按照职权予以纠正。

4. ( )单位、直接负责的主管人员和其他直接责任人员、会计人员以及财政部门等国家工作人员,违反《会计法》应承担行政、民事和刑事三种法律责任。

5. ( )任何企业或单位均应设置会计机构与配备专职会计人员。

6. ( )根据规定,会计人员从事会计工作,应当符合的要求是:遵守《会计法》和国家统一的会计制度等法律法规;具备良好的职业道德;按照国家有关规定参加继续教育;具备从事会计工作所需要的专业能力。

7. ( )会计档案是指企业或单位在进行会计核算等过程中接收或形成的,记录和反映企业或单位经济业务事项的,具有保存价值的文字、图表等各种形式的纸质会计资料。

8. ( )各种会计档案的保管期限,根据其特点分为定期与永久两类,其中,定期保管期限又分为10年与30年两种。

9. ( )企业或单位销毁会计档案时,应由档案管理部门、会计部门和审计部门共同派员监销。

10. ( )保管期满但未结清的债权、债务会计凭证和涉及其他未了事项的会计凭证,不得销毁。

11. ( )我国企业会计准则体系中的基本准则规范了会计确认、计量和报告等一般要求,但不能为会计实务中出现的、具体准则尚未规范的新问题提供会计处理依据。

12. （　　）会计准则主要是对会计信息生成与披露的原则、程序、方法以及质量的约束规范,均是一些刚性规定,不存在选择空间。

13. （　　）内部环境是企业或单位实施内部控制的基础,包括治理结构、机构设置及权责分配、人力资源政策、企业或单位文化等内容。鉴于审计的独立性,内部环境不包括内部审计。

14. （　　）不相容职务分离控制,要求企业全面、系统地分析、梳理业务流程中所涉及的不相容职务,实施相应的分离措施,形成各司其职、各负其责、相互制约的工作机制。

15. （　　）在当今的法治社会中,仍然需要会计职业道德规范的重要原因是,会计的法律规范通常只限定会计行为应遵守的下限,而会计职业道德规范却能从信念、品行、能力等更为本质和更深的层次来影响并提高会计行为水准。

四、案例分析

（一）应由谁来承担责任

ABC 公司是一家国有控股大型企业。200×年1月,公司总经理针对公司上一年度效益下滑、出现亏损,可能影响公司即将进行的再融资事宜的情况电话请示正在外地出差的董事长。董事长指示对上一年度的财务报表数据进行调整,做得亮丽一些。总经理把这项工作交给公司总会计师,要求按董事长指示办。总会计师按公司领导意图,对上一年度的财务报表进行了技术处理,对于尚未交货但已预收款项的业务确认为收入,对于已发生但款项尚未支付的费用不确认为费用,同时虚拟了若干笔无交易的销售收入,从而使公司财务报表中的利润数据由亏变盈。经 DEF 会计师事务所审计后,出具了无保留意见的审计报告,公司财务报表对外报出。当年4月,在《会计法》执行情况检查中,当地财政部门发现该公司存在重大会计违法违规行为,依据《会计法》及相关法律、法规,拟对该公司董事长、总经理、总会计师等相关人员进行行政处罚,并分别下达了行政处罚告知书。ABC 公司相关人员接到行政处罚告知书后,均要求举行听证会。在听证会上,有关当事人作了如下陈述:

公司董事长称:"我前一段时间出差在外,对公司情况不太了解,虽然在财务报表上签名并盖章,但只是履行手续,我不能负任何责任。具体情况可由公司总经理予以说明。"

公司总经理称:"我是搞技术出身的,主要抓公司的生产经营,对会计我是门外汉,我虽在财务报表上签名并盖章,那也只是履行程序而已。以前也是这样做的,我不应承担责任。有关财务报表情况应由公司总会计师解释。"

公司总会计师称:"公司对外报出的财务报表是经过 DEF 会计师事务所审计的,他们出具了无保留意见的审计报告。DEF 会计师事务所应对本公司财务报表的真实性、完整性负责,承担由此带来的一切责任。"

分析与讨论:

（1）根据我国会计法律、法规的规定,ABC 公司董事长、总经理、总会计师在听证会上的陈述是否有理? 分别说明理由。

（2）根据《会计法》的规定,ABC 公司有关领导对这一财务报表数据调整应负哪些法律责任?

(二) 伪造、销毁会计资料应承担什么责任——绿大地会计造假事件

云南绿大地生物科技股份有限公司(公司简称:绿大地,证券代码:002200)成立于 1996 年,于 2001 年完成股份制改造,2007 年 12 月 21 日在深圳证券交易所的中小板挂牌上市,发行价每股 16.49 元,以绿化工程和苗木销售为主营业务,成为 A 股园林行业内首家上市公司,也是云南省第一家上市的民营企业,其股价曾一路飙升到每股 81.05 元。

绿大地在 2009 年 10 月 30 日至 2010 年 4 月 30 日期间,五度变更 2009 年年报的业绩公告,由之前的预增过亿元,变更为最后的巨亏 1.5 亿元。绿大地业绩变更之快、之频繁为两市少见。正是它"恶搞"般的财务报告,引起了监管部门的注意,由此逐步揭开了绿大地的会计造假问题。

中国证监会于 2010 年 3 月 17 日对绿大地涉嫌信息披露违规立案调查,调查发现绿大地在招股说明书中虚增资产、虚增业务收入、虚增利润等多项违法违规行为。2011 年 3 月 17 日,绿大地发布公告称,公司控股股东、董事长何学葵因涉嫌欺诈发行股票罪被公安机关逮捕。自此股价一路下跌,半年多跌幅超过75%。2013 年 5 月,中国证监会公布了行政处罚决定书,绿大地原高管何学葵、蒋凯西最终被市场禁入。

云南省昆明市中级人民法院审理查明绿大地存在以下涉嫌犯罪行为:

(1) 涉嫌欺诈发行股票,伪造、编造金融票证。2004 年至 2007 年 6 月,绿大地在不具备首次公开发行股票并上市的情况下,为达到发行股票并上市的目的,虚增资产、虚列采购、虚增收入。2004 年至 2007 年 6 月,在董事长何学葵、财务总监蒋凯西、财务顾问庞明星共同策划下,由出纳主管赵海丽、大客户中心负责人赵海艳登记注册了一批由绿大地实际控制或者掌握银行账户的关联公司,并利用相关银行账户操控资金流转,采用阴阳合同等方式虚增资产;以虚构银行回款的方式虚增收入;以虚增资产、虚假采购的方式将资金流出,再通过其控制公司以资金转回的方式虚增销售收入。绿大地采用伪造合同、发票、工商登记资料等手段,少付多列,将款项支付给其控制的公司,虚构交易业务、虚增资产 7 011.4 万元、虚增收入29 610 万余元。2004 年,绿大地与五家供应商进行了数千万元的采购和支付交易,但在其提供的会计凭证中,通过支票付款的只附有支票存根,无银行转账回单,且其中有一半的支票存根上填写的收款方与银行实际资金去向并不一致。绿大地招股说明书中包含了上述虚假内容,2007 年 12 月绿大地股票发行并上市,募集资金达 3.46 亿元。2005 年至 2009 年期间,绿大地为达到虚增销售收入和规避现金交易、客户过于集中的目的,在何学葵、蒋凯西、庞明星的安排下,出纳主管赵海丽利用银行空白进账单,填写虚假资金支付信息后,私刻银行印章加盖于单据上,伪造了各类银行票证共计 74 张。2009 年,绿大地与数十家供应商发生过上亿元的采购业务,但其中数千万元资金的去向与支票收款方不一致,一部分资金流向绿大地账外银行账户。

(2) 涉嫌伪造国家机关公文、公司印章。首发上市之前,绿大地伪造了云南省工商局关于绿大地前十大销售客户、供应商的工商信息证明;伪造了云南生态技术有限公司、昆明汇丰花卉园艺有限公司、云南万子红园林花卉有限公司等公司公章,用于虚构销售合同、虚增收入。云南生态技术有限公司与绿大地销售合同中使用的公章与其年检资料中的公章不一致,该公司负责人称不认识销售合同中的绿大地代表,也没有使用过合同中的公章。

(3) 涉嫌隐匿、销毁会计资料。2010 年 3 月,在证监会立案调查绿大地期间,为掩盖公司财务造假的事实,在公司实际控制人何学葵的指示下,出纳主管赵海丽将伪造的应当向行政机关提供的 66 份会计凭证替换并销毁,涉及金额上亿元。2013 年 2 月,云南省昆明市中级人民法院对绿大地欺诈发行股票案作出

一审判决,认定绿大地犯欺诈发行股票罪、伪造金融票证罪、故意销毁会计凭证罪,判处罚金 1 040 万元;公司原实际控制人何学葵被判处有期徒刑 10 年,蒋凯西、庞明星、赵海丽和赵海艳等人分别被判处 6 年至 2 年 3 个月不等的有期徒刑并处相应罚金。

分析与讨论:

(1) 请分析绿大地伪造、编造会计凭证的手段与动机。

(2) 伪造、编造会计凭证,隐匿、销毁会计资料应当承担什么法律责任?

(3) 按照 2024 年 7 月 1 日实施的新《会计法》,对绿大地公司及其相关责任人的罚金会提高到多少?

(三) 会计职业道德缺失会导致何种后果——华锐风电会计造假事件

华锐风电科技(集团)股份有限公司(公司简称:华锐风电,证券代码:601558),系由华锐风电科技有限公司于 2009 年 9 月 16 日整体变更设立,于 2011 年 1 月 13 日在上海证券交易所上市。华锐风电是中国第一家自主开发、设计、制造和销售适应全球不同风资源和环境条件的大型陆地、海上和潮间带风电机组的专业化高新技术企业,并在中国率先自主开发出全球领先的 5MW、6MW 系列风电机组。

2013 年 4 月 20 日,华锐风电发布《关于前期会计差错更正的公告》,披露对 2011 年年报进行追溯调整,其中,资产总额调减 6.9 亿元,降幅达 2.0%;负债总额调减 5.11 亿元,降幅达 2.4%;所有者权益调减 1.77 亿元,降幅达 1.3%;净利润调减 1.77 亿元,降幅达 22.8%。对于以上调整,华锐风电在对上海证券交易所《2012 年年报事后审核意见函》的回复中称,追溯调整的主要原因系公司 2011 年度销售收入相关数据存在虚报、造假情形。公司关于收入确认的具体依据须同时满足以下三项条件:一是公司已与客户签订销售合同;二是货到现场后双方已签署设备验收手续;三是完成吊装并取得双方认可。由于部分生产人员进行了虚假的出库、入库操作,部分客服人员提供了虚假的吊装报告,部分财务人员依据虚假报告进行了账务处理,导致部分项目在未满足第二、第三项收入确认条件的情况下确认了收入。

以上事实表明,华锐风电涉嫌制造和披露虚假信息,年度报告未能以客观事实为依据如实反映财务状况及经营成果。时任公司董事长的韩俊良深陷造假漩涡,并直接导致其向董事会递交书面辞职书。2013 年 9 月 16 日,上海证券交易所发布公告,因信息披露违规对华锐风电进行处罚,并对已辞职的韩俊良进行公开谴责并指出,前董事长兼总裁韩俊良,作为华锐风电的主要负责人,未能勤勉尽责,对产品生产、销售、记账过程中存在的虚报、造假行为负有不可推卸的责任。

2015 年 1 月 9 日,中国证监会发布公告,因信息披露违规对华锐风电进行处罚。公告描述了华锐风电 2011 年年报通过制作虚假吊装单提前确认收入的方式,虚增 2011 年度利润 27 785.17 万元,占当期披露利润总额的 37.58% 的具体情况:

(1) 2011 年年报提前确认,2012 年完成吊装。华锐风电将实际未吊装完成的项目(实际系在 2012 年完成吊装)在 2011 年确认收入,涉及营业收入 150 771.28 万元,营业成本 135 148.75 万元,预提运费 2 243.82 万元,计提坏账 6 665.36 万元,虚增 2011 年度利润总额 6 713.35 万元,占 2011 年利润总额的 9.08%。

(2) 2011 年年报提前确认,至 2012 年仍未完成吊装。华锐风电将实际未吊装完成的项目在 2011 年确认收入,涉及营业收入 92 902.63 万元,营业成本 65 711.30 万元,预提运费 894.58 万元,计提坏账 5 224.93 万元,虚增 2011 年度利润总额 21 071.82 万元,占 2011 年利润总额的 28.50%。

中国证监会认为华锐风电 2011 年年报通过提前确认的方式虚构营业收入、虚增利润的事实清楚,其行为违反《证券法》(2020年3月1日前施行的原《证券法》,下同)第六十三条关于"发行人、上市公司依法披露的信息,必须真实、准确、完整,不得有虚假记载、误导性陈述或者重大遗漏"的规定,构成了《证券法》第一百九十三条第一款所述"发行人、上市公司或者其他信息披露义务人未按照规定披露信息,或者所披露的信息有虚假记载、误导性陈述或者重大遗漏"的违法行为。中国证监会发布决定对华锐风电给予警告、责令改正,并处以60万元罚款,对时任董事长韩俊良采取终身证券市场禁入措施,对时任财务总监陶刚采取10年证券市场禁入措施,对分管客服部的副总经理于建军、分管市场部的副总经理刘征奇、分管生产部的副总经理汪晓分别采取5年证券市场禁入措施。

2011年,华锐风电的前董事长韩俊良曾豪言"我们一定要在2015年成为全球老大"。但4年时间,随着财务造假门事件的发生,华锐风电从行业第一跌到第十,股价从90元跌落至不到3元。

2012年4月9日,利安达会计师事务所作为华锐风电2011年年报审计机构,出具了标准无保留意见的审计报告。2015年11月5日,中国证监会发布决定责令利安达会计师事务所改正,没收业务收入95万元,并处以95万元罚款;对签字注册会计师温京辉、王伟给予警告,分别处以10万元罚款,对温京辉、王伟采取5年证券市场禁入措施。

分析与讨论:

(1)华锐风电财务造假是否属于在公司董事长直接授意、策划、组织下的财务舞弊行为?

(2)华锐风电的市场部、客服部、生产管理部是否配合了财务舞弊全过程?

(3)华锐风电财务部为何会直接操作这一财务舞弊?年报审计机构为何不能发现这一财务舞弊出具了标准无保留意见的审计报告?

(4)从华锐风电财务造假事件如何认识会计职业道德缺失带来的危害?

模 拟 试 卷

试 卷 一

一、单项选择题(在每小题的备选答案中,选出一个最合适的答案。本题型共 20 小题,每小题 1 分,共 20 分。)

1. 会计的特点之一是(　　)。

   A. 权责发生制

   B. 持续经营假设

   C. 以会计凭证为基本依据

   D. 是一个服务于会计信息使用者作出决策的信息系统

2. 会计的基本职能是(　　)。

   A. 预测和决策　　　　　　　　　　B. 核算和控制

   C. 管理生产经营活动　　　　　　　D. 分析和考核

3. 如果会计人员把收益性支出误作为资本性支出处理,则会(　　)。

   A. 虚增资产、少计费用　　　　　　B. 少计资产、虚增费用

   C. 虚增资产、虚减利润　　　　　　D. 虚减资产、虚减利润

4. 鸿业公司上月购入不需安装即可使用的设备一台,价款 48 000 元,于本月通过银行支付。根据公司的固定资产折旧政策,本月应计提该设备折旧 1 000 元。在权责发生制下,本月应确认费用(　　)元。

   A. 48 000　　　　　　　　　　　　B. 1 000

   C. 47 000　　　　　　　　　　　　D. 49 000

5. 企业定期对存在可能发生减值迹象的资产计提减值损失,体现了会计信息质量的(　　)要求。

   A. 可靠性　　　　　　　　　　　　B. 重要性

   C. 谨慎性　　　　　　　　　　　　D. 实质重于形式

6. 下列计量属性中,由真实交易形成的是(　　)。

   A. 历史成本　　　　　　　　　　　B. 重置成本

   C. 可变现净值　　　　　　　　　　D. 公允价值

7. 企业若本年提取盈余公积 30 万元,用资本公积 10 万元、盈余公积 8 万元转增资本,投资者追加投资 50 万元,则所有者权益净增加额应该是(　　)万元。

    A. 98　　　　　　　　　　　　　B. 80

    C. 50　　　　　　　　　　　　　D. 18

8. 在借贷记账法下,债权债务结算账户的借方登记(　　)。

    A. 债权的增加　　　　　　　　　B. 债务的增加

    C. 债权的增加、债务的减少　　　D. 债务的增加、债权的减少

9. 若"应付账款"账户期末为借方余额,表示(　　)供应商的货款。

    A. 实际应付　　　　　　　　　　B. 实际预付

    C. 实际应收　　　　　　　　　　D. 实际预收

10. 按照用途和结构分类,"制造费用"账户属于(　　)账户。

    A. 资产　　　　　　　　　　　　B. 集合分配

    C. 成本计算　　　　　　　　　　D. 费用分配

11. 有限责任公司增资扩股时,新的投资者缴纳的出资额大于其在注册资本中所占的份额部分,应记入(　　)账户。

    A. "资本公积"　　　　　　　　　B. "盈余公积"

    C. "实收资本"　　　　　　　　　D. "利润分配"

12. 下列不能作为原始凭证的是(　　)。

    A. 经济合同　　　　　　　　　　B. 销售发票

    C. 收料单　　　　　　　　　　　D. 领料单

13. 下列经济业务需要编制转账凭证的是(　　)。

    A. 收到销售产品的货款　　　　　B. 支付购买材料的货款

    C. 从银行提取现金　　　　　　　D. 车间生产产品领用原材料

14. 在根据审核无误的付款凭证登记银行存款日记账时,将借记 2 000 元错记为贷记 2 000 元,则应采用的错账更正方法是(　　)。

    A. 红字更正法　　　　　　　　　B. 划线更正法

    C. 补充登记法　　　　　　　　　D. 注销登记法

15. 在记账无误的情况下,造成银行对账单和银行存款日记账不一致的原因是(　　)。

    A. 应付款项　　　　　　　　　　B. 应收款项

    C. 未达账项　　　　　　　　　　D. 外埠存款

16. 对债权债务的清查应采用的方法是(　　)。

    A. 询证核对法　　　　　　　　　B. 实地盘点法

    C. 技术推算盘点法　　　　　　　D. 抽样盘点法

17. 资产负债表中的"存货"项目,一般应根据(　　)。

A. "存货"账户的期末借方余额直接填列

B. "原材料"账户的期末借方余额直接填列

C. "原材料""生产成本"和"库存商品"等账户的期末借方余额之和减去"存货跌价准备"账户的期末余额后的金额填列

D. "原材料""在产品"和"库存商品"等账户的期末借方余额之和填列

18. 资产负债表中的应收账款项目,一般应根据(   )填列。

A. "应收账款"总账账户的期末余额

B. "应收账款"总账账户所属明细账户的期末余额

C. "应收账款"和"应付账款"两个总账账户所属的所有期末余额在借方的明细账户余额合计数,减去已计提坏账准备后的净额

D. "应收账款"和"预收账款"两个总账账户所属的所有期末余额在借方的明细账户余额合计数,减去已计提坏账准备后的净额

19. 下列各项中,属于筹资活动产生的现金流量的是(   )。

A. 销售商品收到的现金　　　　　　B. 支付给职工以及为职工支付的现金

C. 取得投资收益收到的现金　　　　D. 吸收投资收到的现金

20. 我国的会计法律规范体系是以(   )为中心构建的。

A.《会计法》　　　　　　　　　　B.《企业财务会计报告条例》

C.《公司法》　　　　　　　　　　D.《企业会计准则》

二、多项选择题(在每小题的备选答案中,选出所有合适的答案。本题型共 10 小题,每小题 2 分,共 20 分。)

1. 下列关于会计目标的阐述中,正确的有(   )。

A. 反映管理层受托责任履行情况

B. 反映一个企业的财务状况

C. 有助于会计信息的使用者作出经济决策

D. 反映一个企业的经营成果

E. 反映一个企业的现金流量

2. 对会计要素一般采用历史成本进行计量,原因在于(   )。

A. 历史成本是通过正常交易确定下来的,比较客观,数据容易取得

B. 历史成本能比较准确地反映取得资产时的资产价值

C. 历史成本有发票、账单等凭证作为依据,具有可验证性

D. 历史成本是企业会计准则所规定必须采用的计量属性

E. 重置成本、可变现净值、现值、公允价值对会计要素进行计量并不像采用历史成本进行计量那么客观

3. 下列各项中,属于我国企业会计准则规定的会计要素有(   )。

A. 收入、费用、利润、利润分配　　　　B. 收入、费用、利润

C. 收入、成本、费用、利润　　　　　　D. 资产、负债、所有者权益

E. 收入、支出、利润

4. 下列关于收入的阐述中,正确的有(　　)。

A. 收入是企业在日常活动中形成的

B. 收入是经济利益的总流入

C. 收入是与所有者投入资本无关的经济利益的总流入

D. 企业向银行借入款项,导致了企业经济利益的流入,应确认为收入

E. 收入会导致所有者权益的增加

5. 下列各项中,属于以"资产＝负债＋所有者权益"这一会计恒等式为理论依据的有(　　)。

A. 利润表　　　　　　　　　　　B. 复式记账

C. 资产负债表　　　　　　　　　D. 成本计算

E. 现金流量表

6. 账户按用途与结构分类,下列账户有期末余额时,属于余额通常在借方的账户类别有(　　)。

A. 盘存　　　　　　　　　　　　B. 资本

C. 结算　　　　　　　　　　　　D. 成本计算

E. 收入汇转

7. 下列各项中,属于期末账项调整的有(　　)。

A. 预收收入　　　　　　　　　　B. 已收收入

C. 应收收入　　　　　　　　　　D. 预付费用

E. 应付费用

8. 下列关于记账凭证填制的阐述中,正确的有(　　)。

A. 记账凭证是由经办业务人员填制

B. 记账凭证是由会计人员填制

C. 记账凭证应在经济业务发生时填制

D. 记账凭证是根据审核无误的原始凭证填制

E. 记账凭证是登记账簿的直接依据

9. 采用记账凭证账务处理程序的优点,主要有(　　)。

A. 简化核算工作量　　　　　　　B. 简明易懂,易于理解

C. 账户对应关系清晰明了　　　　D. 总分类账登记详细,便于查账、对账

E. 适用于业务量较大的单位

10. 下列各项中,属于企业建立与实施有效内部控制应当考虑的要素有(　　)。

A. 内部环境　　　　　　　　　　B. 风险评估

C. 控制活动   D. 信息与沟通

E. 内部监督

三、判断题(认为正确的在题目前面括号内打"√",认为错误的在题目前面括号内打"×"。本题型共 10 小题,每小题 1 分,共 10 分。)

1. (　　)企业对于所提供的会计信息,特别是对外提供的会计信息负有法律责任。

2. (　　)如果不建立持续经营假设,企业购入固定资产的成本也就一次全部计入产品的生产成本。

3. (　　)会计信息质量的可靠性要求企业提供的会计信息应当与会计信息使用者的经济决策需要相关,有助于会计信息使用者对企业过去、现在或者未来的情况作出评价或者预测。

4. (　　)会计信息质量的谨慎性要求会计人员在会计核算中应尽量低估资产和高估可能发生的损失、费用。

5. (　　)损益类账户期末结账后通常没有余额。

6. (　　)一笔经济业务的借贷双方,在编制会计分录时,金额上发生同样的错误,则不影响借贷双方的平衡,所以通过试算平衡表不能发现这一错误。

7. (　　)财产盘盈盘亏后,应在查明原因并报经批准后,编制会计分录进行调账,使账实相符。

8. (　　)一个企业的净资产不可能出现负数。

9. (　　)资产负债表中的"货币资金"项目年末与年初的差额,必定等于年度现金流量表中"现金及现金等价物净增加额"项目的数额。

10. (　　)应由总会计师而不是单位负责人对本单位的会计工作和会计资料的真实性、完整性负责。

四、会计处理题(凡要求编制会计分录的,能够列示二级科目的应列示二级科目。本题型共 3 题,第 1 题 14 分,第 2 题、第 3 题每题 8 分,共 30 分。)

1. 宇宙公司 20×1 年 7 月发生下列经济业务:

(1) 摊销本月份应负担的报刊杂志费 3 100 元,其中,生产车间负担 1 860 元,其余由公司管理部门负担。

(2) 确认本月份应负担短期借款利息 26 000 元。

(3) 从银行存款中划转支付本季度银行短期借款利息 78 000 元(前 2 月已计提 52 000 元)。

(4) 通过银行支付下半年财产保险费 66 000 元。

(5) 摊销本月应负担的财产保险费 11 000 元,其中,生产车间负担 7 400 元,公司管理部门负担 3 600 元。

(6) 通过银行支付本月发生的公司管理部门固定资产修理费 46 000 元。

(7) 生产车间租入机器设备 1 台,租期 6 个月,通过银行预付租金 84 000 元。

要求：

（1）分别根据权责发生制和收付实现制确认宇宙公司 20×1 年 7 月的费用，并填入下表：

单位:元

经济业务序号	权责发生制下确认的费用	收付实现制下确认的费用
（1）		
（2）		
（3）		
（4）		
（5）		
（6）		
（7）		
合计		

（2）根据权责发生制原则对发生的上述业务编制会计分录。

2. 大地公司 20×1 年 1 月初甲产品结存 500 件，单位成本 110 元。本月实际发生下列甲产品收发业务：

（1）5 日，完工 1 000 件验收入库，单位成本 120 元。

（2）18 日，发出 800 件。

（3）25 日，完工 500 件验收入库，单位成本 150 元。

（4）31 日，经实地盘点确认库存 1 190 件。

要求：

（1）假设大地公司采用永续盘存制和先进先出法，计算本期发出甲产品的数量和成本、甲产品的期末账面结存数量和成本、盘亏或盘盈数量和金额。

（2）假设大地公司采用实地盘存制和加权平均法，确定甲产品的期末账面结存数量，计算甲产品的期末账面结存成本、本期发出甲产品的数量和成本。

3. 假设益丰公司某月发生如下经济业务：

（1）向银行借入期限为 10 个月的借款 800 000 元，款项已转入公司银行账户。

（2）接受投资者长江公司通过银行追加投资 1 000 000 元，款项已划入本公司银行账户。

（3）仓库发出 A 材料 620 000 元，其中，用于甲产品生产 300 000 元，乙产品生产 220 000 元，生产车间一般耗用 80 000 元，管理部门耗用 20 000 元。

（4）月末结算本月应付职工薪酬 900 000 元。其中，甲产品生产工人薪酬 200 000 元，乙产品生产工人薪酬 300 000 元，生产车间管理人员薪酬 80 000 元，公司管理人员薪酬 320 000 元。

（5）计提本月固定资产折旧费 200 000 元，其中，生产车间折旧费 120 000 元，管理部门折旧费 80 000 元。

（6）以银行存款支付本月水电费 10 000 元,其中,生产车间负担 7 000 元,管理部门负担 3 000 元。

（7）按甲、乙产品生产工人薪酬比例分配结转本月发生的制造费用。

（8）甲产品月初在产品成本为 250 000 元,乙产品均为本月投产,本月甲产品全部完工并验收入库,乙产品全部未完工,结转已完工验收入库甲产品的成本。

要求:根据上述经济业务,编制会计分录。

五、综合题(凡要求编制会计分录的,能够列示二级科目的应列示二级科目。本题 20 分。)

云天公司各损益类账户至 20×1 年 12 月 30 日的累计发生额如下:

单位:元

账户名称	借方发生额	贷方发生额
主营业务收入		2 400 000
其他业务收入		600 000
主营业务成本	1 440 000	
其他业务成本	360 000	
税金及附加	300 000	
销售费用	108 000	
管理费用	60 000	
财务费用	48 000	
营业外收入		22 500
营业外支出	6 000	

20×1 年 12 月 31 日,云天公司还发生下列经济业务:

（1）销售商品一批,开出的增值税专用发票上注明售价为 240 000 元,增值税税额为 31 200 元,货款已通过银行收讫。

（2）结转已售产品的销售成本 108 000 元。

（3）通过银行支付广告费 6 000 元。

（4）经计算本月应交纳所得税 206 625 元。

（5）通过银行交纳应缴纳的税费 200 000 元。

要求:

（1）对云天公司 12 月 31 日发生的经济业务编制会计分录。

（2）将所有损益类账户 12 月发生额结转至"本年利润"账户。

（3）根据上述资料编制 20×1 年如下格式的利润表。

利 润 表

编制单位:云天公司   20×1年   单位:元

项目	本期金额	上期金额(略)
一、营业收入		
减:营业成本		
税金及附加		
销售费用		
管理费用		
研发费用		
财务费用		
加:其他收益		
投资收益(损失以"—"号填列)		
公允价值变动收益(损失以"—"号填列)		
信用减值损失(损失以"—"号填列)		
资产减值损失(损失以"—"号填列)		
资产处置收益(损失以"—"号填列)		
二、营业利润(亏损以"—"号填列)		
加:营业外收入		
减:营业外支出		
三、利润总额(亏损总额以"—"号填列)		
减:所得税费用		
四、净利润(净亏损以"—"号填列)		

试 卷 二

一、单项选择题(在每小题的备选答案中,选出一个最合适的答案。本题型共 20 小题,每小题 1 分,共 20 分。)

1. 只有建立了( )假设,才能明确会计工作服务的特定对象,划定会计所要处理的各项交易或者事项的范围。

   A. 持续经营   B. 会计主体

   C. 货币计量   D. 权责发生制

2. 本期发生的下列业务中,属于根据权责发生制核算基础应确认为本期收入的是( )。

   A. 销售商品一批,价款尚未收到   B. 通过银行收到出租固定资产租金

   C. 通过银行预收销货款   D. 通过银行收到上月销货款

3. 会计的特点之一是以会计凭证为基本依据,这也体现了会计信息质量的( )要求。

   A. 可比性   B. 谨慎性

   C. 客观性   D. 重要性

4. 企业采用的会计处理方法不能随意变更,体现的是会计信息质量的( )要求。

   A. 可比性   B. 谨慎性

   C. 客观性   D. 重要性

5. 飞驰公司本月发生 50 000 元广告费,于本年年底支付,此项业务对本月会计要素的影响是( )。

   A. 资产和负债均增加 50 000 元

   B. 负债增加 50 000 元,同时所有者权益减少 50 000 元

   C. 负债减少 50 000 元,同时所有者权益减少 50 000 元

   D. 负债和资产均减少 50 000 元

6. 下列业务的发生不会引起会计等式两边的金额同时发生增减变动的是( )。

   A. 向银行取得短期借款 100 000 元,存入银行

   B. 发行股票后取得资金 5 000 000 元,存入银行

   C. 通过银行预收产品销售货款 80 000 元

   D. 购入材料,通过银行支付购料款 150 000 元

7. 安达公司权益总额为 100 万元,以银行存款 10 万元归还到期的借款,归还借款后该企

业的资产应为( )万元。

    A. 90   B. 110

    C. 100   D. 10

8. 复式记账法对每项经济业务都以相等的金额在( )中进行登记。

    A. 一个账户   B. 两个账户

    C. 全部账户   D. 两个或两个以上账户

9. 试算平衡包括发生额试算平衡和余额试算平衡两种方法,它们的理论依据分别是( )。

    A. 复式记账原理和账户的结构

    B. 复式记账原理和会计等式

    C. 借贷记账法的记账规则和会计等式

    D. 借贷记账法的记账规则和账户的结构

10. 从账户的用途与结构来看,下列账户中,属于集合分配账户的是( )。

    A. "生产成本"   B. "制造费用"

    C. "长期待摊费用"   D. "本年利润"

11. 鑫隆公司资产总额 600 万元,如果发生以下经济业务:①通过银行收到外单位投资 40 万元;②通过银行支付购入材料款 12 万元;③通过银行偿还银行借款 10 万元。则该公司资产总额为( )万元。

    A. 636   B. 628

    C. 630   D. 648

12. 下列各项中,不属于利润分配内容的是( )。

    A. 向投资者分配利润   B. 弥补以前年度亏损

    C. 提取盈余公积   D. 计算所得税费用

13. 职工出差回来报销差旅费 1 000 元,退还预借的差旅费 500 元,则应编制( )。

    A. 一张收款凭证和一张付款凭证   B. 一张收款凭证和一张转账凭证

    C. 一张转账凭证   D. 一张付款凭证和一张转账凭证

14. 区别不同账务处理程序的主要标志是( )。

    A. 登记总分类账的依据不同   B. 编制记账凭证的依据不同

    C. 编制汇总原始凭证的依据不同   D. 编制财务报表的依据不同

15. 红运公司 20×1 年 11 月 30 日的银行存款对账单余额为 29 500 元,经逐笔核对,发现下列未达账项:①银行代付水电费 1 000 元,公司尚未入账;②公司存入转账支票一张 2 500 元,银行尚未入账;③公司存入销货现款 6 000 元,银行尚未入账;④银行支付公司存款利息 1 500 元,公司尚未入账。经调整后,与公司银行存款日记账余额一致,则公司的银行存款日记账余额应为( )元。

    A. 39 000   B. 38 500

C. 38 000　　　　　　　　　　　　　　　D. 37 500

16. 财产清查中填制的"账存实存对比表"是(　　　)。

　　A. 调整账面记录的原始凭证　　　　　　B. 调整账面记录的记账凭证

　　C. 登记总分类账户的直接依据　　　　　D. 登记日记账的直接依据

17. 下列财务报表中,属于反映企业财务状况的报表是(　　　)。

　　A. 资产负债表　　　　　　　　　　　　B. 利润表

　　C. 现金流量表　　　　　　　　　　　　D. 所有者权益变动表

18. 在资产负债表中,"预付款项"项目应根据(　　　)填列。

　　A. "应收账款"和"预收账款"两个总账账户所属的明细账户的借方余额合计数,减去
　　　　"坏账准备"总账账户所属相应明细账户的余额,即已计提坏账准备后的净额

　　B. "应收账款"和"应付账款"两个总账账户所属的明细账户的借方余额合计数,减去
　　　　"坏账准备"总账账户所属相应明细账户的余额,即已计提坏账准备后的净额填列

　　C. "预付账款"和"预收账款"两个总账账户所属的明细账户的借方余额合计数,减去
　　　　"坏账准备"总账账户所属相应明细账户的余额,即已计提坏账准备后的净额

　　D. "预付账款"和"应付账款"两个总账账户所属的明细账户的借方余额合计数,减去
　　　　"坏账准备"总账账户所属相应明细账户的余额,即已计提坏账准备后的净额

19. 会计凭证是会计核算的依据,根据规定,企业和其他组织的会计凭证的保管期限是(　　　)。

　　A. 10 年　　　　　　　　　　　　　　B. 20 年

　　C. 30 年　　　　　　　　　　　　　　D. 永久

20. 在我国的企业会计准则体系结构中,为会计实务中出现的、具体准则尚未规范的新问题
　　提供会计处理导向的是(　　　)。

　　A. 基本准则　　　　　　　　　　　　　B. 具体准则

　　C. 应用指南　　　　　　　　　　　　　D. 会计准则解释公告

二、多项选择题(在每小题的备选答案中,选出所有合适的答案。本题型共 10 小题,每小题
　　2 分,共 20 分。)

1. 下列各项中,属于会计基本假设的有(　　　)。

　　A. 会计主体　　　　　　　　　　　　　B. 持续经营

　　C. 货币计量　　　　　　　　　　　　　D. 历史成本

　　E. 会计分期

2. 下列各项中,属于在权责实现制下应确认为本月收入的有(　　　)。

　　A. 上月售出商品,本月收到该项售出商品货款

　　B. 上月预收货款,本月交付该项货款商品

　　C. 本月售出商品,本月收到该项售出商品货款

　　D. 本月售出商品,下月收到该项售出商品货款

E. 本月预收货款,下月交付该项货款商品

3. 企业对会计要素进行计量时,一般应当采用历史成本,原因在于(   )。

    A. 历史成本能够反映企业当前的真实财务状况

    B. 历史成本比较客观,数据容易取得

    C. 历史成本有发票、账单等凭证作为依据,具有可验证性

    D. 历史成本能较准确地反映取得资产时的资产价值

    E. 历史成本计量获得的信息更具有决策相关性

4. 若一项经济业务发生后引起负债增加时,则可能引起(   )。

    A. 资产增加   B. 另一项负债减少

    C. 所有者权益增加   D. 所有者权益减少

    E. 资产减少

5. 下列项目中,影响企业营业利润的项目有(   )。

    A. 主营业务收入   B. 营业外支出

    C. 其他业务收入   D. 所得税费用

    E. 投资收益

6. 下列账户中,期末结账后无余额的账户有(   )。

    A. "生产成本"   B. "销售费用"

    C. "财务费用"   D. "其他业务收入"

    E. "制造费用"

7. 下列账户中,属于调整账户的有(   )。

    A. "坏账准备"   B. "存货跌价准备"

    C. "应收账款"   D. "累计折旧"

    E. "待处理财产损溢"

8. 对于下列项目,一般适合采用实地盘点法进行清查的有(   )。

    A. 原材料   B. 银行存款

    C. 应收账款   D. 库存现金

    E. 固定资产

9. 下列项目中,属于现金流量表中经营活动产生的现金流量的有(   )。

    A. 取得短期借款收到的现金

    B. 销售商品、提供劳务收到的现金

    C. 收到的税费返还

    D. 支付给职工以及为职工支付的现金

    E. 购建固定资产、无形资产和其他长期资产支付的现金

10. 我国的会计法律规范体系是由(   )等几个层次构成的。

A. 会计法律　　　　　　　　　　B. 企业会计制度

C. 会计行政法规　　　　　　　　D. 会计部门规章

E. 地方性会计法规

三、判断题(认为正确的在题目前面括号内打"√",认为错误的在题目前面括号内打"×"。本题型共 10 小题,每小题 1 分,共 10 分。)

1.(　　)如果会计没有持续经营假设,企业固定资产的投资成本就需要一次全部计入产品的生产成本。

2.(　　)按照会计信息的可比性质量要求,一个会计主体的会计处理方法不得作任何变更。

3.(　　)不能给企业未来带来预期经济利益的资源不能确认为企业资产。

4.(　　)支付已计提的短期借款利息,一方面使企业的资产减少,另一方面使企业的负债减少。

5.(　　)所有经济业务的发生,都会引起会计等式两边金额发生变化。

6.(　　)在借贷记账法下,借贷只是记账符号,账户哪一方登记增加或减少取决于账户性质。

7.(　　)会计人员误将财务费用作为制造费用入账,利用试算平衡表无法检查出这种差错。

8.(　　)年终结转后,"本年利润"账户和"利润分配"账户均无余额。

9.(　　)汇总转账凭证按转账凭证的每一借方科目分别设置,定期按贷方对应科目归类汇总。

10.(　　)企业在确定职责分工过程中,必须考虑不相容职务相互分离的制衡要求。

四、会计处理题(凡要求编制会计分录的,能够列示二级科目的应列示二级科目。本题型共 3 题,第 1 题 10 分,第 2 题 5 分,第 3 题 15 分,共 30 分。)

1. 大山公司 20×1 年 12 月发生下列经济业务:

(1) 1 日,向银行借款 420 000 元,借款合同规定借款期限为 3 个月,年利率为 5%,到期后一次还本付息,款项已转入公司银行账户。

(2) 5 日,根据投资协议,通过银行收到蓝图公司作为投资投入的货币资金 200 000 元,投入的不需要安装即可使用的设备一台,确认价值 500 000 元。蓝图公司投入资本与其在大山公司注册资本中应享有份额一致。

(3) 5 日,从外地购买原材料一批,取得的增值税专用发票上注明的原材料价款为 88 000 元,增值税额为 11 440 元,支付运杂费 3 000 元(假设运杂费不考虑相关税费)。原材料货款和运杂费尚欠,且原材料尚未验收入库。

(4) 8 日,5 日购买的原材料运达验收入库,结转原材料的采购成本。

(5) 10 日,开出支票支付 5 日购买原材料的款项。

(6) 31 日,结算本月耗用原材料费用,其中生产产品耗用 107 500 元,生产车间一般耗用 2 600 元,行政管理部门耗用 1 400 元。

(7) 31 日,产品制造完工予以验收入库,共计 12 000 件,结转完工产品成本 420 000 元。

(8) 31 日,计算 1 日从银行借入的 420 000 元短期借款本月应负担的利息费用。

(9) 31 日,经股东大会批准,将资本公积 200 000 元转作实收资本。

(10) 年末应提取坏账准备 1 000 元,计提前"坏账准备"账户有借方余额 500 元,对实际应提取的坏账准备进行账务处理。

要求:根据上述资料,编制相应的会计分录。

2. 艾华公司 20×1 年 6 月 30 日"银行存款日记账"账面余额为 413 530 元,开户银行送达的"对账单"上银行存款余额为 438 350 元。经核查,发现有以下几笔未达账项:

(1) 送存银行转账支票一张,面额 17 650 元,公司已入账增记银行存款,开户银行尚未入账。

(2) 银行代付水电费 3 830 元,银行已入账减记公司银行存款,公司未接到通知尚未入账。

(3) 银行代收公司销货款 41 500 元,银行已入账增记公司银行存款,公司未接到通知尚未入账。

(4) 公司开出转账支票一张,购买办公用品金额 4 800 元,公司已入账减记银行存款,银行尚未入账。

要求:根据上述资料,编制如下格式的公司银行存款余额调节表。

银行存款余额调节表

20×1 年 6 月 30 日 单位:元

项目	金额	项目	金额
公司银行存款日记账余额		银行对账单余额	
调节后存款余额		调节后存款余额	

3. 大江公司生产甲、乙两种产品,20×1 年 12 月有关两种产品的资料如下:

(1) 本月初,甲产品上月无未完工的在产品;乙产品上月未完工的在产品 100 件,按单位在产品计价标准计算,其中,原材料费用为 34.8 万元,生产人工费用为 18.2 万元,制造费用为 20 万元。

(2) 本月发生的生产费用如下表(单位:万元):

产品	原材料费用	生产人工费用	制造费用
甲产品	1 205	1 956	—
乙产品	1 004	1 304	—
合计	2 209	3 260	652

(3) 月末甲产品完工 16 000 件,乙产品完工 2 500 件,两种完工产品均已验收入库。

(4) 月末有尚未完工的甲产品 1 000 件,按单位在产品计价标准计算,其中直接材料为 22 万元,直接人工费用为 27 万元,制造费用为 16 万元。乙产品月末无在产品。

要求:

(1) 本月发生的制造费用按生产人工费用比例分配,计算制造费用分配率及甲、乙产品分别应负担的制造费用。

(2) 计算甲、乙产品的生产成本以及完工产品和月末在产品的成本,计算结果填入如下相应表格中。

生产成本——甲产品(完工产品:16 000 件,在产品:1 000 件)   单位:万元

项目	原材料费用	生产人工费用	制造费用	合计
月初在产品成本				
原材料费用				
生产工人费用				
制造费用				
生产成本				
完工产品成本				
在产品成本				

生产成本——乙产品(完工产品:2 500 件,在产品:0 件)   单位:万元

项目	原材料费用	生产人工费用	制造费用	合计
月初在产品成本				
原材料费用				
生产工人费用				
制造费用				
生产成本				

（续表）

项目	原材料费用	生产人工费用	制造费用	合计
完工产品成本				
在产品成本				

五、综合题（凡要求编制会计分录的，能够列示二级科目的应列示二级科目。本题 20 分。）

佳园公司于 20×1 年 12 月发生如下业务：

(1) 1 日，通过银行归还按约定一次还本付息短期借款本金 1 000 000 元并支付利息 50 000 元。

(2) 2 日，购入 A 材料 80 000 千克，单价 68 元，收到的增值税专用发票上注明的售价为 5 440 000 元，增值税税额为 707 200 元，A 材料尚未运达，款项已通过银行付讫。

(3) 3 日，销售 A 产品 500 件，每件 10 000 元，开出的增值税专用发票上注明的售价为 5 000 000 元，增值税税额为 650 000 元，收到购货单位的银行承兑汇票，同时结转产品成本 2 500 000 元。

(4) 4 日，通过银行转账支付公司管理部门发生的 5 000 元会务费。

(5) 6 日，2 日购入的 80 000 千克 A 材料运达并验收入库。

(6) 6 日，通过银行转账支付生产车间当月使用临时租入设备的租金 18 000 元。

(7) 15 日，生产车间领用原材料 50 000 千克，计 3 400 000 元。

(8) 22 日，向宏图公司销售产品 110 件，单价 10 000 元，开出的增值税专用发票上注明的售价为 1 100 000 元，增值税税额为 143 000 元，货款尚未收到。结转产品成本 560 000 元。

(9) 24 日，通过银行转账支付广告费用 50 000 元。

(10) 31 日，计提本月固定资产折旧费 500 000 元，其中，生产部门折旧费 300 000 元，管理部门折旧费 200 000 元。摊销无形资产 20 000 元。

(11) 31 日，计算分配本月薪酬费用，其中，产品生产人员 1 140 000 元，车间管理部门人员 570 000 元，行政管理部门人员 590 000 元。

(12) 31 日，通过银行支付本月薪酬费用。

(13) 假设本月只生产一种产品，月末将制造费用结转至"生产成本"账户。

(14) 假设所生产的产品本月投产本月完工，月末完工产品入库结转生产成本。

(15) 月末结转各损益账户。

(16) 按实现利润的 25% 计算应交所得税费用，并结转至"本年利润"账户。

要求：

(1) 编制上述业务的会计分录。

(2) 编制如下格式的佳园公司 12 月的利润表。

利 润 表

编制单位:佳园公司　　　　　　20×1 年 12 月　　　　　　单位:元

项目	本期金额	上期金额(略)
一、营业收入		
减:营业成本		
税金及附加		
销售费用		
管理费用		
研发费用		
财务费用		
加:其他收益		
投资收益(损失以"－"号填列)		
公允价值变动收益(损失以"－"号填列)		
信用减值损失(损失以"－"号填列)		
资产减值损失(损失以"－"号填列)		
资产处置收益(损失以"－"号填列)		
二、营业利润(亏损以"－"号填列)		
加:营业外收入		
减:营业外支出		
三、利润总额(亏损总额以"－"号填列)		
减:所得税费用		
四、净利润(净亏损以"－"号填列)		

试 卷 三

一、单项选择题(在每小题的备选答案中,选出一个最合适的答案。本题型共 20 小题,每小题 1 分,共 20 分。)

1. 建立了( )这一会计假设,才能使会计及时地满足会计信息使用者在时间上对会计信息的需求,为促进会计主体持续有效经营和定期考核提供必要的前提条件。

    A. 会计主体   B. 持续经营

    C. 会计分期   D. 货币计量

2. 利达公司上月支付本季度广告费 6 000 元,本月摊销应由本月负担部分。在权责发生制下,本月应确认费用为( )元。

    A. 6 000   B. 2 000

    C. 0   D. 3 000

3. 企业应当以实际发生的交易或者事项为依据进行会计确认、计量和报告,反映了会计信息质量的( )要求。

    A. 可靠性   B. 谨慎性

    C. 可比性   D. 实质重于形式

4. 企业发生的某些金额较小的支出,从支出受益期来看,需要在若干会计期间进行摊销,但根据( )要求,可以一次计入当期损益。

    A. 可靠性   B. 谨慎性

    C. 重要性   D. 实质重于形式

5. 奔腾公司持有的 A 材料账面成本为 100 元,加工成甲产品对外销售估计价格为 200 元,将 A 材料加工为甲产品估计发生的生产成本为 50 元、销售税费为 40 元,A 材料的可变现净值为( )元。

    A. 210   B. 100

    C. 110   D. 200

6. 签发商业汇票抵付前欠货款,会引起( )。

    A. 资产项目和权益项目同金额增加

    B. 资产项目和权益项目同金额减少

    C. 资产项目之间有增有减,增减金额相等

    D. 权益项目之间有增有减,增减金额相等

7. 对于跨期摊配账户,若期末余额为贷方余额,反映为（　　）。

    A. 已经预提并已经支付的费用数额　　　　B. 已经支付并已经摊销的费用数额

    C. 已经计提但尚未支付的费用数额　　　　D. 已经支付但尚未摊销的费用数额

8. 本月宏达公司收到恒信公司的预付货款 10 000 元。按合同规定,宏达公司应于下月月初向恒信公司发出价值为 5 000 元的产品,下月月末再向恒信公司发出价值为 5 000 元的产品。宏达公司本月收到货款时,应当贷记的账户及金额为（　　）。

    A. "主营业务收入"10 000 元　　　　　　B. "预收账款"10 000 元

    C. "主营业务收入"5 000 元　　　　　　D. "预付账款"5 000 元

9. （　　）应记入"预付账款"账户。

    A. 先支付后计入成本的费用　　　　　　B. 先计入成本后支付的费用

    C. 先预收后计入成本的费用　　　　　　D. 先预提后计入成本的费用

10. 和佳公司"生产成本"账户的期初余额为 30 万元,本期为生产产品发生直接材料费用 240 万元,直接人工费用 45 万元,制造费用 60 万元,企业行政管理费用 30 万元,本期结转完工产品成本为 300 万元。假定该公司只生产一种产品,期末"生产成本"账户为（　　）万元。

    A. 借方余额 105　　　　　　　　　　　　B. 贷方余额 45

    C. 借方余额 75　　　　　　　　　　　　D. 贷方余额 75

11. 鸿运公司"应收账款"账户所属甲、乙、丙三个明细账户的期末余额分别为 300 元（借方）、2 200 元（贷方）和 3 000 元（借方）,则"应收账款"总账账户期末余额为（　　）元。

    A. 1 100（借方）　　　　　　　　　　　　B. 2 200（贷方）

    C. 3 000（借方）　　　　　　　　　　　　D. 5 500（贷方）

12. 下列各项中,属于不计入产品生产成本的是（　　）。

    A. 直接材料　　　　　　　　　　　　　　B. 直接人工

    C. 制造费用　　　　　　　　　　　　　　D. 管理费用

13. 下列项目中,属于营业外收入的是（　　）。

    A. 销售产品的收入　　　　　　　　　　　B. 销售材料的收入

    C. 无法支付的应付货款　　　　　　　　　D. 出租固定资产的收入

14. 大盛公司"利润分配——未分配利润"账户 20×1 年年末的贷方余额为 6 000 万元,该余额反映的内容为（　　）。

    A. 本年结存的未分配利润　　　　　　　　B. 历年结存的未分配利润

    C. 本年累计的未弥补亏损　　　　　　　　D. 历年累计的未弥补亏损

15. 对于记账凭证的会计科目正确,但金额多计,由此而带来账簿记录错误的,应采用（　　）予以更正。

A. 红字更正法   B. 划线更正法

C. 补充登记法   D. 蓝字更正法

16. 下列各项中,属于实物资产清查范围的是(　　)。

  A. 银行存款   B. 存货

  C. 预付账款   D. 应收账款

17. 存货发生定额内损耗,在批准处理前,应先记入(　　)账户进行调整,使账实相符。

  A. "待处理财产损溢"   B. "管理费用"

  C. "营业外支出"   D. "其他应收款"

18. 资产负债表中,"应收账款"项目一般应根据(　　)填列。

  A. "应收账款"总分类账户期末余额

  B. "应收账款"总分类账户所属各明细分类账户的期末借方余额合计

  C. "应收账款"和"应付账款"总分类账所属各明细分类账的期末借方余额合计

  D. "应收账款"和"预收账款"两个总账账户所属的所有期末余额在借方的明细账户余额合计数,减去已计提坏账准备后的净额

19. 下列项目中,属于筹资活动产生的现金流量的是(　　)。

  A. 吸收投资收到的现金   B. 收回投资收到的现金

  C. 投资支付的现金   D. 取得投资收益收到的现金

20. 下列项目中,属于对企业按照内部控制原则和内部控制"五要素"建立健全本企业内部控制提供指引的是(　　)。

  A. 内部控制配套指引   B. 内部控制应用指引

  C. 内部控制评价指引   D. 内部控制审计指引

二、多项选择题(在每小题的备选答案中,选出所有合适的答案。本题型共10小题,每小题2分,共20分。)

1. 下列各项中,在权责发生制下应确认为本月费用的有(　　)。

  A. 上月预付本月的报刊费   B. 本月支付上月发生的水电费

  C. 本月支付本月员工的薪酬费用   D. 本月支付本月的修理费

  E. 本月预付下月的租房费

2. 下列各项中,属于会计信息质量可靠性要求的有(　　)。

  A. 一切会计记录要有凭证来证明,会计反映应与实际发生的交易或者事项相一致,具有真实性

  B. 一切会计信息可以由有资质的人员,依据会计准则进行处理能够得出同样的结果,具有可验证性

  C. 会计信息应当有助于信息使用者根据会计信息预测企业未来的财务状况、经营成果和现金流量,具有预测价值

D. 会计信息应当能够有助于信息使用者评价过去的决策,证实或者修正过去的有关预测,因而具有反馈价值

E. 一切会计处理不倾向于一部分会计信息使用者而损害其他使用者的利益,具有中立性

3. 下列各项中,企业资金运动所引起的会计要素之间的变化类型有( )。

A. 资产与权益项目同增或同减   B. 资产项目之间此增彼减

C. 负债与所有者权益项目之间此增彼减 D. 负债项目之间此增彼减

E. 所有者权益项目之间此增彼减

4. 下列各项中,能够引起企业留存收益总额发生变动的有( )。

A. 本年度实现净利润   B. 提取法定盈余公积

C. 向投资者宣告分配现金股利   D. 以资本公积转增资本

E. 投资者投入资本

5. 下列关于借贷记账法下账户结构的表述中,正确的有( )。

A. 借方反映资产的增加   B. 借方反映负债的减少

C. 贷方反映收入的发生   D. 贷方反映费用的结转

E. 贷方反映资产的减少

6. 下列各项中,属于备抵账户的有( )。

A. "固定资产"   B. "应收账款"

C. "预收账款"   D. "累计折旧"

E. "坏账准备"

7. 下列各项中,属于外来原始凭证的有( )。

A. 领料单   B. 购货发票

C. 银行对账单   D. 银行付款通知

E. 入库单

8. 下列各项中,适合采用实地盘点法进行清查的有( )。

A. 固定资产   B. 库存商品

C. 银行存款   D. 往来款项

E. 现金

9. 下列各项中,属于各种账务处理程序相同之处的有( )。

A. 根据原始凭证编制汇总原始凭证

B. 根据原始凭证及记账凭证登记明细分类账

C. 根据收、付款凭证登记库存现金日记账与银行存款日记账

D. 根据记账凭证登记总账

E. 根据总账和明细账编制财务报表

10. 下列各项中,属于企业内部控制环境因素的有( )。

    A. 企业文化   B. 人力资源政策

    C. 内部审计   D. 治理结构

    E. 机构设置及权责分配

三、判断题(认为正确的在题目前面括号内打"√",认为错误的在题目前面括号内打"×"。本题型共 10 小题,每小题 1 分,共 10 分。)

1. ( )会计的目标是为会计信息的使用者提供进行决策所需的会计信息,会计信息具有公共产品的特征。

2. ( )采用重置成本、可变现净值、现值、公允价值对会计要素进行计量时,应当保证所确定的会计要素金额能够取得并可靠计量。

3. ( )以银行存款归还短期借款会引起资产和负债同减,所有者权益也发生相应的增减变化。

4. ( )就账户的经济内容而言,"本年利润"账户与"利润分配"账户均属于所有者权益类的账户,因此,两者的用途和结构也应当完全相同。

5. ( )结转已销售产品的生产成本时,应贷记"生产成本"账户。

6. ( )记账凭证的填制日期与原始凭证的填制日期应当相同。

7. ( )会计人员填制的记账凭证并不是登记账簿的唯一依据。

8. ( )期末账项调整只需划分各会计期间的收入和费用,而不需要调整资产和负债。

9. ( )如果法制完善了,会计职业道德规范也就没有作用了。

10. ( )尽管是属于违法违规的会计事项,但在单位领导要求办理的情况下,会计人员无权拒绝办理。

四、综合题

20×1 年 1 月 1 日,宏图公司投资 2 000 000 元成立宏运公司。宏运公司设置若干个行政管理部门和一个生产车间,生产甲、乙两种产品,耗用 A、B 两种材料。假设宏运公司为增值税一般纳税人,增值税税率为 13%,所得税税率为 25%。宏运公司 20×1 年 11 月 1 日部分账户余额如下:

宏运公司 20×1 年 11 月 1 日部分账户余额   单位:元

账户名称	借方	贷方
库存现金	8 000	
银行存款	350 000	
原材料	875 000	
库存商品	925 000	
固定资产	7 800 000	
累计折旧		860 000

20×1年11月,宏运公司发生下列经济业务:

(1) 1日,向银行借入3个月的借款200 000元,到期一次还本付息,年利率4.8%,款项已转入宏运公司银行账户。

(2) 3日,宏运公司准备扩大规模,新增注册资本1 000 000元,由宏强公司出资1 500 000元,享有宏运公司全部注册资本的1/3份额,款项已通过银行转入宏运公司账户。

(3) 3日,购入不需要安装的生产设备一台,增值税专用发票注明设备价款200 000元,增值税税额为26 000元。另外支付包装费和运杂费等各项支出2 000元(假设暂不考虑增值税)。全部款项已通过银行付讫。

(4) 5日,通过银行偿付上月欠飞跃公司购买B材料的货款120 000元。

(5) 6日,从飞跃公司购入A、B两种材料。A材料5 000千克,单价80元;B材料8 000千克,单价100元,材料均未运达验收入库。取得的增值税专用发票注明材料价款合计1 200 000元,增值税税额为156 000元,全部款项尚未支付。

(6) 8日,上述从飞跃公司购入的A、B两种材料验收入库。

(7) 10日,通过银行支付公司管理部门购买办公用品支出1 200元。

(8) 12日,通过银行支付广告费25 000元。

(9) 15日,向明天公司销售甲产品4 000件,单价800元;销售乙产品2 000件,单价550元,开出的增值税专用发票注明价款合计4 300 000元,增值税税额为559 000元。货已发出,款项通过银行收讫。

(10) 18日,根据购销合同,通过银行预收购货单位大通公司货款180 000元。

(11) 20日,向方圆公司出售B材料100千克,单价120元,开出的增值税专用发票注明价款12 000元,增值税税额为1 560元。款项尚未收到。

(12) 25日,通过银行收到龙腾公司供货违约金5 000元。

(13) 28日,通过银行支付本月水电费122 000元,其中,车间负担82 000元,行政管理部门负担40 000元。

(14) 30日,计提11月1日取得的借款应由本月负担的利息。

(15) 30日,根据本月"发料凭证汇总表",结转发出材料的成本。发出材料类别及用途如下:A材料960 000元,其中,甲产品耗用640 000元,乙产品耗用320 000元;B材料720 000元,其中,甲产品耗用320 000元,乙产品耗用280 000元,车间一般消耗120 000元。

(16) 30日,根据"职工薪酬结算汇总表",分配职工薪酬费用1 880 000元,其中,甲产品生产工人的薪酬费用720 000元,乙产品生产工人的薪酬费用480 000元,车间管理人员薪酬费用160 000元,管理部门人员薪酬费用520 000元。

(17) 30日,根据"固定资产折旧计算表",计提固定资产折旧费580 000元,其中,车间折旧费 420 000 元,管理部门折旧费 160 000 元。

(18) 30 日,分配并结转制造费用至"生产成本"账户,根据公司的成本管理规程,制造
费用按生产工人的薪酬比例进行分配。

(19) 30 日,假设期初无在产品,当月投产的甲产品和乙产品全部完工,结转已完工验
收入库产成品的生产成本。

(20) 30 日,结转本月已销产品的生产成本,其中,甲产品销售 4 000 件,生产成本每件
420 元,乙产品销售 2 000 件,生产成本每件 450 元。

(21) 30 日,结转所售 B 材料 100 千克的实际成本,B 材料单位成本 100 元。

(22) 30 日,结转本期各收入类账户的余额。

(23) 30 日,结转本期各费用类账户(除"所得税费用"账户)的余额。

(24) 30 日,假设无纳税调整项目,计算本月所得税费用。

(25) 30 日,结转所得税费用。

要求:

(一) 根据上述经济业务,编制会计分录,其中"在途物资""原材料""库存商品""生产成
本"必须列出明细科目(40 分)。

(二) 填制宏运公司资产负债表(11 月 30 日)与利润表(11 月)部分项目金额(10 分)。

报表项目	计算过程及结果(单位:元)
货币资金	
存货	
固定资产	
营业收入	
营业利润	
利润总额	
净利润	

试 卷 四

一、单项选择题(在每小题的备选答案中,选出一个最合适的答案。本题型共 20 小题,每小题 1 分,共 20 分。)

1. 依据( )假设,企业对于所承担的债务可以到期才予以清偿。
   A. 会计主体　　　　　　　　　　　B. 持续经营
   C. 会计分期　　　　　　　　　　　D. 货币计量

2. 根据企业会计准则,会计应当采用( )作为核算基础。
   A. 收付实现制　　　　　　　　　　B. 权责发生制
   C. 实地盘存制　　　　　　　　　　D. 永续盘存制

3. 假设红海公司 20×1 年 3 月发生了如下经济业务:通过银行预付下季度房租 20 000 元;通过银行收到 3 月份销售商品货款 25 000 元;通过银行支付 3 月份 1 000 元的水电费;通过银行预收购货方定金 12 000 元,商品 3 月份尚未发送。以权责发生制为计算基础时,红海公司 3 月份的盈利为( )元。
   A. 24 000　　　　　　　　　　　　B. 16 000
   C. 4 000　　　　　　　　　　　　　D. 36 000

4. 企业应当以实际发生的交易或者事项为依据进行会计确认、计量和报告,体现的是会计信息质量的( )要求。
   A. 可靠性　　　　　　　　　　　　B. 相关性
   C. 可理解性　　　　　　　　　　　D. 实质重于形式

5. 下列各项中,属于资产要素本质特征的是( )。
   A. 企业过去的交易或者事项形成　　B. 由企业所拥有
   C. 由企业所控制　　　　　　　　　D. 预期会给企业带来经济利益

6. 描述会计要素之间相互关系的综合会计等式为( )。
   A. 资产＋负债＋费用＝所有者权益＋收入
   B. 资产＋收入＝负债＋所有者权益＋费用
   C. 资产＋费用＝负债＋所有者权益＋收入
   D. 资产＋所有者权益＝负债＋收入－费用

7. 下列关于会计科目的表述中,不正确的是( )。

A. 科目是对会计要素进行分类所形成的具体项目

B. 科目是设置会计账户的依据

C. 科目是对总分类账进一步进行明细分类的依据

D. 科目是构成财务报表项目的基础

8. 20×1 年 3 月,飞翼公司损益类账户的余额如下:主营业务收入(贷方)55 000 元,营业外收入(贷方)5 000 元,投资收益(贷方)15 000 元,主营业务成本(借方)21 000 元,管理费用(借方)3 000 元,则该企业 3 月份的营业利润为( )元。

　A. 51 000　　　　　　　　　　B. 46 000

　C. 31 000　　　　　　　　　　D. 34 000

9. "应付账款"账户的期初余额为贷方 1 500 元,本期贷方发生额 3 000 元,借方发生额 2 500 元,则该账户的期末余额为( )元。

　A. 借方 1 000　　　　　　　　B. 贷方 1 000

　C. 贷方 2 000　　　　　　　　D. 借方 2 000

10. "预收账款"账户的期初余额为借方 5 000 元,本期借方发生额 3 000 元,贷方发生额 9 000 元,则本期期末余额为( )元。

　A. 贷方 6 000　　　　　　　　B. 借方 1 000

　C. 贷方 1 000　　　　　　　　D. 借方 8 000

11. 在登记账簿时,将一项交易或事项的借方和贷方方向记反,试算平衡表上的借贷方合计数( )。

　A. 仍然相等　　　　　　　　　B. 肯定不相等

　C. 可能相等也可能不相等　　　D. 在存在其他错账的情况下相等

12. 由记账人员根据发生的全部经济业务按先后顺序逐日逐笔登记的账簿是( )。

　A. 普通日记账账簿　　　　　　B. 特种日记账账簿

　C. 备查账簿　　　　　　　　　D. 总分类账账簿

13. 不能作为登记总分类账直接依据的是( )。

　A. 记账凭证　　　　　　　　　B. 原始凭证

　C. 科目汇总表　　　　　　　　D. 汇总记账凭证

14. ( )是指各项财产物资、债权、债务等账面余额与实有数额之间的核对。

　A. 账表核对　　　　　　　　　B. 账证核对

　C. 账账核对　　　　　　　　　D. 账实核对

15. 对于往来款项的清查,应采用( )。

　A. 发函询证法　　　　　　　　B. 技术推算法

　C. 对账单法　　　　　　　　　D. 实地盘点法

16. ( )是反映企业某一特定日期财务状况的财务报表。

A. 利润表   B. 现金流量表

C. 所有者权益变动表   D. 资产负债表

17. 资产负债表中,"应收票据"项目,应根据( )填列。

     A. "应收票据"总账账户的余额

     B. "应收票据"总账账户的余额,减去"坏账准备"总账账户中所属相应明细账户的余额
分析

     C. 应根据"应收票据"和"应付票据"两个总账账户所属的明细账户的借方余额合计数,
减去"坏账准备"总账账户所属相应明细账户的余额

     D. 应根据"应收票据"和"应付票据"两个总账账户所属的明细账户的借方余额合计数

18. 下列各项中,不属于企业筹资活动交易和事项的是( )。

     A. 接受投资者投资   B. 从银行借款

     C. 取得投资收益   D. 发行债券

19. 根据相关规定,企业和其他组织对于会计凭证的保管期限是( )。

     A. 10 年   B. 20 年

     C. 30 年   D. 永久

20. 下列关于会计职业道德规范的论述中,正确的是( )。

     A. 是一种强制执行的会计规范

     B. 是一种引导执行的会计规范

     C. 是一种通过一定程序方式制定的会计规范

     D. 是一种限定会计行为应遵守的下限的会计规范

二、多项选择题(在每小题的备选答案中,选出所有合适的答案。本题型共 10 小题,每小题 2 分,共 20 分。)

1. 下列各项中,属于财务会计基本特征的有( )。

     A. 以会计信息的外部使用者为主要服务对象

     B. 以复式簿记系统为信息生成基础

     C. 采用各企业管理与决策所需的财务报表方式来提供与披露会计信息

     D. 采用通用的财务报表方式来提供与披露会计信息

     E. 以统一的、法定的或公认的会计准则为依据进行会计确认、计量与报告

2. 下列各项中,属于理解会计主体假设时应注意的问题有( )。

     A. 将本企业发生的交易或事项与其他企业发生的交易或事项区别开来

     B. 将本企业与投资者之间发生的各种交易或事项区别开来

     C. 将本企业发生的交易或事项与企业所有者个人的交易或事项区别开来

     D. 将本企业与债权人之间发生的各种交易或事项区别开来

     E. 将本企业与供应商之间发生的各种交易或事项区别开来

3. 下列关于公允价值计量的评价中,正确的有(　　)。

A. 可以提高会计信息的相关性　　B. 可以提高会计信息的可靠性

C. 容易操纵,可能会被滥用　　D. 可能会降低会计信息的可靠性

E. 资产的公允价值能够较易确定

4. 下列关于收入的论述中,正确的有(　　)。

A. 收入是企业在日常活动中形成的

B. 收入是与所有者投入资本无关的经济利益的总流入

C. 收入会导致所有者权益的增加

D. 收入可能表现为企业资产的增加,或者负债的减少,或者两者兼而有之

E. 收入不仅包括本企业经济利益的流入,而且包括本企业为第三方或客户代收的款项

5. 采用借贷记账法时,"借"可以表示(　　)。

A. 资产的增加或负债的减少

B. 资产的减少或负债的增加

C. 费用的增加或收入的结转

D. 费用的结转或收入的增加

E. 资产的增加或所有者权益的减少

6. 收到投资人投入全新设备一台,在编制该笔经济业务的会计分录时,可能涉及的账户及方向包括(　　)。

A. 借:固定资产　　B. 贷:固定资产

C. 借:实收资本　　D. 贷:实收资本

E. 贷:累计折旧

7. 下列各项中,属于在权责发生制基础下应在期末调整的内容有(　　)。

A. 应计未收收入　　B. 应计预收收入

C. 应计预付费用　　D. 应计未付费用

E. 应计已收收入

8. 下列各项中,进行财产清查时适合采用实地盘点法的有(　　)。

A. 库存现金　　B. 银行存款

C. 应收账款　　D. 原材料

E. 固定资产

9. 企业在编制资产负债表时,"货币资金"项目应按照(　　)账户的期末余额的合计数填列。

A. "库存现金"　　B. "银行存款"

C. "其他应收款"　　D. "其他货币资金"

E. "应收票据"

10. 企业建立与实施有效的内部控制,应当包括的要素有(　　)。

A. 内部环境 　　　　　　　　　　　B. 风险评估

C. 控制活动 　　　　　　　　　　　D. 信息与沟通

E. 内部监督

三、判断题(认为正确的在题目前面括号内打"√",认为错误的在题目前面括号内打"×"。本题型共 10 小题,每小题 1 分,共 10 分。)

1. (　　)会计对外所提供的会计信息负有法律责任,并应受到道德的约束。

2. (　　)如果不确立持续经营会计假设,企业购置固定资产的支出就应一次全部计入购置当期的成本或费用。

3. (　　)企业与供应商已经签订了具有法律效力的购货合同,对即将购入的设备或材料等即可确认为企业的资产。

4. (　　)会计科目的设置应与本企业、本单位的业务特点、业务繁简以及规模大小相适应。

5. (　　)复合会计分录可以分解成若干个简单的会计分录。

6. (　　)所有的总分类账户都应设置明细分类账户,以提供详细核算信息。

7. (　　)所有的记账凭证都应附有原始凭证。

8. (　　)库存现金日记账只能根据现金收款凭证和现金付款凭证登记。

9. (　　)一套完整的财务报表至少应当包括资产负债表、利润表、现金流量表、所有者权益变动表及其附注。

10. (　　)违反《会计法》应承担民事、行政和刑事三种法律责任。

四、会计处理题(凡要求编制会计分录的,能够列示二级科目的应列示二级科目。本题型共 3 题,前 2 题每题 8 分、第 3 题 14 分,共 30 分。)

1. 利达公司发生如下经济业务:

(1) 经股东大会批准,将资本公积 200 000 元转作股本。

(2) 购入的 A、B 两种材料运达验收入库,A 材料实际成本为 9 500 元,B 材料实际成本为 9 800 元。

(3) 向华盛公司销售乙产品 40 件,开具的增值税专用发票上注明的售价为 250 000 元,增值税税额为 32 500 元,已委托开户银行向购货方收款。

(4) 出售积压的 B 材料一批,开具的增值税专用发票上注明的售价为 10 000 元,增值税税额为 1 300 元。款项已全部收到并存入银行。

(5) 用银行存款支付在银行办理业务的手续费 3 000 元。

(6) 在对存货的清查中发现盘亏甲产品 100 千克,实际成本为 3 000 元。对发现的产品盘亏进行账簿记录调整;报经批准后作为超过定额的自然损耗处理。

(7) 月末时计提固定资产折旧费 8 000 元,其中,产品生产部门使用的固定资产计提折旧费 5 000 元,公司管理部门使用的固定资产计提折旧费 3 000 元。

(8) 将本年实现的净利润 87 500 元从"本年利润"账户结转入"利润分配"账户及其所属的"未分配利润"明细账户。

要求:对发生的每项业务注明应填制的记账凭证并编制会计分录。

2. 20×1 年 3 月启新公司 N 材料收入和发出的数量等相关信息如下列明细账所列:

N 材料明细账

单位:元

20×1年		摘要	收入			发出			结存		
月	日		数量	单价	金额	数量	单价	金额	数量	单价	金额
3	1	期初余额							500	5.04	
	5	购入	600	5.50							
	11	发出				700					
	15	购入	200	5.70							
	18	发出				300					
	24	购入	800	6.00							
	30	发出				580					
	31	本月发生额及月末余额									

要求:

(1) 根据上述资料,在永续盘存制下假设采用"先进先出法",登记完整 N 材料的下列明细账:

N 材料明细账(先进先出法)

单位:元

20×1年		摘要	收入			发出			结存		
月	日		数量	单价	金额	数量	单价	金额	数量	单价	金额
3	1	期初余额									
	5	购入									
	11	发出									
	15	购入									
	18	发出									

(续表)

20×1年		摘要	收入			发出			结存		
月	日		数量	单价	金额	数量	单价	金额	数量	单价	金额
	24	购入									
	30	发出									
	31	本月发生额及月末余额									

(2) 在实地盘存制下,假设期末盘存 N 材料 510 件,根据上述给定的期初结存与收入 N 材料资料,计算 N 材料月末结存的实际成本与本月发出的实际成本。

3. 红源公司 20×1 年 10 月有关损益类账户发生额如下:

损益类账户发生额

单位:元

损益类账户	20×1年10月1日至30日发生额		20×1年1至9月累计发生额	
	借方	贷方	借方	贷方
主营业务收入		600 000		8 002 000
主营业务成本	300 000		5 674 000	
税金及附加	30 000		345 000	
其他业务收入		50 000		280 000
其他业务成本	45 000		150 000	
销售费用	35 000		450 000	
管理费用	86 000		893 000	
财务费用	53 000		500 000	
投资收益		16 000		300 000
营业外收入		13 500		
营业外支出	9 900		50 000	

红源公司 20×1 年 10 月 31 日发生下列经济业务:

(1) 通过银行支付上月公司管理部门水电费 200 元。

(2) 通过银行预付下年度公司管理部门用房租金 2 400 元。

(3) 计提本月银行短期借款利息 100 元。

(4) 计提本月公司管理部门固定资产折旧费 1 000 元。

(5) 收到上月销货款 23 400 元。

(6) 销售商品一批,货已发出,货款 58 500 元尚未收到,这批商品成本为 38 000 元。

要求:

(1) 根据红源公司 20×1 年 10 月 31 日发生的(1)～(6)项经济业务分别按权责发制和收付实现制确认本月的收入和费用,填列在下表中:

单位:元

经济业务	权责发生制		收付实现制	
	收入金额	费用金额	收入金额	费用金额
(1)				
(2)				
(3)				
(4)				
(5)				
(6)				
合计				

(2) 红源公司根据企业会计准则的规定进行会计核算,假定利润总额等于应纳税所得额,所得税税率 25%,根据所给红源公司 20×1 年 10 月的上述资料,列式计算公司 20×1 年 10 月利润表中"营业利润""利润总额""所得税费用""净利润"四个项目的金额。

五、综合题(凡要求编制会计分录的,能够列示二级科目的应列示二级科目。本题 20 分。)

中宇公司为增值税一般纳税企业,增值税税率为 13%,所得税税率为 25%。假设按每笔销售业务分别结转销售成本,无纳税调整项目,20×1 年 12 月,中宇公司发生的部分经济业务及相关资料如下:

(1) 向红星公司销售商品一批,开出的增值税专用发票上注明售价为 540 000 元,增值税税额为 70 200 元,实际成本 350 000 元。已通过银行收到红星公司支付的全部款项。

(2) 根据销货合同向红运公司销售商品 1 000 件,该批商品的销售单价为 400 元,增值税专用发票已开出,实际单位成本为 250 元,已将商品办理了铁路运输并通过银行代红运公司垫付了运输费 1 000 元(假定不考虑相关的税费),款项尚未收到。

(3) 向红图公司销售商品一批,开出的增值税专用发票上注明售价为 500 000 元,增值税税额为 65 000 元,实际成本为 30 0000 元,合同约定发货前预收红图公司含税款项的 30%,余款待后支付。

(4) 假设 12 月末应收账款余额为 850 000 元,根据客户的信用情况按应收账款余额的 2‰ 计提坏账准备,在提取这一应收账款坏账准备前,中宇公司"坏账准备"账户贷方余额为 500 元。

(5) 除以上经济业务外,中宇公司 12 月份其他有关损益类账户的发生额如下:

账户名称	借方发生额(元)	贷方发生额(元)
其他业务收入		30 000
其他业务成本	20 000	
税金及附加	15 000	
销售费用	40 000	
管理费用	70 000	
其中:研发费用	10 000	
财务费用	12 000	
投资收益		24 200
营业外收入		70 000
营业外支出	16 000	

要求:

(1) 编制上述(1)~(4)项经济业务相关的会计分录("应交税费"账户要求写出明细账户)。

(2) 根据所给的资料,编制中宇公司 12 月如下格式的利润表。

利 润 表

编制单位:中宇公司　　　　　　　　20×1 年 12 月　　　　　　　　单位:元

项目	本期金额	上期金额(略)
一、营业收入		
减:营业成本		
税金及附加		
销售费用		
管理费用		
研发费用		
财务费用		
加:其他收益		
投资收益(损失以"－"号填列)		
公允价值变动收益(损失以"－"号填列)		
信用减值损失(损失以"－"号填列)		
资产减值损失(损失以"－"号填列)		

（续表）

项目	本期金额	上期金额（略）
资产处置收益（损失以"－"号填列）		
二、营业利润（亏损以"－"号填列）		
加:营业外收入		
减:营业外支出		
三、利润总额（亏损总额以"－"号填列）		
减:所得税费用		
四、净利润（净亏损以"－"号填列）		

试 卷 五

一、**单项选择题**(在每小题的备选答案中,选出一个最合适的答案。本题型共20小题,每小题1分,共20分。)

1. 依据( )假设,企业所持有的资产将会按照取得该资产的目的在正常的生产经营活动过程中被耗用、出售或转让,企业所承担的债务可以到期才予以清偿。

   A. 会计主体　　　　　　　　　　　B. 持续经营

   C. 会计分期　　　　　　　　　　　D. 货币计量

2. 依据( ),企业对于本期售出价款为5 000元的产品,尽管5 000元款项在本期尚未收到,仍应确认为本期的收入。

   A. 会计主体假设　　　　　　　　　B. 会计分期假设

   C. 收付实现制会计基础　　　　　　D. 权责发生制会计基础

3. 企业提供的会计信息应当与会计使用者的经济决策需要相关,体现的是会计信息质量的( )要求。

   A. 可靠性　　　　　　　　　　　　B. 相关性

   C. 可理解性　　　　　　　　　　　D. 实质重于形式

4. 下列各项中,不属于流动负债的是( )。

   A. 短期借款　　　　　　　　　　　B. 应付账款

   C. 预付账款　　　　　　　　　　　D. 一年内到期的长期负债

5. 下列各项中,不属于费用要素项目的是( )。

   A. 销售费用　　　　　　　　　　　B. 应交税费

   C. 管理费用　　　　　　　　　　　D. 财务费用

6. 胜利公司20×1年3月份资产增加400万元,负债减少250万元,若不考虑其他因素,则该公司的所有者权益( )万元。

   A. 减少150　　　　　　　　　　　B. 增加650

   C. 增加150　　　　　　　　　　　D. 减少650

7. 红旗公司本期提取盈余公积30万元,用资本公积10万元、盈余公积8万元转增资本,投资者追加投资50万元,若不考虑其他因素,则本期所有者权益净增加额应该是( )万元。

A. 98
B. 80

C. 50
D. 18

8. 账户期末余额的基本计算公式为（　　）。

    A. 期末余额＝期初余额＋本期增加发生额合计＋本期减少发生额合计

    B. 期末余额＝期初余额＋本期增加发生额合计－本期减少发生额合计

    C. 期末余额＝期初余额－本期增加发生额合计＋本期减少发生额合计

    D. 期末余额＝期初余额－本期增加发生额合计－本期减少发生额合计

9. 对发生的交易或事项必须在相互联系的账户中进行记录,这些账户是指（　　）。

    A. 在同一项交易或事项中建立起相互联系的明细账户

    B. 在不同交易或事项中建立起相互联系的总账账户

    C. 在同一项交易或事项中建立起相互联系的总账账户

    D. 在不同交易或事项中建立起相互联系的明细账户

10. （　　）账户年末结转后没有余额。

    A. "库存现金"
B. "资本公积"

    C. "本年利润"
D. "短期借款"

11. 下列关于原始凭证作用的论述中,不正确的是（　　）。

    A. 记录交易或事项信息的载体
B. 记录会计分录的载体

    C. 明确经济责任的手段
D. 提供记账的依据

12. 对于库存现金和银行存款之间的相互存取业务,应填制的记账凭证是（　　）。

    A. 收款记账凭证
B. 付款记账凭证

    C. 转账记账凭证
D. 同时填制收款与付款记账凭证

13. 管理费用明细账一般应采用（　　）格式。

    A. 多栏式
B. 三栏式

    C. 数量金额式
D. 横线登记式

14. 下列各种情形中,属于适用补充登记法更正的错账是（　　）。

    A. 在记账凭证上将科目用错
B. 在记账凭证上金额少记

    C. 在记账凭证上金额多记
D. 记账凭证正确但记账发生笔误

15. 既能汇总登记总分类账,减轻总账登记工作,又能明确反映账户对应关系,便于查账、对账的账务处理程序是（　　）账务处理程序。

    A. 记账凭证
B. 多栏式日记账

    C. 汇总记账凭证
D. 科目汇总表

16. 企业收到并已入账的销货款,但银行尚未入账,由此形成的未达账项,企业会计人员在编制"银行存款余额调节表"时,应将（　　）。

    A. 银行对账单余额方调增
B. 银行对账单余额方调减

C. 企业银行存款日记账余额方调增   D. 企业银行存款日记账余额方调减

17. 资产负债表中的"存货"项目,应根据(　　)填列。

   A. "原材料""库存商品"和"生产成本"总账账户的余额合计数,减去"存货跌价准备"总账账户余额后的净额

   B. "在途物资""原材料"和"库存商品"总账账户的余额合计数,减去"存货跌价准备"总账账户余额后的净额

   C. "原材料"和"库存商品"总账账户的余额合计数,减去"存货跌价准备"总账账户余额后的净额

   D. "在途物资""原材料""库存商品"和"生产成本"总账账户的余额合计数,减去"存货跌价准备"总账账户余额后的净额

18. 下列各项中,不属于企业经营活动交易或事项的是(　　)。

   A. 购买原材料   B. 销售商品

   C. 从银行借款   D. 提供劳务

19. 下列关于债权、债务会计凭证销毁的论述中,正确的是(　　)。

   A. 保管期满的债权、债务会计凭证可以销毁

   B. 尽管尚未结清,但保管期满的债权、债务会计凭证也可以销毁

   C. 保管期满并已结清的债权、债务会计凭证可以销毁

   D. 保管期满并已结清的债权、债务会计凭证也不可以销毁

20. (　　)要求企业或单位全面系统地分析、梳理业务流程中所涉及的不相容职务,实施相应的分离措施,形成各司其职、各负其责、相互制约的工作机制。

   A. 授权审批控制   B. 会计系统控制

   C. 不相容职务分离控制   D. 预算控制

二、多项选择题(在每小题的备选答案中,选出所有合适的答案。本题型共10小题,每小题2分,共20分。)

1. 在会计上,明确界定会计主体假设的意义在于(　　)。

   A. 划定会计所要处理的各项交易或事项的范围

   B. 将会计主体的交易或事项与会计主体所有者的交易或事项区分开来

   C. 划定会计所要处理的各项交易或事项的时间范围

   D. 将会计主体的交易或事项与其他会计主体的交易或事项区分开来

   E. 为会计分期假设提供必要基础

2. 下列关于历史成本的评价中,正确的有(　　)。

   A. 数据容易取得,方便操作

   B. 相关性强

   C. 能够被核实和验证

D. 不同时期的会计信息可能缺乏可比性

E. 资产的账面价值可能会脱离实际价值

3. 下列各项中,属于负债要素特征的有( )。

A. 企业过去的交易或者事项形成的前期义务

B. 企业过去的交易或者事项形成的现时义务

C. 企业应当承担的现时义务

D. 预期会导致经济利益流出企业的现时义务

E. 企业过去的交易或者事项形成的未来义务

4. 将一项资源确认为资产,除了应符合资产要素的定义,还应符合的条件有( )。

A. 与该资源有关的经济利益很可能流入企业

B. 与该义务有关的经济利益很可能流出企业

C. 与该资源有关的经济利益必定流入企业

D. 与该义务有关的经济利益必定流出企业

E. 该资源的成本或价值能够可靠计量

5. ( )的经济业务会引起资产总额发生变化。

A. 从银行提取现金   B. 将现金存入银行

C. 收到投资者投入设备一台   D. 从银行借入款项转入银行账户

E. 企业收回应收账款

6. 如果企业在会计期末不进行应计未收收入的调整,将会( )。

A. 虚减当期资产   B. 虚减当期收入

C. 虚增当期收入   D. 虚减当期负债

E. 虚减当期利润

7. 下列各项中,属于现金日记账登记的要求有( )。

A. 由出纳人员登记

B. 由会计人员登记

C. 按时间顺序逐日逐笔登记,逐日结出余额

D. 按时间顺序逐日逐笔登记,按旬结出余额

E. 按时间顺序逐日逐笔登记,按月结出余额

8. 企业在财产清查中盘盈材料,在查明原因报经批准前为保证账实相符,应进行账务处理,所编制的会计分录涉及的账户及方向包括( )。

A. 借:待处理财产损溢   B. 借:原材料

C. 贷:待处理财产损溢   D. 贷:原材料

E. 贷:营业外收入

9. 下列所列各项中,影响企业营业利润的有( )。

A. 主营业务收入　　　　　　　　　B. 营业外收入

C. 其他业务收入　　　　　　　　　D. 信用减值损失

E. 投资收益

10. 内部环境是企业实施内部控制的基础,包括(　　　)等内容。

A. 治理结构　　　　　　　　　　　B. 机构设置及权责分配

C. 内部审计　　　　　　　　　　　D. 人力资源政策

E. 企业文化

三、判断题(认为正确的在题目前面括号内打"√",认为错误的在题目前面括号内打"×"。本题型共 10 小题,每小题 1 分,共 10 分。)

1. (　　)会计主体对外提供的会计信息负有法律责任。

2. (　　)根据我国企业会计基本准则的规定,企业可以根据自身的行业特点和经营活动的需要选择权责发生制或收付实现制作为会计基础。

3. (　　)根据会计信息质量的可靠性要求,企业应当以实际发生的交易或者事项为依据进行会计确认、计量和报告。

4. (　　)资产是企业拥有的资源,企业对借入的款项并不拥有所有权,因而不能将其确认为企业的资产。

5. (　　)企业通过银行偿付之前所欠的货款,导致经济利益的流出,因而应确认为企业的费用。

6. (　　)在简单的交易和事项中,相关账户记录的借贷双方的金额是相等的,而在复杂交易和事项中,相关账户记录的借贷双方的金额是不相等的。

7. (　　)一笔业务在相关账户中将借贷方向记反,可以通过试算平衡发现。

8. (　　)企业应当按照权责发生制编制资产负债表、利润表、现金流量表与所有者权益变动表。

9. (　　)根据我国会计法规的规定,违反《会计法》应承担行政和刑事两种法律责任。

10. (　　)如果会计法规体系完善了,会计职业道德规范就不是那么重要了。

四、会计处理题(凡要求编制会计分录的,能够列示二级科目的应列示二级科目。本题型共 3 题,第 1 题 8 分、第 2 题 10 分、第 3 题 8 分,共 26 分。)

1. 东风公司 20×1 年 12 月发生如下部分经济业务:

(1) 12 月 1 日,向银行借入期限为 3 个月的借款 600 000 元,年利率 4%,到期一次还本付息,款项已转入公司银行账户。

(2) 12 月 5 日,通过银行收到蓝天公司按投资合同汇至公司银行账上投资款 1 200 000 元,蓝天公司享有东风公司注册资本金额为 1 000 000 元。

(3) 12 月 7 日,购入 A 材料一批,增值税专用发票上注明的价款为 30 000 元,增值税税额为 3 900 元,货款尚未支付,材料尚未验收入库。

（4）12月9日，12月7日购入的A材料运达验收入库。

（5）12月16日，签发3个月到期的商业汇票抵付12月7日购入的A材料货款。

（6）12月22日，经股东大会批准，将资本公积800 000元转作实收资本。

（7）12月31日，计提12月1日借入600 000元借款的本月利息。

（8）12月31日，应计提坏账准备3 000元，计提前"坏账准备"账户借方余额500元，对实际应提取的坏账准备进行账务处理。

要求：对发生的每项业务注明应填制的记账凭证并编制会计分录。

2. 振达公司20×1年12月1日"库存商品"账户及其所属明细账户资料如下：

库存商品	数量（件）	单价（元/件）	金额（元）
甲产品	2 000	500	1 000 000
乙产品	3 000	450	1 350 000
合计			2 350 000

振达公司12月份发生下列与所生产产品有关的经济业务：

（1）出售甲产品1 600件，生产完工入库甲产品1 000件，每件生产成本530元。

（2）出售乙产品2 500件，生产完工入库乙产品2 000件，每件生产成本425元。

假设东风公司采用月末一次加权平均法计算产品出售出库成本与结存成本。

要求：

（1）编制上述产品完工入库的会计分录。

（2）编制上述产品出售出库结转成本的会计分录。

（3）根据如下格式编制"库存商品"的明细分类账户本期发生额及余额表，进行试算验证：

明细分类账户	期初余额（元）	本期发生额（元）		期末余额（元）
		借方	贷方	
甲产品	1 000 000			
乙产品	1 350 000			
合计	2 350 000			

3. 维达公司发生如下经济业务：

（1）在财产清查中盘盈A材料150千克，每千克成本20元，共计3 000元。根据"实存账存对比表"所确定的盘盈数量及金额进行会计处理。

（2）在财产清查中盘盈A材料150千克，经查验属于计量器具原因造成，应冲减管理费用，报经批准后进行会计处理。

（3）在财产清查中发现，供货单位正达公司已被撤销，应付货款8 000元无法支付，报经批准予以转销。

（4）公司所投资的联新公司宣告分配利润，公司可获得分配利润 120 000 元。

（5）公司因违反有关环保规定，受到 10 000 元的罚款处罚，罚款已通过银行付讫。

（6）假定公司"本年利润"账户 20×1 年 12 月末贷方余额为 520 000 元，将"本年利润"账户余额即本年净利润结转至"利润分配"账户。

（7）假设公司年初"利润分配"账户余额为 0，公司股东会决定根据规定按当年净利润的 10% 提取法定盈余公积，按 5% 提取任意盈余公积。

（8）公司股东会决定并宣告，将可供分配利润的 50% 分配给投资者。

要求：对维达公司发生的上述经济业务编制会计分录。

五、综合题（凡要求编制会计分录的，能够列示二级科目的应列示二级科目。本题 24 分。）

假设长江公司为增值税一般纳税人，20×1 年 9 月 1 日有关会计科目的余额如下：

科目余额表

账户名称	借方余额（元）	账户名称	贷方余额（元）
库存现金	60 000	短期借款	600 000
银行存款	2 600 000	应付票据	760 000
应收票据	680 000	其他应付款	150 000
原材料	650 000	应付职工薪酬	1 780 000
库存商品	2 760 000	应交税费	340 000
长期应收款	1 800 000	累计折旧	1 320 000
固定资产	5 400 000	实收资本	7 050 000
无形资产	500 000	利润分配	2 450 000
合计	14 450 000	合计	14 450 000

20×1 年 9 月发生以下经济业务：

（1）购入原材料一批，增值税专用发票上注明的售价为 300 000 元，增值税税额为 39 000 元，材料已验收入库，款项以银行存款支付。

（2）销售产品一批，开具的增值税专用发票上注明的售价为 4 600 000 元，增值税税额为 598 000 元，款项已通过银行收讫。同时结转该批产品的成本 2 400 000 元。

（3）购入不需要安装即可使用的设备一台，增值税专用发票上注明的售价为 500 000 元，增值税税额为 65 000 元，款项以银行存款支付，设备已经交付使用。

（4）通过银行支付职工薪酬 1 780 000 元。

（5）行政管理部门用现金支付购买办公用品 500 元。

（6）以银行存款归还短期借款 600 000 元及支付本月借款利息 2 500 元。

（7）通过银行支付本月水电费 28 000 元，其中，生产车间耗用 22 000 元，行政管理部门耗用 6 000 元。

(8) 月末结算材料成本共计 630 000 元,其中,为生产产品领用材料 600 000 元,车间一般消耗领用 20 000 元,行政管理部门领用 10 000 元。

(9) 计算分配本月职工薪酬费用 1 900 000 元,其中,生产工人 1 500 000 元,车间管理人员 160 000 元,行政管理部门 240 000 元。

(10) 计提固定资产折旧费 150 000,其中,生产车间用固定资产折旧费 100 000 元,行政管理部门用固定资产折旧费 50 000 元。

(11) 假设本月只生产一种产品,结转本月制造费用。

(12) 假设产品本月投产本月完工,结转本月完工入库产品成本。

(13) 结转上述业务涉及的各损益类账户,计算利润总额。

(14) 假设所得税税率为 25%,且本月没有纳税调整项目,计算本月应交所得税并结转本年利润账户。

要求:

(1) 编制上述每项经济业务的相关会计分录。

(2) 假设除上述业务外不考虑其他事项,按下表列表计算长江公司 20×1 年 9 月 30 日"资产负债表"中有关项目的期末余额:

报表项目	计算过程及结果
货币资金	
存货	
流动资产合计	
固定资产净值	
资产总计	
应交税费	
流动负债合计	
负债合计	
未分配利润	
所有者权益合计	
负债与所有者权益总计	

练习题参考答案

第一章　练习题参考答案

一、单项选择题

1. C　2. D　3. C　4. D　5. C　6. C　7. A　8. C　9. B　10. A

二、多项选择题

1. ABCE　2. AD　3. ACDE　4. BCDE　5. BCD　6. ACDE　7. BCE　8. ABCD　9. ABCDE
10. ACDE

三、判断题

1. ×　2. √　3. ×　4. ×　5. √　6. √　7. ×　8. √　9. √　10. √　11. ×　12. ×
13. √　14. √　15. √

第二章　练习题参考答案

一、单项选择题

1. C　2. B　3. D　4. A　5. C　6. C　7. C　8. D　9. B　10. A　11. C　12. B　13. C　14.
A　15. C　16. D　17. C　18. A　19. B　20. C

二、多项选择题

1. ACDE　2. BE　3. BCE　4. ACDE　5. BCE　6. ABDE　7. ACE　8. CD　9. ABC
10. ABCDE

三、判断题

1. ×　2. √　3. ×　4. ×　5. √　6. √　7. √　8. √　9. ×　10. ×　11. √　12. √
13. ×　14. √　15. ×

四、业务题

按收付实现制与权责发生制进行收入、费用确认及盈亏核算

单位:元

业务序号	收付实现制		权责发生制	
	收入	费用	收入	费用
(1)		50 000		
(2)	100 000			
(3)	60 000		80 000	

（续表）

业务序号	收付实现制		权责发生制	
	收入	费用	收入	费用
(4)		90 000		90 000
(5)		20 000		
(6)		48 000		1 000
(7)				2 500
(8)			250 000	
(9)	50 000			
(10)				10 000
合计	210 000	208 000	330 000	103 500
盈亏计算	210 000－208 000＝－2 000		330 000－103 500＝226 500	

第三章　练习题参考答案

一、单项选择题

1. C　2. C　3. B　4. C　5. C　6. B　7. D　8. D　9. C　10. B　11. D　12. C　13. B　14. C　15. D

二、多项选择题

1. ACE　2. BDE　3. BCDE　4. ACE　5. ACDE　6. ACE　7. BC　8. ABD　9. BD　10. BCDE　11. ABCD　12. ABCDE　13. ABCE　14. ABC　15. AB

三、判断题

1. ×　2. ×　3. √　4. √　5. ×　6. ×　7. ×　8. √　9. √　10. ×　11. ×　12. ×　13. √　14. ×　15. √　16. √　17. ×　18. ×　19. ×　20. ×

四、业务题

【业务题一】

经济业务对资产和权益的影响

单位:元

业务	资产			负债			所有者权益		
	类别	增加	减少	类别	增加	减少	类别	增加	减少
(1)	银行存款	20 000					实收资本	20 000	
(2)	银行存款		23 000	应付账款		23 000			
(3)				应付账款		100 000	实收资本	100 000	

（续表）

业务	资产			负债			所有者权益		
	类别	增加	减少	类别	增加	减少	类别	增加	减少
(4)	应收账款 银行存款	45 200	45 200						
(5)	原材料	21 300		应付账款	21 300				
(6)				短期借款	80 000		实收资本		80 000
(7)	固定资产 银行存款	7 600	5 000	应付账款	2 600				
(8)							实收资本 资本公积	50 000	50 000
(9)				应付股利	40 000		利润分配		40 000
(10)	银行存款		40 000	应付股利		40 000			

【业务题二】

（1）经济业务影响的会计要素和金额

经济业务影响的会计要素和金额

单位：元

业务	资产		负债		收入		费用		利润	
	增加	减少	增加	减少	增加	减少	增加	减少	增加	减少
(1)	120 000				120 000					
(2)		20 000								20 000
(3)			25 000				25 000			
(4)	20 000								20 000	
(5)		90 000					90 000			

（2）东方公司11月份实现利润为5 000元。

（3）东方公司11月末资产、负债和所有者权益分别为：290 900元、55 900元和235 000元。

【业务题三】

（1）经济业务具体内容如下：

① 以售价330 000元销售吸尘器一批，货款已收讫或待收。

② 以售价270 000元销售吸尘器一批，货款前期已预收。

③ 计提本月短期借款利息150 000元。

④ 结转本月已售商品的成本410 000元。

（2）3月末的所有者权益790 000元。

(3) 3月份实现的利润 40 000 元。

【业务题四】

A＝0 B＝360 000 C＝142 600 D＝－1 000 E＝364 600 F＝124 200

【业务题五】

(1) 9月2～10日间每日发生的经济业务如下：

2日，以银行存款偿还短期借款 20 000 元，资产和负债同减。

3日，收到客户前欠货款 5 000 元，资产内部此增彼减。

4日，不能按期还款而将应付货款 3 600 元转为应付票据，负债内部此增彼减。

5日，投资人投入价值 40 000 元的机器设备，其中溢价为 15 000 元，资产和所有者权益同增。

6日，从银行提取现金 6 300 元，资产内部此增彼减。

7日，购买原材料 21 000 元，通过银行存款支付 12 000 元，其余 9 000 元尚未支付，资产内部此增彼减、资产和负债同增。

8日，经股东大会决议，将资本公积 8 000 元转增资本，所有者权益内部此增彼减。

9日，将 3 200 元现金存入银行，资产内部此增彼减。

10日，向银行借入为期 3 个月的借款 55 000 元，款项已打入公司银行账户，资产和负债同增。

(2) 9月10日的资产为 223 000 元，负债为 83 000 元、所有者权益为 140 000 元。

第四章 练习题参考答案

一、单项选择题

1. D 2. C 3. D 4. D 5. C 6. B 7. C 8. A 9. B 10. D 11. C 12. D 13. A 14. B 15. D

二、多项选择题

1. BCD 2. BDE 3. ACD 4. ACDE 5. ACDE 6. ABC 7. ACDE 8. AB 9. ABC 10. ABD 11. CDE 12. BCDE 13. BCD 14. ABCDE 15. CDE

三、判断题

1. × 2. √ 3. × 4. × 5. √ 6. × 7. × 8. × 9. × 10. × 11. √ 12. × 13. √ 14. √ 15. √

【业务题一】

(1)～(6)分别为库存现金、应收账款、原材料、银行存款、预付账款、固定资产。

(7)～(12)分别为固定资产、应收账款、固定资产、库存商品、固定资产、无形资产。

【业务题二】

(1)～(5)分别为实收资本、预收账款、应付利息、短期借款、盈余公积。

(6)～(10)分别为应付账款、资本公积、应交税费、应付职工薪酬、本年利润。

【业务题三】

(1)～(5)分别为管理费用、管理费用、销售费用、营业外支出、主营业务成本。

(6)～(10)分别为制造费用＊、财务费用、营业外支出、生产成本＊、生产成本＊。

(11)～(15)分别为其他业务收入、制造费用＊、营业外收入、主营业务收入、其他业务成本。

【业务题四】

单位:元

账户名称	账户类别	项目金额	账户名称	账户类别	项目金额
预收账款	负债类	A＝66 000	主营业务收入	损益类	F＝300 000
应付账款	负债类	B＝79 000	其他业务成本	损益类	G＝0
累计折旧	资产类	C＝11 000	应交税费	负债类	H＝6 000
生产成本	成本类	D＝95 000	本年利润	损益类	I＝170 000
制造费用	成本类	E＝0	利润分配	所有者权益类	J＝170 000

【业务题五】

会计分录

序号	会计分录		序号	会计分录	
(1)	借：库存现金 　贷：银行存款	8 000 　8 000	(2)	借：固定资产 　贷：银行存款	90 000 　90 000
(3)	借：无形资产 　贷：银行存款	30 000 　30 000	(4)	借：应付职工薪酬 　贷：实收资本	300 000 　300 000
(5)	借：原材料 　银行存款 　贷：实收资本	100 000 700 000 　800 000	(6)	借：银行存款 　预收账款 　贷：主营业务收入	400 000 80 000 　480 000
(7)	借：制造费用 　贷：预付账款	3 500 　3 500	(8)	借：预付账款 　贷：银行存款	12 000 　12 000
(9)	借：原材料 　贷：预付账款	76 000 　76 000	(10)	借：银行存款 　贷：库存现金	20 000 　20 000
(11)	借：应收账款 　贷：主营业务收入	900 000 　900 000	(12)	借：主营业务成本 　贷：库存商品	860 000 　860 000
(13)	借：应付账款 　贷：实收资本	50 000 　50 000	(14)	借：资本公积 　贷：实收资本	2 000 000 　2 000 000
(15)	借：应付股利 　贷：银行存款	1 000 000 　1 000 000	(16)	借：营业外支出 　贷：银行存款	50 000 　50 000
(17)	借：税金及附加 　贷：应交税费	20 000 　20 000	(18)	借：制造费用 　管理费用 　贷：累计折旧	25 000 15 000 　40 000
(19)	借：销售费用 　贷：其他应收款 　库存现金	8 500 　5 000 　3 500	(20)	借：短期借款 　财务费用 　应付利息 　贷：银行存款	1 000 000 5 000 25 000 　1 030 000

【业务题六】

(1)"应收账款"总分类账户余额＝20 000＋150 000－88 000＝82 000(元)

"应收账款——东方公司"明细分类账户余额＝60 000(元)

"应收账款——南方公司"明细分类账户余额＝20 000＋50 000－70 000＝0

"应收账款——西方公司"明细分类账户余额＝40 000－18 000＝22 000(元)

"预收账款"总分类账户余额＝30 000－29 000＝1 000(元)

"预收账款——北方公司"明细分类账户余额＝30 000－20 000＝10 000(元)

"预收账款——中方公司"明细分类账户余额＝－9 000(元)(借方余额)

"库存商品"总分类账户余额＝380 000－156 500＝223 500(元)

"库存商品——甲产品"明细分类账户余额＝220 000－75 500＝144 500(元)

"库存商品——乙产品"明细分类账户余额＝160 000－81 000＝79 000(元)

(2)甲产品销售毛利＝(80 000＋15 000)－75 500＝19 500(元)

乙产品销售毛利＝(70 000＋14 000)－81 000＝3 000(元)

【业务题七】

利华公司账户分类表

账户名称	按经济内容分类	按用途和结构分类	按与财务报表的关系分类
银行存款	资产	盘存	实账户
应收账款	资产	债权结算	实账户
预收账款	负债	债务结算	实账户
原材料	资产	盘存	实账户
固定资产	资产	盘存	实账户
累计折旧	资产	备抵调整	实账户
生产成本	成本	成本计算	实账户
制造费用	成本	集合分配	实账户
财务费用	费用	费用汇转	虚账户
主营业务收入	收入	收入汇转	虚账户
主营业务成本	费用	费用汇转	虚账户
所得税费用	费用	费用汇转	虚账户
营业外支出	费用	费用汇转	虚账户
实收资本	所有者权益	资本	实账户
利润分配	所有者权益	备抵调整	实账户

【业务题八】

账户分类表

账户类别	资产类	负债类	所有者权益类	成本类	损益类
盘存类	库存现金 银行存款 原材料 固定资产				
资本类			实收资本 资本公积 盈余公积		
结算类		应收票据 应收账款 预付账款 其他应收款 短期借款 应付票据 应付账款 预收账款 应付利息 应付职工薪酬 应交税费 其他应付款			
备抵调整类	坏账准备 存货跌价准备 累计折旧		利润分配		
集合分配类				制造费用	
成本计算类				生产成本	
跨期摊配类	长期待摊费用				
汇转类					主营业务收入 主营业务成本 销售费用 管理费用 财务费用
财务成果类			本年利润		

【业务题九】

(1) 各明细账户余额的经济含义

普庆公司部分结算类总分类账户所属明细分类账户余额经济含义

单位:元

账户	借方	贷方	含义	账户	借方	贷方	含义
应收账款	600 000		—	应付账款		50 000	—
其中:甲公司	700 000		债权	其中:丁公司		80 000	债务
乙公司		300 000	债务	戊公司		10 000	债务
丙公司	200 000		债权	己公司	40 000		债权

(2) 债权有两项,金额合计为 940 000 元,具体情况为:

应收账款＝700 000＋200 000＝900 000(元),预付账款＝40 000(元)

债务也有两项,金额合计为 390 000 元,具体情况为:

应付账款＝80 000＋10 000＝90 000(元),预收账款＝300 000(元)

【业务题十】

(1) 债权两项:

应收账款＝"应收账款"账户明细账借方余额合计＋"预收账款"账户明细账借方余额合计

＝(500 000＋240 000)＋20 000＝760 000(元)

预付账款＝"预付账款"账户明细账借方余额合计

＝86 000＋12 000＝98 000(元)

(2) 债务两项:

应付账款＝"应付账款"账户明细账贷方余额合计＋"预付账款"账户明细账贷方余额合计

＝(26 000＋14 000)＋28 000＝68 000(元)

预收账款＝"预收账款"账户明细账贷方余额合计

＝30 000＋90 000＝120 000(元)

第五章　练习题参考答案

一、单项选择题

1. C　2. B　3. B　4. B　5. A　6. C　7. B　8. B　9. A　10. A　11. B　12. A　13. D　14. D　15. D　16. B　17. B　18. A　19. B　20. D

二、多项选择题

1. ACD　2. CD　3. ABD　4. ABCDE　5. CE　6. ABCE　7. BCD　8. ABCD　9. ABCD　10. ABD　11. BCDE　12. BCE　13. BDE　14. ABCD　15. BC　16. ABCE　17. AD　18. ACDE　19. BCE　20. DE

三、判断题

1. ×　2. ×　3. √　4. ×　5. ×　6. √　7. √　8. √　9. √　10. ×　11. √　12. √　13. ×　14. ×　15. √　16. √　17. √　18. √　19. ×　20. √

四、业务题

【业务题一】

会计分录

序号	会计分录		序号	会计分录	
(1)	借：银行存款 　贷：短期借款	500 000 500 000	(2)	借：财务费用 　贷：应付利息	2 500 2 500
(3)	借：短期借款 　应付利息 　贷：银行存款	500 000 10 000 510 000	(4)	借：在途物资——A 　　——B 　应交税费——应交增值税(进项税额) 　贷：银行存款	124 800 43 200 21 520 189 520
(5)	借：固定资产 　贷：实收资本	500 000 500 000	(6)	借：原材料——A 　　——B 　贷：在途物资——A 　　——B	124 800 43 200 124 800 43 200
(7)	借：预付账款——晨光公司 　贷：银行存款	60 000 60 000	(8)	借：在途物资——B 　应交税费——应交增值税(进项税额) 　贷：预付账款——晨光公司 借：原材料——B 　贷：在途物资——B	65 000 8 450 73 450 65 000 65 000
(9)	借：预付账款——晨光公司 　贷：银行存款	13 450 13 450			

【业务题二】

(1) 会计分录

序号	会计分录		序号	会计分录	
(1)	借：生产成本——甲产品 　　——乙产品 　制造费用 　管理费用 　贷：原材料	600 000 500 000 60 000 50 000 1 210 000	(2)	借：生产成本——甲产品 　　——乙产品 　制造费用 　管理费用 　贷：应付职工薪酬	200 000 300 000 100 000 150 000 750 000
(3)	借：制造费用 　管理费用 　贷：累计折旧	590 000 200 000 790 000	(4)	借：生产成本——甲产品 　　——乙产品 　贷：制造费用	300 000 450 000 750 000
(5)	借：库存商品——甲产品 　贷：生产成本——甲产品	1 200 000 1 200 000			

（2）甲产品生产成本明细账

"生产成本"明细账

产品名称：甲产品　　　　　　　　　　　　　　　生产数量：100 件，单位：元

20×1年		凭证号数	摘要	借方				贷方	余额
月	日			直接材料	直接人工	制造费用	合计		
7	1		期初余额	40 000	40 000	20 000	100 000		100 000
	31		领用材料	600 000			600 000		
	31		结算薪酬费用		200 000		200 000		
	31		分配结转制造费用			300 000	300 000		
			生产费用合计	640 000	240 000	320 000	1 200 000		
	31		完工结转（100 件）	640 000	240 000	320 000	1 200 000	1 200 000	
			期末余额	0	0	0	0		0

【业务题三】

会计分录

序号	会计分录	序号	会计分录
（1）	借：银行存款　　　　　　67 800 　　贷：主营业务收入　　　　　60 000 　　　　应交税费——应交增值税（销项税额）　　　　　　　7 800	（2）	借：应收账款　　　　　　101 700 　　贷：主营业务收入　　　　　90 000 　　　　应交税费——应交增值税（销项税额） 　　　　　　　　　　　　　　11 700
（3）	借：税金及附加　　　　　6 000 　　贷：应交税费　　　　　　　6 000	（4）	借：主营业务成本　　　　70 000 　　贷：库存商品——丙　　　　30 000 　　　　　　　——丁　　　　40 000
（5）	借：银行存款　　　　　　9 000 　　贷：营业外收入　　　　　　9 000	（6）	借：销售费用　　　　　　8 000 　　贷：银行存款　　　　　　　8 000
（7）	借：主营业务收入　　150 000 　　营业外收入　　　　　9 000 　　贷：本年利润　　　　　159 000 借：本年利润　　　　　84 000 　　贷：主营业务成本　　　　70 000 　　　　税金及附加　　　　6 000 　　　　销售费用　　　　　8 000	（8）	借：所得税费用　　　　　18 750 　　贷：应交税费——应交所得税　18 750 借：本年利润　　　　　18 750 　　贷：所得税费用　　　　　18 750
（9）	借：本年利润　　　　156 250 　　贷：利润分配　　　　　156 250	（10）	借：利润分配　　　　　15 625 　　贷：盈余公积　　　　　　15 625

【业务题四】

（1）甲产品发出数量＝800 件，发出成本＝500×11＋300×12＝9 100（元）

期末结存数量＝500＋1 000－800＋900＝1 600件,结存成本＝700×12＋900×15＝21 900(元)

盘亏100件,盘亏金额＝100×12＝1 200(元)

(2) 加权平均成本＝(500×11＋1 000×12＋900×15)/2 400＝12.916 7(元/件)

期末结存数量＝1 500件,结存成本＝1 500×12.916 7＝19 375.05(元)

发出数量＝500＋1 000＋900－1 500＝900(件),发出成本＝5 500＋25 500－19 375.05＝11 624.95(元)

【业务题五】

甲、乙、丙三种产品相关成本表

单位:元

项目	甲产品	乙产品	丙产品
月初在产品成本(元)	35 000	24 000	10 000
本月生产费用(元)	125 000	60 000	35 000
本月完工产品成本(元)	160 000	84 000	45 000
本月完工验收数量(件)	8 000	2 100	3 000
完工产品单位成本(元/件)	20	40	15
月初库存商品数量(件)	2 000	2 900	5 000
月初库存商品成本(元)	38 000	110 200	90 000
库存商品平均单位成本(元/件)	19.80	38.84	16.875
本月销售数量(件)	6 000	1 000	2 000
本月销售成本(元)	118 800	38 840	33 750
月末库存商品数量(件)	4 000	4 000	6 000
月末库存商品成本(元)	79 200	155 360	101 250

【业务题六】

会计分录

序号	会计分录	序号	会计分录
(1)	借:在途物资　　450 000 　　应交税费——应交增值税(进项税额)　　56 500 　　贷:应付账款　　506 500 借:原材料　　450 000 　　贷:在途物资　　450 000	(2)	借:应交税费——应交所得税　　780 000 　　贷:银行存款　　780 000
(3)	借:其他应收款——小李　　8 000 　　贷:库存现金　　8 000	(4)	借:应付账款　　506 500 　　贷:银行存款　　506 500
(5)	借:销售费用　　160 000 　　贷:银行存款　　160 000	(6)	借:预付账款　　900 000 　　贷:银行存款　　900 000
(7)	借:管理费用　　8 200 　　贷:其他应收款——小李　　8 000 　　　　库存现金　　200	(8)	借:管理费用　　300 000 　　贷:预付账款　　300 000

【业务题七】

(1) 营业利润＝8 000 000＋2 000 000－4 000 000－1 500 000－500 000－600 000－160 000－200 000＋2 500 000－700 000＝4 840 000(元)

(2) 总利润＝4 840 000＋100 000－80 000＝4 860 000(元)

(3) 所得税费用＝4 860 000×25％＝1 215 000(元)

净利润＝4 860 000－1 215 000＝3 645 000(元)

【业务题八】

会计分录

序号	会计分录	序号	会计分录
(1)	2～3月每月月末应预提利息1 250元 借：财务费用　　　　1 250 　　贷：应付利息　　　　1 250	(2)	2月应确认收入20 000元 借：预收账款　　　　22 600 　　贷：主营业务收入　　　20 000 　　　　应交税费——应交增值税(销项税额) 　　　　　　　　　　　2 600
(3)	4～6月每月月末应摊销保险费6 000元 借：管理费用　　　　6 000 　　贷：预付账款　　　　6 000	(4)	7～9月每月月末应摊销房屋租金8 000元 借：管理费用　　　　8 000 　　贷：预付账款　　　　8 000
(5)	12月末应计提坏账准备2 000元 借：信用减值损失——计提的坏账准备 　　　　　　　　　　　2 000 　　贷：坏账准备　　　　2 000		

【业务题九】

对201×年鹤鸣公司利润的影响：－8 000＋6 000－5 000＋10 000－5 000＝－2 000(元)，即减少利润2 000元。

【业务题十】

会计分录

序号	会计分录	序号	会计分录
(1)	借：在途物资　　　　40 000 　　应交税费——应交增值税(进项税额)　　　　5 200 　　贷：预付账款——跃腾公司 45 200 借：在途物资　　　　5 000 　　应交税费——应交增值税(进项税额)　　　　450 　　贷：银行存款　　　　5 450 借：原材料　　　　45 000 　　贷：在途物资　　　　45 000	(2)	借：银行存款　　　　100 000 　　贷：应收账款——昌隆公司　100 000

（续表）

序号	会计分录	序号	会计分录
(3)	借：应付职工薪酬　　　80 000 　　贷：银行存款　　　　　80 000	(4)	借：预收账款——太古公司　203 400 　　贷：主营业务收入　　　　180 000 　　　　应交税费——应交增值税（销项税额） 　　　　　　　　　　　　　　23 400
(5)	借：在途物资　　　　　50 000 　　应交税费——应交增值税（进项税 　　额）　　　　　　　6 500 　　贷：应付账款——迅达公司 56 500 借：原材料　　　　　　50 000 　　贷：在途物资　　　　　50 000	(6)	借：应收票据——海升公司　282 500 　　贷：主营业务收入　　　　250 000 　　　　应交税费——应交增值税（销项税额） 　　　　　　　　　　　　　　32 500
(7)	借：银行存款　　　　　5 000 　　贷：营业外收入　　　　5 000	(8)	借：应交税费　　　　　15 000 　　贷：银行存款　　　　　15 000
(9)	借：制造费用　　　　　3 000 　　管理费用　　　　　2 000 　　贷：银行存款　　　　　5 000	(10)	借：税金及附加　　　　43 000 　　贷：应交税费　　　　　43 000
(11)	借：财务费用　　　　　5 000 　　贷：应付利息　　　　　5 000	(12)	借：短期借款　　　　　100 000 　　应付利息　　　　　20 000 　　贷：银行存款　　　　　120 000
(13)	借：制造费用　　　　　8 000 　　管理费用　　　　　2 000 　　贷：累计折旧　　　　　10 000	(14)	借：生产成本——甲产品　60 000 　　　　　　——乙产品　20 000 　　贷：原材料　　　　　　80 000
(15)	借：生产成本——甲产品　40 000 　　　　　　——乙产品　30 000 　　制造费用　　　　　10 000 　　管理费用　　　　　20 000 　　贷：应付职工薪酬　　　100 000	(16)	借：生产成本——甲产品　12 000 　　　　　　——乙产品　9 000 　　贷：制造费用　　　　　21 000
(17)	借：库存商品——甲产品　112 000 　　　　　　——乙产品　59 000 　　贷：生产成本——甲产品 112 000 　　　　　　　　——乙产品　59 000	(18)	借：主营业务成本　　　303 600 　　贷：库存商品——甲产品　200 000 　　　　　　　　——乙产品　103 600
(19)	借：主营业务收入　　　430 000 　　营业外收入　　　　5 000 　　贷：本年利润　　　　　435 000 借：本年利润　　　　　375 600 　　贷：主营业务成本　　　303 600 　　　　税金及附加　　　43 000 　　　　管理费用　　　　24 000 　　　　财务费用　　　　5 000	(20)	借：所得税费用　　　　14 850 　　贷：应交税费——应交所得税　14 850 借：本年利润　　　　　14 850 　　贷：所得税费用　　　　14 850

（续表）

序号	会计分录		序号	会计分录	
(21)	借：本年利润 　贷：利润分配	726 000 726 000	(22)	借：利润分配 　贷：盈余公积	72 600 72 600

第六章　练习题参考答案

一、单项选择题

1. A　2. A　3. A　4. A　5. B　6. C　7. A　8. C　9. D　10. D 11. C　12. C　13. D　14. C 15. C

二、多项选择题

1. ACDE　2. ABE　3. ABCD　4. ABC　5. ABC　6. ABCDE　7. ABC 8. CDE　9. ABCE 10. CD　11. BD　12. BD　13. CD　14 ABCD　15. DE

三、判断题

1. √　2. ×　3. ×　4. √　5. √　6. √　7. ×　8. √　9. ×　10. ×　11. √　12. √ 13. ×　14. ×　15. ×

四、业务题

【业务题一】

通用记账凭证上的会计分录

序号	会计分录		序号	会计分录	
(1)	借：固定资产 　贷：实收资本	300 000 300 000	(2)	借：预付账款 　贷：银行存款	15 000 15 000
(3)	借：固定资产 　应交税费——应交增值税（进项税额） 　贷：银行存款	22 000 2 600 24 600	(4)	借：在途物资——A材料 　应交税费——应交增值税（进项税额） 　贷：应付账款 借：原材料——A材料 　贷：在途物资——A材料	10 600 1 300 11 900 10 600 10 600
(5)	借：应收账款——联华公司 　　　　227 200 　贷：主营业务收入　200 000 　　应交税费——应交增值税（销项税额） 　　　　26 000 　　银行存款　　1 200		(6)	借：银行存款 　贷：其他业务收入 　　应交税费——应交增值税（销项税额） 　　　　1 690 借：其他业务成本 　贷：原材料——C材料	14 690 13 000 10 000 10 000

（续表）

序号	会计分录		序号	会计分录	
（7）	借：销售费用 　　贷：银行存款	3 000 3 000	（8）	借：应付利息 　　财务费用 　　贷：银行存款	2 000 1 000 3 000
（9）	借：制造费用 　　贷：预付账款	5 000 5 000	（10）	借：主营业务成本 　　贷：库存商品——甲产品	120 000 120 000

【业务题二】

记账凭证与会计分录

序号	记账凭证	会计分录	
（1）	银行存款付款凭证	借：应付账款 　　贷：银行存款	50 000 50 000
（2）	银行存款付款凭证	借：库存现金 　　贷：银行存款	6 000 6 000
（3）	银行存款收款凭证	借：银行存款 　　贷：主营业务收入 　　　应交税费——应交增值税（销项税额）	33 900 30 000 3 900
（4）	库存现金付款凭证	借：管理费用 　　贷：库存现金	500 500
（5）	库存现金收款凭证	借：库存现金 　　贷：其他应收款	150 150

【业务题三】

制造费用分配表

20×1 年 7 月

产品名称	分配标准（生产工人薪酬）	分配率	分配金额（元）
甲产品	1 800 000		900 000
乙产品	1 200 000		600 000
合计	3 000 000	0.50	1 500 000

审核（签章）　　制表（签章）

依据制造费用分配表，应编制转账凭证，凭证上的会计分录为：

借：生产成本——甲产品　　　　　　　　　　　　　　　　　　　　900 000

　　　　　　——乙产品　　　　　　　　　　　　　　　　　　　　600 000

　　贷：制造费用　　　　　　　　　　　　　　　　　　　　　　1 500 000

产品成本计算单

产品名称:甲产品　　　　　　20×1 年 7 月 31 日　　　　　　完工数量:500 件,单位:元

项 目	直接材料	直接人工	制造费用	合计
月初在产品成本	250 000	200 000	100 000	550 000
本月生产费用	4 000 000	1 800 000	900 000	6 700 000
生产费用累计	4 250 000	2 000 000	1 000 000	7 250 000
完工产品成本	4 250 000	2 000 000	1 000 000	7 250 000
月末在产品成本	0	0	0	0
单位成本	850	400	200	1 450

产品入库单

交库部门:基本生产车间　　　　　　20×1 年 7 月 31 日

产品类别	产品名称及规格	产品编号	计量单位	实收数量	单位成本(元)	实际成本(元)
	甲产品		件	5 000	1 450	7 250 000
合计				5 000	1 450	7 250 000

依据产品成本计算单、产品入库单,应编制转账凭证,凭证上的会计分录为:

借:库存商品——甲产品　　　　　　　　　　　　　　　　　　　　　　　　　7 250 000

　　贷:生产成本——甲产品　　　　　　　　　　　　　　　　　　　　　　　　7 250 000

【业务题四】

(1) 审核意见

差旅费报销单存在的问题有:①住宿费超过费用开支标准 40 元。②"其他"项目中的出租车费及餐费已含在市内交通费及伙食补助内;电话卡及购买礼品费用不属于差旅费报销范畴。③书写不规范:人民币大写金额"叁仟壹佰壹拾元"后没有写"整(或正)"字,"叁仟壹佰壹拾元"与"合计人民币(大写)"之间有空白。④缺少会计主管签字或盖章。

记账凭证存在的问题有:①该项业务应编制一张转账凭证和一张库存现金收款凭证。②采购人员差旅费应列入"管理费用"账户,不计入材料采购成本。③凭证空白部分没有用斜线划去,合计金额栏的第一位数字前要填写人民币符号¥。④会计主管、审核人员未签字盖章。

(2) 重新填写的差旅费报销单与编制的记账凭证

差旅费报销单

单位:采购部   20×1年5月8日

出发				到达				公出补助				住宿费	市内交通	伙食补助	其他	合计金额
月	日	时	地点	月	日	时	地点	飞机	火车	轮船	长途汽车					
5	5		上海	5	5		杭州		65							65
5	7		杭州	5	7		上海		65			600	240	300		1 205
		合 计							130			600	240	300		1 270

人民币(大写):**壹仟贰佰柒拾元整**
原借差旅费 __2 000__ 元,报销 __1 270__ 元,结余(或超支) __730__ 元。
出差事由 **张宏去杭州采购材料**

审批:**林澄**   会计主管:**张莉**   报账人:**张宏**   审核人:**杨扬**

转账凭证

20×1年5月8日   转字第86号

摘 要	一级科目	二级或明细科目	借方金额	记账	贷方金额	记账
张宏报销差旅费	管理费用		1 270			
	其他应收款				1 270	
合 计			¥1 270		¥1 270	

附件1张

会计主管:**张莉**   记账:**肖敏**   审核:**洪琪**   制单:**杨扬**

收款凭证

借方科目:库存现金   20×1年5月8日   现收字第 号

摘 要	贷 方 科 目		金额	记账
	一级科目	二级科目或明细科目		
张宏报销退回多余现金	其他应收款	张宏	730	√
原始凭证见转字第86号				
合计			¥730	

附件 张

会计主管:**张莉**   记账:**肖敏**   出纳:**杨盛**   审核:**洪琪**   制单:**杨扬**

第七章　练习题参考答案

一、单项选择题

1. A　2. A　3. D　4. A　5. C　6. C　7. D　8. C　9. A　10. B　11. D　12. B　13. D　14. A　15. B　16. B　17. C　18. A　19. B　20. C

二、多项选择题

1. ABCDE　2. ACD　3. ABE　4. ABC　5. ABCDE　6. ACD　7. ABC　8. ABE　9. AD　10. BC　11. ACD　12. ABD　13. ADE　14. BC　15. CD　16. ABCDE　17. ABCDE　18. ABC　19. BC　20. AB

三、判断题

1. √　2. ×　3. √　4. ×　5. √　6. √　7. √　8. ×　9. ×　10. ×　11. √　12. √　13. ×　14. √　15. √　16. ×　17. ×　18. √　19. √　20. √

四、业务题

【业务题一】

(1) 专用记账凭证(以会计分录代替)

序号	会计分录		序号	会计分录	
(1)	银付1 借：库存现金 　　贷：银行存款	2 000 2 000	(2)	现收1 借：库存现金 　　贷：应收账款	850 850
(3)	现付1 借：银行存款 　　贷：库存现金	850 850	(4)	现付2 借：其他应收款 　　贷：库存现金	1 500 1 500
(5)	现付3 借：管理费用 　　贷：库存现金	500 500	(6)	转1 借：管理费用 　　贷：其他应收款 现收2 借：库存现金 　　贷：其他应收款	1 300 1 300 200 200
(7)	银付2 借：库存现金 　　贷：银行存款	120 000 120 000	(8)	现付4 借：应付职工薪酬 　　贷：库存现金	120 000 120 000
(9)	现付5 借：管理费用 　　贷：库存现金	800 800	(10)	现收3 借：库存现金 　　贷：其他应付款	900 900

(2) 根据专用记账凭证登记的库存现金日记账

库存现金日记账

20×1年		凭证		摘要	对应科目	收入	付出	结余
月	日	种类	号数					
6	1			月初余额				2 500
	2	银付	1	提取现金	银行存款	2 000		4 500
	4	现收	1	收上月销货款差额	应收账款	850		5 350
	5	现付	1	现金存入银行	银行存款		850	4 500
	10	现付	2	预借差旅费	其他应收款		1 500	3 000
	15	现付	3	付公司办公用品费	管理费用		500	2 500
	18	现收	2	收回多余现金	其他应收款	200		2 700
	20	银付	2	提取现金	银行存款	120 000		
	20	现付	4	发放职工薪酬	应付职工薪酬		120 000	2 700
	25	现付	5	付业务招待费	管理费用		800	1 900
	30	现收	3	收到押金	其他应付款	900		2 800
	30			本月合计		123 950	123 650	2 800

（3）月末结出库存现金日记账的本月发生额和月末余额见库存现金日记账。

【业务题二】

（1）专用记账凭证（以会计分录代替）

序号	会计分录	序号	会计分录
（1）	转1 借：生产成本——甲产品　400 000 　　　　　　——乙产品　300 000 　　制造费用　　　　　50 000 　　贷：原材料　　　　　　750 000	（2）	银付1 借：制造费用　　　　　　　　2 000 　　贷：银行存款　　　　　　　　2 000
（3）	银付2 借：制造费用　　　　45 000 　　管理费用　　　　25 000 　　贷：银行存款　　　　　70 000	（4）	转2 借：生产成本——甲产品　　800 000 　　　　　　——乙产品　　400 000 　　制造费用　　　　　　　200 000 　　管理费用　　　　　　　400 000 　　贷：应付职工薪酬　　　　1 800 000
（5）	转3 借：制造费用　　　　120 000 　　贷：累计折旧　　　　120 000	（6）	转4 借：制造费用　　　　　　　　2 000 　　贷：预付账款　　　　　　　　2 000
（7）	转5 借：制造费用　　　　25 000 　　贷：其他应付款　　　25 000	（8）	转6 借：生产成本——甲产品　　296 000 　　　　　　——乙产品　　148 000 　　贷：制造费用　　　　　　　444 000

（2）根据专用记账凭证逐笔登记制造费用总分类账和明细分类账并进行月末结账

总分类账

会计科目：制造费用

20×1年		凭证		摘要	对应科目	借方	贷方	借或贷	余额
月	日	种类	号数						
7	5	转	1	领用材料	原材料	50 000		借	50 000
	15	银付	1	外付维修支出	银行存款	2 000		借	52 000
	25	银付	2	水电费	银行存款	45 000		借	97 000
	31	转	2	结算职工薪酬	应付职工薪酬	200 000		借	297 000
	31	转	3	计提折旧	累计折旧	120 000		借	417 000
	31	转	4	摊销保险费	预付账款	2 000		借	419 000
	31	转	5	计提租金	其他应付款	25 000		借	444 000
	31	转	6	结转产品成本	生产成本		444 000	平	-0-
	31			本月合计		444 000	444 000	平	-0-

（可以不逐笔结计余额）

制造费用明细分类账

明细科目：基本生产车间

20×1年		凭证		摘要	借方						贷方	余额
月	日	种类	号数		机物料	薪酬	折旧	水电费	保险费	其他		
7	5	转	1	领用材料	50 000							50 000
	15	银付	1	外付维修支出						2 000		52 000
	25	银付	2	水电费				45 000				97 000
	31	转	2	结算职工薪酬		200 000						297 000
	31	转	3	计提折旧			120 000					417 000
	31	转	4	摊销保险费					2 000			418 000
	31	转	5	计提租金						25 000		444 000
	31	转	6	结转产品成本							444 000	-0-
	31			本月合计	50 000	200 000	120 000	45 000	2 000	27 000	444 000	-0-

【业务题三】

（1）专用记账凭证（以会计分录代替）

序号	会计分录	序号	会计分录
（1）	转1 借：在途物资——A材料　8 000 　　应交税费——应交增值税（进项 　　税额）　1 040 　　贷：应付账款——东方公司　9 040 转2 借：原材料——A材料　8 000 　　贷：在途物资——A材料　8 000	（2）	转3 借：原材料——A材料　18 000 　　贷：实收资本——南方公司　18 000
（3）	转4 借：生产成本　24 000 　　贷：原材料——A材料　24 000	（4）	银付1 借：预付账款——北方公司　8 000 　　贷：银行存款　8 000
（5）	银付2 借：在途物资——A材料　12 000 　　应交税费——应交增值税（进项 　　税额）　1 560 　　贷：银行存款　13 560	（6）	转5 借：在途物资——A材料　20 000 　　应交税费——应交增值税（进项 　　税额）　2 600 　　贷：预付账款——北方公司　22 600 转6 借：原材料——A材料　20 000 　　贷：在途物资——A材料　20 000 银付3 借：预付账款——北方公司　14 600 　　贷：银行存款　14 600
（7）	转7 借：管理费用　16 000 　　制造费用　10 000 　　贷：原材料——A材料　26 000	（8）	转8 借：原材料——A材料　12 000 　　贷：在途物资——A材料　12 000

（2）登记A材料明细分类账并进行月末结账

原材料明细分类账

品名：A材料　　　　　　　　　　　　　　　　　　　　实物计量单位　千克

20×1年		凭证		摘要	收入			发出			结存		
月	日	种类	号数		数量	单价	金额	数量	单价	金额	数量	单价	金额
8	1			月初							500	20	10 000
	2	转	2	购入	400	20	8 000				900	20	18 000

（续表）

20×1年		凭证		摘要	收入			发出			结存		
月	日	种类	号数		数量	单价	金额	数量	单价	金额	数量	单价	金额
	5	转	3	投资转入	9 000	20	180 000				9 900	20	198 000
	10	转	4	领用				1 200	20	24 000	8 700	20	174 000
	25	转	6	购入	1 000	20	20 000				9 700	20	194 000
	28	转	7	领用				1 300	20	26 000	8 400	20	168 000
	30	转	8	购入	600	20	12 000				9 000	20	180 000
	31			合计	11 000	20	220 000	2 500	20	50 000	9 000	20	180 000

【业务题四】

错账更正

序号	更正方法	序号	更正方法
（1）	划线更正法 先用红色墨水笔将管理费用明细分类账中错误数字"675"全数划去，然后在"675"的上方用蓝（黑）墨水笔写上"765"，并加盖更正人员名章。	（2）	红字更正法 借：制造费用　　　　4 500 　贷：原材料　　　　　4 500 借：生产成本　　　　4 500 　贷：原材料　　　　　4 500 （根据记账凭证登记账簿略）
（3）	红字更正法 借：财务费用　　　　720 000 　贷：银行存款　　　　720 000 （根据记账凭证登记账簿略）	（4）	补充登记法 借：主营业务成本　　9 000 　贷：库存商品　　　　9 000 （根据记账凭证登记账簿略）

【业务题五】

（1）错账更正

① 转18　借：管理费用　　　　　　　　　　　　　　　　　　　　　　　　1 800

　　　　　贷：原材料　　　　　　　　　　　　　　　　　　　　　　　　　　　1 800

② 见"管理费用"总分类账上对"累积折旧"的更正

（2）月末结转"管理费用"账户的会计分录与"管理费用"总账登记及月末结账

转19　借：本年利润　　　　　　　　　　　　　　　　　　　　　　　　93 300

　　　　贷：管理费用　　　　　　　　　　　　　　　　　　　　　　　　　　93 300

总分类账

会计科目:管理费用

20×1年		凭证		摘要	对应科目	借方	贷方	借/贷	余额
月	日	种类	号数						
9	2	现付	1	购买办公用品	库存现金	800		借	800
	10	银付	3	支付业务招待费	银行存款	1 200		借	2 000
	20	银付	7	支付本月水电费	银行存款	4 000		借	6 000
	30	转	15	领用材料	原材料	3 500		借	9 500
	30	转	16	分配职工薪酬	应付职工薪酬	80 000		借	89 500
	30	转	17	计提折旧	计[印章]累积折旧	2 000		借	91 500
	30	转	18	补记转15少记金额	原材料	1 800		借	93 300
	30	转	19	结转管理费用	本年利润		93 300	平	0̶
	30			本月合计		93 300	93 300	平	0̶

注:表中划去"积"字的横线为红线。

【业务题六】

(1) 错账更正

序号	更正方法	序号	更正方法
(1)	借:管理费用 [50 000] 　　贷:银行存款 [50 000] 借:营业外支出 50 000 　　贷:银行存款 50 000 　　（根据记账凭证登记账簿略）	(2)	借:银行存款 [67 800] 　　贷:主营业务收入 [60 000] 　　　　应交税费——应交增值税（销项税额）[7 800] 借:银行存款 67 800 　　贷:预收账款 67 800 　　（根据记账凭证登记账簿略）
(3)	"管理费用"账户采用划线更正,即先用红色墨水笔划去"管理费用"账户借方的"2 450",并在旁边加盖私章,然后在"2 450"的上方写上蓝字"2 540"。	(4)	借:管理费用 1 800 　　贷:预付账款 1 800 　　（根据记账凭证登记账簿略）

(2) 记账错误影响公司 8 月份营业利润的数额

记账错误影响公司 8 月份营业利润的数额＝－50 000＋60 000＋90＋1 800＝11 890(元)(虚增利润)

（3）错账更正后公司8月份的营业利润与利润总额

营业利润＝（2 500 000－60 000）＋300 000－1 300 000－120 000－50 000－25 000－（80 000

　　　　　－50 000＋90＋1 800）－40 000＝1 173 110（元）

利润总额＝1 173 110＋20 000－（5 000＋50 000）＝1 138 110（元）

（4）月末结转损益类账户的会计分录。

借：主营业务收入	2 440 000
其他业务收入	300 000
营业外收入	20 000
贷：本年利润	2 760 000
借：本年利润	1 621 890
贷：主营业务成本	1 300 000
其他业务成本	120 000
税金及附加	50 000
销售费用	25 000
管理费用	31 890
财务费用	40 000
营业外支出	55 000

【业务题七】

（1）第一组：根据第一组交易或事项编制的记账凭证见表1。根据记账凭证编制汇总收款凭证、汇总付款凭证、汇总转账凭证，分别见表2、表3、表4和表5；根据记账凭证编制科目汇总表见表6。在编制汇总记账凭证工作量不大的情况下，汇总记账凭证账务处理程序，不仅简化了登记总账的工作量，并且汇总记账凭证和根据其登记的总账反映了账户间的对应关系。

表1　　　　　　　　　东方公司交易或事项的记账凭证（替代）

20×1年		凭证号	摘要	借/贷	会计科目	明细科目	金额
月	日						
7	1	银收1	收回八一公司货款	借 贷	银行存款 应收账款	 八一公司	220 000 220 000 220 000
	3	银付1	归还短期借款	借 贷	短期借款 银行存款		400 000 400 000
	5	银收2	收到长城公司投资	借 贷	银行存款 实收资本		300 000 300 000
	6	银付2	发放工资	借 贷	应付职工薪酬 银行存款		500 000 500 000
	8	银付3	支付广告费	借 贷	销售费用 银行存款		59 000 59 000

（续表）

20×1年		凭证号	摘要	借/贷	会计科目	明细科目	金额
月	日						
	10	银收3	销售产品： 甲产品300件 乙产品200件	借 贷	银行存款 主营业务收入 应交税费	 甲产品 乙产品 应交增值税（销项税额）	904 000 800 000 600 000 200 000 104 000 104 000
	12	银收4	借入短期借款	借 贷	银行存款 短期借款		200 000 200 000
	14	银付4	购买办公用品	借 贷	制造费用 管理费用 银行存款		9 000 11 000 20 000
	15	银付5	偿还红星公司货款	借 贷	应付账款 银行存款	 红星公司 红星公司	150 000 150 000 150 000
	15	转1	销售产品： 甲产品300件 乙产品400件	借 贷	应收账款 主营业务收入 应交税费	 八一公司 甲产品 乙产品 应交增值税（销项税额）	1 130 000 1 130 000 1 000 000 600 000 400 000 130 000 130 000

说明：在汇总记账凭证账务处理程序下，7月15日的转1号凭证需拆分为2张简单分录的转账凭证，编号为转1、转2。

表2　　　　　　　　　　　　　　　　汇总收款凭证

借方科目：银行存款　　　　　　　　　20×1年7月　汇收字第701号

贷方科目	金额				总账账页
	1～10日银收字第1号至3号	11～20日银收字第4号至4号	21～31日银收字第 号至 号	合计	
应收账款	220 000			220 000	
实收资本	300 000			300 000	
主营业务收入	800 000			800 000	（略）
应交税费	104 000			104 000	
短期借款		200 000		200 000	
合计	1 424 000	200 000		1 624 000	

表3　　　　　　　　　　　　　　汇总付款凭证

贷方科目:银行存款　　　　　　　20×1年7月　　　　　　　汇付字第701号

借方科目	金额				总账账页
	1～10日银付字第1号至3号	11～20日银付字第4号至5号	21～31日银付字第 号至 号	合计	
短期借款	400 000			400 000	
应付职工薪酬	500 000			500 000	
销售费用	59 000			59 000	(略)
制造费用		9 000		9 000	
管理费用		11 000		11 000	
应付账款		150 000		150 000	
合计	959 000	170 000		1 129 000	

表4　　　　　　　　　　　　　　汇总转账凭证

贷方科目:主营业务收入　　　　　20×1年7月　　　　　　　汇转字第701号

借方科目	金额				总账账页
	1～10日转字第 号至 号	11～20日转字第1号至1号	21～31日转字第 号至 号	合计	
应收账款		1 000 000		1 000 000	(略)
合计		1 000 000		1 000 000	

表5　　　　　　　　　　　　　　汇总转账凭证

贷方科目:应交税费　　　　　　　20×1年7月　　　　　　　汇转字第702号

借方科目	金额				总账账页
	1～10日转字第 号至 号	11～20日转字第2号至2号	21～31日转字第 号至 号	合计	
应收账款		130 000		130 000	(略)
合计		130 000		130 000	

表 6

科目汇总表

20×1 年 7 月 1 日～ 15 日

会计科目	账页	本期发生额		记账凭证起讫号
		借方	贷方	
银行存款		1 624 000	1 129 000	
应收账款		1 130 000	220 000	
短期借款		400 000	200 000	
实收资本			300 000	
应付职工薪酬		500 000		
应交税费			234 000	自银收字第 1 号至第 4 号; 自银付字第 1 号至第 5 号; 自转字第 1 号至第 1 号。
销售费用		59 000		
制造费用		9 000		
管理费用		11 000		
应付账款		150 000		
主营业务收入			1 800 000	
合计		3 883 000	3 883 000	

(2) 第二组:根据第二组交易或事项编制的记账凭证见表 7 所示,根据表 7 编制的"银行存款"汇总付款凭证、"原材料"汇总转账凭证、"应付账款"汇总转账凭证如表 8、表 9、表 10 所示,编制的科目汇总表如表 11 所示。

表 7

东方公司有关交易或事项的记账凭证(替代)

20×1 年		凭证号	摘要	借/贷	会计科目	明细科目	金额
月	日						
7	16	转 2	生产领用材料: A 材料 10 000 千克 B 材料 2 000 千克	借	生产成本		340 000
						甲产品	200 000
						乙产品	140 000
				贷	原材料		340 000
						A 材料	300 000
						B 材料	40 000
	18	转 3	购入材料: A 材料 10 000 千克	借	在途物资		300 000
						A 材料	300 000
					应交税费		39 000
						应交增值税(进项税额)	39 000
				贷	应付账款		339 000
						东风公司	339 000

（续表）

20×1年		凭证号	摘要	借/贷	会计科目	明细科目	金额
月	日						
	18	转4	材料入库： A材料10 000千克	借 贷	原材料 在途物资	A材料 A材料	300 000 300 000 300 000 300 000
	20	转5	购入材料： B材料15 000千克	借 贷	在途物资 应交税费 应付账款	B材料 应交增值税（进项税额） 红星公司	300 000 300 000 39 000 39 000 339 000 339 000
	20	转6	材料入库： B材料15 000千克	借 贷	原材料 在途物资	B材料 B材料	300 000 300 000 300 000 300 000
	22	银付6	偿还东风公司货款	借 贷	应付账款 银行存款	东风公司	120 000 120 000 120 000
	25	转7	领用材料： A材料5 000千克 B材料2 000千克	借 贷	生产成本 制造费用 管理费用 原材料	甲产品 乙产品 A材料 B材料	150 000 90 000 60 000 20 000 20 000 190 000 150 000 40 000
	28	银付7	偿还红星公司货款	借 贷	应付账款 银行存款	红星公司	300 000 300 000 300 000
	31	转8	计提折旧	借 贷	制造费用 管理费用 累计折旧		58 000 42 000 100 000

（续表）

| 20×1年 | | 凭证号 | 摘要 | 借／贷 | 会计科目 | 明细科目 | 金额 |
月	日						
	31	转9	分配职工薪酬	借	生产成本		405 000
						甲产品	270 000
						乙产品	135 000
					制造费用		108 000
					管理费用		162 000
				贷	应付职工薪酬		675 000
	31	转10	收到投资转入设备	借	固定资产		280 000
				贷	实收资本		280 000
	31	转11	结转制造费用	借	生产成本		195 000
						甲产品	130 000
						乙产品	65 000
				贷	制造费用		195 000
	31	转12	结转入库产品生产成本： 甲产品完工1 000件 乙产品完工1 000件	借	库存商品		1 210 000
						甲产品	760 000
						乙产品	450 000
				贷	生产成本		1 210 000
						甲产品	760 000
						乙产品	450 000
	31	转13	结转已售生产成本： 甲产品600件 乙产品600件	借	主营业务成本		726 000
						甲产品	456 000
						乙产品	270 000
				贷	库存商品		726 000
						甲产品	456 000
						乙产品	270 000
	31	转14	结转主营业务收入	借	主营业务收入		1 800 000
				贷	本年利润		1 800 000
	31	转15	结转主营业务成本、管理费用、销售费用	借	本年利润		1 020 000
				贷	主营业务成本		726 000
					管理费用		235 000
					销售费用		59 000

说明：在汇总记账凭证账务处理程序下，第（24）笔交易或事项可以编制3笔简单会计分录，另行编号。

表 8 　　　　　　　　　　　　　　　汇总付款凭证

贷方科目:银行存款　　　　　　　　　20×1 年 7 月　　　　　　　　汇付字第 701 号

借方科目	金额				总账账页
	1～10 日银付字第　号至　号	11～20 日银付字第　号至　号	21～31 日银付字第 6 号至 7 号	合计	
应付账款			420 000	420 000	
合计				420 000	

表 9 　　　　　　　　　　　　　　　汇总转账凭证

贷方科目:原材料　　　　　　　　　　20×1 年 7 月　　　　　　　　汇转字第 703 号

借方科目	金额				总账账页
	1～10 日转字第　号至　号	11～20 日转字第 2 号至 6 号	21～31 日转字第 7 号至 15 号	合计	
生产成本		340 000	150 000	490 000	
制造费用			20 000	20 000	
管理费用			20 000	20 000	
合计		340 000	190 000	530 000	

表 10 　　　　　　　　　　　　　　汇总转账凭证

贷方科目:应付账款　　　　　　　　　20×1 年 7 月　　　　　　　　汇转字第 704 号

借方科目	金额				总账账页
	1～10 日转字第　号至　号	11～20 日转字第 2 号至 6 号	21～31 日转字第　号至　号	合计	
在途物资		600 000		600 000	
应交税费		78 000		78 000	
合计		678 000		678 000	

表 11

科目汇总表

20×1 年 7 月 16 日～31 日

会计科目	账页	本期发生额		记账凭证起讫号
		借方	贷方	
银行存款			420 000	
原材料		600 000	530 000	
在途物资		600 000	600 000	
生产成本		1 090 000	1 210 000	
库存商品		1 210 000	726 000	
固定资产		280 000		
累计折旧			100 000	
应付账款		420 000	678 000	自银收字第　号至第　号； 自银付字第 6 号至第 7 号； 自转字第 2 号至第 15 号。
应交税费		78 000		
应付职工薪酬			675 000	
实收资本			280 000	
制造费用		186 000	195 000	
管理费用		224 000	235 000	
销售费用			59 000	
主营业务收入		1 800 000		
主营业务成本		726 000	726 000	
本年利润		1 020 000	1 800 000	
合计		8 234 000	8 234 000	

第二组的交易或事项编制的记账凭证(表 7)中,转账凭证涉及原材料、应付账款、在途物资、累计折旧、应付职工薪酬、实收资本、制造费用、生产成本、库存商品、本年利润、主营业务成本、管理费用、销售费用 13 个贷方科目,需要编制 13 张汇总转账凭证(部分略),汇总转账凭证的工作量很大,并且容易出现遗漏或重复。

(3) 略。

(4) 略。

第八章　练习题参考答案

一、单项选择题

1. C　2. A　3. B　4. B　5. A　6. C　7. C　8. A　9. D　10. A

二、多项选择题

1. ACDE　2. ABCD　3. ABCD　4. ABE　5. ABC　6. CDE　7. ABCDE　8. AB　9. ABD

10. ABCE

三、判断题

1. ×　2. √　3. √　4. ×　5. ×　6. √　7. ×　8. ×　9. √　10. √　11. ×　12. ×

13. ×　14. √　15. ×

四、业务题

【业务题一】

银行存款余额调节表

20×1 年 4 月 30 日　　　　　　　　　　　　　　　　　　　　单位:元

公司银行存款日记账	金额	银行对账单	金额
公司银行存款日记账余额	124 950	银行对账单余额	129 885
加:银行已收款入账,公司尚未入账款项		加:公司已收款入账,银行尚未入账款项	
（1）公司未入账的银行代收销售款	6 790	（1）银行尚未入账的公司存入转账支票	11 200
（2）公司未入账的银行存款利息	245	减:公司已付款入账,银行尚未入账款项	
减:银行已付款入账,公司尚未入账款项		（1）银行尚未入账的公司购入材料开出转账支票	9 100
调节后余额	131 985	调节后余额	131 985

【业务题二】

（1）编制的银行存款余额调节表

银行存款余额调节表

20×1 年 11 月 30 日　　　　　　　　　　　　　　　　　　　　单位:元

公司银行存款日记账	金额	银行对账单	金额
公司银行存款日记账余额	386 000	银行对账单余额	368 200
加:银行已收款入账,公司尚未入账款项		加:公司已收款入账,银行尚未入账款项	
（1）银行已入账公司尚未入账的客户货款	35 000	（1）公司已入账银行尚未入账的销售货款	60 000
减:银行已付款入账,公司尚未入账款项		减:公司已付款入账,银行尚未入账款项	
（1）银行已代付公司尚未入账的水电费	2 800	（2）公司已支付银行尚未入账的广告费	10 000
调节后的余额	418 200	调节后的余额	418 200

（2）公司 20×1 年 11 月 30 日可实际动用的银行存款实有数为 418 200 元。

【业务题三】

会计分录

序号	会计分录	序号	会计分录
(1)	A 材料报经批准前： 借：原材料——A 材料　　　　　　3 400 　　贷：待处理财产损溢——待处理流动资产损溢　　　　　　3 400 B 材料报经批准前： 借：待处理财产损溢——待处理流动资产损溢　　　　　　15 000 　　贷：原材料——B 材料　　　　15 000	(2)	A 材料报经批准后： 借：待处理财产损溢——待处理流动资产损溢　　　　　　3 400 　　贷：管理费用　　　　　　　　3 400 B 材料报经批准后： 借：管理费用　　　　　　　　　5 000 　　营业外支出　　　　　　　　10 000 　　贷：待处理财产损溢——待处理流动资产损溢　　　　　　15 000

【业务题四】

会计分录

序号	报经批准前会计分录	报经批准后会计分录
(1)	借：待处理财产损溢——待处理固定资产损溢　　　　　　3 600 　　累计折旧　　　　　　　　2 400 　　贷：固定资产　　　　　　　6 000	借：营业外支出　　　　　　　　　3 600 　　贷：待处理财产损溢——待处理固定资产损溢　　　　　　3 600
(2)	借：待处理财产损溢——待处理流动资产损溢　　　　　　160 　　贷：原材料——A 材料　　　160	借：管理费用　　　　　　　　　160 　　贷：待处理财产损溢——待处理流动资产损溢　　　　　　160
(3)	借：原材料——B 材料　　　　150 　　贷：待处理财产损溢——待处理流动资产损溢　　　　　　150	借：待处理财产损溢——待处理流动资产损溢　　　　　　150 　　贷：管理费用　　　　　　　150
(4)	借：待处理财产损溢——待处理流动资产损溢　　　　　　55 　　贷：库存现金　　　　　　　55	借：其他应收款　　　　　　　　55 　　贷：待处理财产损溢——待处理固定资产损溢　　　　　　55

【业务题五】

会计分录

序号	报经批准前会计分录	报经批准后会计分录
(1)	借：待处理财产损溢——待处理流动资产损溢　　　　　　1 500 　　贷：原材料——A 材料　　　1 500	借：管理费用　　　　　　　　　1 500 　　贷：待处理财产损溢——待处理流动资产损溢　　　　　　1 500

（续表）

序号	报经批准前会计分录	报经批准后会计分录
（2）	借：待处理财产损溢——待处理流动资产损溢 　　　　　　　　　　　　　　2 000 　　贷：原材料——B材料　　2 000	借：管理费用　　　　　　　　　200 　　其他应收款——保管员　　　300 　　其他应收款——保险公司　1 000 　　营业外支出——非正常损失　500 　　贷：待处理财产损溢——待处理流动资产损 　　　　溢　　　　　　　　　2 000
（3）	对于盘盈的固定资产直接作为以前年度损益 调整处理： 借：固定资产　　　　　　　40 000 　　贷：以前年度损益调整　40 000 同时应调整应缴纳的所得税（假设税率25%）： 借：以前年度损益调整　　　10 000 　　贷：应交税费——应交所得税　10 000 按净利润的10%计提法定盈余公积金，调整留 存收益： 借：以前年度损益调整　　　30 000 　　贷：利润分配——未分配利润　27 000 　　　　盈余公积　　　　　3 000	
（4）	借：待处理财产损溢——待处理固定资产损溢 　　　　　　　　　　　　　12 000 　　累计折旧　　　　　　　18 000 　　贷：固定资产　　　　　30 000	借：营业外支出——固定资产盘亏　12 000 　　贷：待处理财产损溢——待处理固定资产损 　　　　溢　　　　　　　　12 000

【业务题六】

（1）原材料实存账存对比表

实存账存对比表

20×1年12月31日

材料 名称	单价 （元/千克）	账存		实存		对比结果				备注 （略）
						盘盈		盘亏		
		数量 （千克）	金额 （元）	数量 （千克）	金额 （元）	数量 （千克）	金额 （元）	数量 （千克）	金额 （元）	
A材料	30	1 200	36 000	1 120	33 600			80	2 400	
B材料	25	800	20 000	780	19 500			20	500	
C材料	9	20 000	180 000	19 000	171 000			1 000	9 000	
D材料	20	2 700	54 000	2 750	55 000	50	1 000			
合计			290 000		279 100		1 000		11 900	

（2）报经审批前后会计分录

序号	报经批准前会计分录	报经批准后会计分录
（1）	借：待处理财产损溢——待处理固定资产损溢 　　　　　　　　　　　　　24 000 　　累计折旧　　　　　　　16 000 　　贷：固定资产　　　　　　40 000	借：营业外支出　　　　　　24 000 　　贷：待处理财产损溢——待处理固定资产损 　　　　溢　　　　　　　　24 000
（2）		借：坏账准备　　　　　　　　350 　　贷：其他应收款　　　　　　350
（3）		借：其他应付款　　　　　　1 000 　　贷：营业外收入　　　　　1 000
（4）	借：待处理财产损溢——待处理流动资产损溢 　　　　　　　　　　　　　11 900 　　贷：原材料——A　　　　2 400 　　　　　　——B　　　　　500 　　　　　　——C　　　　9 000 借：原材料——D　　　　　1 000 　　贷：待处理财产损溢——待处理流动资产 　　　　损溢　　　　　　　1 000	借：管理费用　　　　　　　2 400 　　贷：待处理财产损溢——待处理流动资产 　　　　损溢　　　　　　　2 400 借：其他应收款——保管员　　500 　　贷：待处理财产损溢——待处理流动资产损 　　　　溢　　　　　　　　　500 借：管理费用　　　　　　　9 000 　　贷：待处理财产损溢——待处理流动资产 　　　　损溢　　　　　　　9 000 借：待处理财产损溢——待处理流动资产损溢 　　　　　　　　　　　　　1 000 　　贷：营业外收入　　　　　1 000

第九章　练习题参考答案

一、单项选择题

1. D　2. D　3. A　4. D　5. D　6. C　7. B　8. C　9. C　10. A

二、多项选择题

1. ABCDE　2. ACDE　3. ABDE　4. ABDE　5. ABDE　6. ABC　7. ABCE　8. ABCD
9. ACDE　10. ABC　11. ABDE　12. ABC　13. BCD　14. ABDE　15. AC

三、判断题

1. √　2. ×　3. √　4. √　5. √　6. ×　7. ×　8. ×　9. ×　10. ×　11. ×　12. √
13. √　14. √　15. √

【业务题一】

（1）～（4）会计分录

序号	会计分录		序号	会计分录	
(1)	借：主营业务收入 其他业务收入 营业外收入 贷：本年利润 借：本年利润 贷：主营业务成本 其他业务成本 税金及附加 销售费用 管理费用 财务费用 营业外支出 所得税费用	200 000 40 000 20 000 260 000 200 000 100 000 10 000 4 000 20 000 26 000 10 000 10 000 20 000	(2)	借：利润分配——提取盈余公积 贷：盈余公积	6 000 6 000
(3)	借：利润分配——应付现金股利 贷：应付股利	40 000 40 000	(4)	借：本年利润 贷：利润分配——未分配利润 借：利润分配——未分配利润 贷：利润分配——提取盈余公积 ——应付现金股利	60 000 60 000 46 000 6 000 40 000

（5）试算平衡表

试算平衡表

单位：元

账户名称	期初余额		本期发生额		期末余额	
	借方	贷方	借方	贷方	借方	贷方
库存现金	5 000		6 000	4 000	7 000	
银行存款	25 000		75 000	50 000	50 000	
应收账款	20 000		80 000	50 000	50 000	
在途物资（在途物资）	60 000		5 000	5 000	60 000	
原材料	24 000		5 000	7 000	22 000	
生产成本	66 000		80 000	(96 000)	50 000	
库存商品	70 000		80 000	110 000	40 000	
固定资产	110 000		40 000	—	150 000	
累计折旧		25 000	—	(19 000)		44 000
应付账款		50 000	20 000	(30 000)		60 000
应付股利		50 000	50 000	40 000		40 000
应交税费		25 000	25 000	35 000		35 000
实收资本		170 000	—	—		170 000
资本公积		20 000	—	—		20 000

（续表）

账户名称	期初余额		本期发生额		期末余额	
	借方	贷方	借方	贷方	借方	贷方
盈余公积		20 000	—	(6 000)		(26 000)
本年利润			(260 000)	(260 000)		
利润分配		20 000	(92 000)	(106 000)		(34 000)
主营业务收入			200 000	(200 000)		
主营业务成本			100 000	(100 000)		
其他业务收入			40 000	(40 000)		
其他业务成本			10 000	(10 000)		
税金及附加			4 000	(4 000)		
销售费用			20 000	(20 000)		
管理费用			26 000	(26 000)		
财务费用			10 000	(10 000)		
营业外收入			20 000	(20 000)		
营业外支出			10 000	(10 000)		
所得税费用			20 000	(20 000)		
合计	380 000	380 000	(1 018 000)	(1 018 000)	(429 000)	(429 000)

（6）财务报表项目金额

财务报表有关项目

单位：元

财务报表	报表项目	计算过程及结果
资产负债表	货币资金	7 000＋50 000＝57 000
	存货	60 000＋22 000＋50 000＋40 000＝172 000
	应收账款	30 000＋40 000＝70 000
	预付款项	10 000
	流动资产合计	57 000＋172 000＋70 000＋10 000＝309 000
	固定资产	150 000－44 000＝106 000
	资产总计	309 000＋106 000＝415 000
	应付账款	60 000＋10 000＝70 000
	预收款项	20 000
	负债总额	70 000＋20 000＋40 000＋35 000＝165 000
	未分配利润	34 000
	所有者权益合计	170 000＋20 000＋26 000＋34 000＝250 000

（续表）

财务报表	报表项目	计算过程及结果
利润表	营业收入	200 000＋40 000＝240 000
	营业利润	240 000－（100 000＋10 000＋4 000＋20 000＋26 000＋10 000）＝70 000
	利润总额	70 000＋20 000－10 000＝80 000
	净利润	80 000－20 000＝60 000

【业务题二】

（1）会计分录

序号	会计分录	序号	会计分录
（1）	借：生产成本——甲产品 400 000 ——乙产品 300 000 制造费用 70 000 管理费用 30 000 贷：原材料 800 000	（2）	借：生产成本——甲产品 500 000 ——乙产品 250 000 制造费用 120 000 管理费用 210 000 贷：应付职工薪酬 1 080 000
（3）	借：制造费用 190 000 管理费用 160 000 贷：累计折旧 350 000	（4）	借：制造费用 26 000 管理费用 12 000 贷：银行存款 38 000
（5）	借：制造费用 14 000 贷：银行存款 14 000	（6）	借：生产成本——甲产品 280 000 ——乙产品 140 000 贷：制造费用 420 000
（7）	借：库存商品——甲产品 1 300 000 ——乙产品 690 000 贷：生产成本——甲产品 1 300 000 ——乙产品 690 000	（8）	借：主营业务成本——甲产品 980 000 ——乙产品 650 000 贷：库存商品——甲产品 980 000 ——乙产品 650 000

（2）报表项目金额   单位：元

财务报表	报表项目	计算过程及金额（元）
资产负债表	存货	700 000＋0＋1 240 000＝1 940 000
	固定资产	7 800 000－（1 260 000＋350 000）＝6 190 000
	应付职工薪酬	1 080 000
利润表	主营业务成本	980 000＋650 000＝1 630 000
	管理费用	30 000＋210 000＋160 000＋12 000＝412 000

【业务题三】

（1）结转损益类账户至本年利润（单位：千元）

会计分录	会计分录
借：主营业务收入 125 000 　其他业务收入 22 750 　营业外收入 500 　贷：本年利润 148 250	借：本年利润 109 520 　贷：主营业务成本 75 000 　　其他业务成本 3 950 　　税金及附加 2 000 　　销售费用 2 000 　　管理费用 13 200 　　财务费用 400 　　营业外支出 60 　　所得税费用 12 910

（2）结转全年累计实现的净利润（单位：千元）

会计分录	
借：本年利润 38 730 　贷：利润分配 38 730	

（3）利润表有关报表项目

利润表有关项目

报表项目	计算过程及金额（千元）
营业收入	125 000＋22 750＝147 750
营业成本	75 000＋3 950＝78 950
营业利润	147 750－78 950－2 000－2 000－13 200－400＝51 200
利润总额	51 200＋500－60＝51 640
净利润	51 640－12 910 ＝38 730

【业务题四】

（1）会计分录

序号	会计分录	序号	会计分录
（1）	借：银行存款 2 000 000 　贷：短期借款 2 000 000	（2）	借：应付职工薪酬 600 000 　贷：银行存款 600 000
（3）	借：银行存款 904 000 　贷：主营业务收入 800 000 　　应交税费——应交增值税（销项税额）104 000	（4）	借：在途物资——A 材料 300 000 　　　　——B 材料 200 000 　　应交税费——应交增值税（进项税额）65 000 　贷：银行存款 565 000

（续表）

序号	会计分录	序号	会计分录
(5)	借：在途物资——A 材料 300 000 应交税费——应交增值税（进项税 额） 39 000 贷：应付账款——东风公司 339 000	(6)	借：预付账款——锐捷公司 250 000 贷：银行存款 250 000
(7)	借：在途物资——B 材料 200 000 应交税费——应交增值税（进项 税额） 26 000 贷：预付账款——锐捷公司 226 000	(8)	借：在途物资——A 材料 20 000 ——B 材料 20 000 贷：银行存款 40 000
(9)	借：原材料——A 材料 620 000 ——B 材料 420 000 贷：在途物资——A 材料 620 000 ——B 材料 420 000	(10)	借：生产成本——甲产品 93 000 ——乙产品 62 000 制造费用 21 000 管理费用 21 000 贷：原材料——A 材料 155 000 ——B 材料 42 000
(11)	借：应收账款——华东公司 678 000 贷：主营业务收入——甲产品 600 000 应交税费——应交增值税（销 项税额） 78 000	(12)	借：银行存款 400 000 贷：预收账款——华北公司 400 000
(13)	借：预收账款——华北公司 452 000 贷：主营业务收入——乙产品 400 000 应交税费——应交增值税（进 项税额） 52 000	(14)	借：销售费用 159 600 贷：银行存款 159 600
(15)	借：管理费用 2 000 贷：库存现金 2 000	(16)	借：制造费用 19 000 管理费用 6 000 贷：银行存款 25 000
(17)	借：生产成本——甲产品 270 000 ——乙产品 166 000 贷：原材料——A 材料 310 000 ——B 材料 126 000	(18)	借：生产成本——甲产品 300 000 ——乙产品 150 000 制造费用 80 000 管理费用 120 000 贷：应付职工薪酬 650 000
(19)	借：制造费用 60 000 管理费用 33 000 贷：累计折旧 93 000	(20)	借：生产成本——甲产品 120 000 ——乙产品 60 000 贷：制造费用 180 000

（续表）

序号	会计分录	序号	会计分录
(21)	借：库存商品——甲产品　850 000 　　　　　　　——乙产品　480 000 　贷：生产成本——甲产品　850 000 　　　　　　　——乙产品　480 000	(22)	借：主营业务成本——甲产品　　510 000 　　　　　　　　　——乙产品　　288 000 　贷：库存商品——甲产品　　510 000 　　　　　　　——乙产品　　288 000
(23)	借：财务费用　　　　　　10 000 　贷：应付利息　　　　　10 000	(24)	借：税金及附加　　　　　　　10 400 　贷：应交税费——应交城市维护建设税 　　　　　　　　　　　　　　7 280 　　　　　　——应交教育费附加 　　　　　　　　　　　　　　3 120
(25)	借：主营业务收入　　1 800 000 　贷：本年利润　　　1 800 000	(26)	借：本年利润　　　　　　　1 160 000 　贷：主营业务成本　　　　　798 000 　　　税金及附加　　　　　　10 400 　　　销售费用　　　　　　159 600 　　　管理费用　　　　　　182 000 　　　财务费用　　　　　　10 000
(27)	借：所得税费用　　　　160 000 　贷：应交税费——应交所得税 　　　　　　　　　　160 000	(28)	借：本年利润　　　　　　　160 000 　贷：所得税费用　　　　　160 000

注：

业务(22)：甲产品生产成本＝850 000(元)，单位生产成本＝850 000/1 000＝850(元/件)

乙产品生产成本＝480 000(元)，单位生产成本＝480 000/960＝500(元/件)

业务(23)：主营业务成本：

甲产品＝(300＋300)×850＝510 000(元)

乙产品＝(200＋400)×480＝288 000(元)

(2) 试算平衡表

试算平衡表

20×1 年 1 月 31 日　　　　　　　　　　　　　　单位：元

会计科目	期初余额		本期发生额		期末余额	
	借方	贷方	借方	贷方	借方	贷方
库存现金	71 000			2 000	69 000	
银行存款	3 790 000		3 304 000	1 639 600	5 454 400	
应收账款			678 000		678 000	
预付账款			250 000	226 000	24 000	
在途物资			1 040 000	1 040 000		

（续表）

会计科目	期初余额		本期发生额		期末余额	
	借方	贷方	借方	贷方	借方	贷方
原材料	830 000		1 040 000	633 000	1 237 000	
库存商品	887 000		1 330 000	798 000	1 419 000	
固定资产	5 113 000				5 113 000	
累计折旧		500 000		93 000		593 000
短期借款				2 000 000		2 000 000
应付账款		200 000		339 000		539 000
预收账款			452 000	400 000	52 000	
应付职工薪酬		600 000	600 000	650 000		650 000
应交税费			130 000	404 400		274 400
应付利息				10 000		10 000
实收资本		8 000 000				8 000 000
盈余公积		1 000 000				1 000 000
利润分配		500 000				500 000
本年利润			1 320 000	1 800 000		480 000
生产成本	109 000		1 221 000	1 330 000		
制造费用			180 000	180 000		
主营业务收入			1 800 000	1 800 000		
主营业务成本			798 000	798 000		
税金及附加			10 400	10 400		
销售费用			159 600	159 600		
管理费用			182 000	182 000		
财务费用			10 000	10 000		
所得税费用			160 000	160 000		
合计	10 800 000	10 800 000	14 665 000	14 665 000	14 046 400	14 046 400

其中：

应收账款——华东公司（借方） 678 000

预收账款——华北公司（借方） 52 000

应付账款——东风公司（贷方） 359 000

　　　　　——红星公司（贷方） 180 000

预付账款——锐捷公司（借方） 24 000

（3）资产负债表、利润表

资产负债表

编制单位：海昌公司　　　　　　20×1 年 1 月 31 日　　　　　　单位：元

资产	期末余额	年初余额	负债和所有者权益	期末余额	年初余额
流动资产：			流动负债：		
货币资金	5 523 400	3 861 000	短期借款	2 000 000	
交易性金融资产			交易性金融负债		
衍生金融资产			衍生金融负债		
应收票据			应付票据		
应收账款	730 000		应付账款	539 000	200 000
应收账款融资			预收款项		
预付款项	24 000		合同负债		
其他应收款			应付职工薪酬	650 000	600 000
存货	2 656 000	1 826 000	应交税费	274 400	
合同资产			其他应付款	10 000	
一年内到期的非流动资产			一年内到期的非流动负债		
其他流动资产			其他流动负债		
流动资产合计	8 933 400	5 687 000	流动负债合计	3 473 400	800 000
非流动资产：			非流动负债：		
债权投资			长期借款		
其他债权投资			应付债券		
长期应收款			其中：优先股		
长期股权投资			永续债		
其他权益工具投资			租赁负债		
其他非流动金融资产			长期应付款		
投资性房地产			预计负债		
固定资产	4 520 000	4 613 000	递延收益		
在建工程			递延所得税负债		
生产性生物资产			其他非流动负债		
油气资产			非流动负债合计		
使用权资产			负债合计	3 473 400	800 000
无形资产			所有者权益（或股东权益）：		

（续表）

资产	期末余额	年初余额	负债和所有者权益	期末余额	年初余额
开发支出			实收资本（或股本）	8 000 000	8 000 000
商誉			其他权益工具		
长期待摊费用			其中：优先股		
递延所得税资产			永续债		
其他非流动资产			资本公积		
非流动资产合计	4 520 000	4 613 000	减：库存股		
			其他综合收益		
			专项储备		
			盈余公积	1 000 000	1 000 000
			未分配利润	980 000	500 000
			所有者权益（或股东权益）合计	9 980 000	9 500 000
资产总计	13 453 400	10 300 000	负债和所有者权益（或股东权益）总计	13 453 400	10 300 000

利 润 表

会企02表

编制单位：海昌公司　　　　　20×1年1月　　　　　单位：元

项目	本期金额	上期金额（略）
一、营业收入	1 800 000	
减：营业成本	798 000	
税金及附加	10 400	
销售费用	159 600	
管理费用	182 000	
研发费用		
财务费用	10 000	
加：其他收益		
投资收益（损失以"－"号填列）		
公允价值变动收益（损失以"－"号填列）		
信用减值损失（损失以"－"号填列）		
资产减值损失（损失以"－"号填列）		
资产处置收益（损失以"－"号填列）		

（续表）

项目	本期金额	上期金额（略）
二、营业利润（亏损以"－"号填列）	640 000	
加：营业外收入		
减：营业外支出		
三、利润总额（亏损总额以"－"号填列）	640 000	
减：所得税费用	160 000	
四、净利润（净亏损以"－"号填列）	480 000	

第十章 练习题参考答案

一、单项选择题

1. A 2. B 3. C 4. A 5. B 6. A 7. C 8. C 9. B 10. C

二、多项选择题

1. ABCE 2. BD 3. ABCDE 4. BCDE 5. BCDE 6. BCDE 7. BCDE 8. ABCDE 9. ABCE
10. BCD

三、判断题

1. × 2. √ 3. √ 4. × 5. × 6. √ 7. × 8. √ 9. √ 10. √ 11. × 12. ×
13. × 14. √ 15. √

模拟试卷参考答案

试 卷 一

一、单项选择题

1. C 2. B 3. A 4. B 5. C 6. A 7. C 8. C 9. B 10. B 11. A 12. A 13. D 14. B 15. C 16. A 17. C 18. D 19. D 20. A

二、多项选择题

1. AC 2. ABCE 3. BD 4. ACE 5. BC 6. AD 7. ACDE 8. BDE 9. BCD 10. ABCDE

三、判断题

1. √ 2. √ 3. × 4. × 5. √ 6. √ 7. × 8. × 9. × 10. ×

四、会计处理题

1. (1) 根据权责发生制和收付实现制确认宇宙公司20×1年7月的费用(单位:元)

序号	权责发生制下确认的费用	收付实现制下确认的费用
(1)	3 100	
(2)	26 000	
(3)		78 000
(4)		66 000
(5)	11 000	
(6)	46 000	46 000
(7)		84 000
合计	86 100	274 000

(2) 会计分录

序号	会计分录		序号	会计分录	
(1)	借:制造费用 　　管理费用 　贷:预付账款	1 860 1 240 3 100	(2)	借:财务费用 　贷:应付利息	26 000 26 000

（续表）

序号	会计分录		序号	会计分录	
（3）	借：应付利息 　贷：银行存款	78 000 78 000	（4）	借：预付账款 　贷：银行存款	66 000 66 000
（5）	借：制造费用 　　管理费用 　贷：预付账款	7 400 3 600 11 000	（6）	借：管理费用 　贷：银行存款	46 000 46 000
（7）	借：预付账款 　贷：银行存款	84 000 84 000			

2.（1）甲产品发出数量 800 件，发出成本 91 000 元；期末账面结存数量 1 200 件，结存成本 159 000 元；盘亏 10 件，盘亏金额 1 200 元。

（2）期末结存数量 1 190 件，加权平均成本 125 元，结存成本 148 750 元，发出数量 810 件，发出成本 101 250 元。

3. 会计分录

序号	会计分录		序号	会计分录	
（1）	借：银行存款 　贷：短期借款	800 000 800 000	（2）	借：银行存款 　贷：实收资本	1 000 000 1 000 000
（3）	借：生产成本——甲产品 　　　　　　——乙产品 　　制造费用 　　管理费用 　贷：原材料——A 材料	300 000 220 000 80 000 20 000 620 000	（4）	借：生产成本——甲产品 　　　　　　——乙产品 　　制造费用 　　管理费用 　贷：应付职工薪酬	200 000 300 000 80 000 320 000 900 000
（5）	借：制造费用 　　管理费用 　贷：累计折旧	120 000 80 000 200 000	（6）	借：制造费用 　　管理费用 　贷：银行存款	7 000 3 000 10 000
（7）	借：生产成本——甲产品 　　　　　　——乙产品 　贷：制造费用	114 800 172 200 287 000	（8）	借：库存商品——甲产品 　贷：生产成本——甲产品	864 800 864 800

五、综合题

（1）12 月 31 日发生经济业务的会计分录

序号	会计分录		序号	会计分录	
（1）	借：银行存款 　贷：主营业务收入 　　应交税费——应交增值税（销项税额）	271 200 240 000 31 200	（2）	借：主营业务成本 　贷：库存商品	108 000 108 000
（3）	借：销售费用 　贷：银行存款	6 000 6 000	（4）	借：所得税费用 　贷：应交税费——应交所得税	206 625 206 625

（续表）

序号	会计分录		序号	会计分录
（5）	借：应交税费　　　　　200 000 　贷：银行存款　　　　　　200 000			

（2）将所有损益类账户结转至"本年利润"账户的会计分录

借：主营业务收入　　　2 640 000 　其他业务收入　　　　600 000 　营业外收入　　　　　22 500 　贷：本年利润　　　　　3 262 500	借：本年利润　　　　　　　2 642 625 　贷：主营业务成本　　　　1 548 000 　　其他业务成本　　　　360 000 　　税金及附加　　　　　300 000 　　销售费用　　　　　　114 000 　　管理费用　　　　　　60 000 　　财务费用　　　　　　48 000 　　营业外支出　　　　　6 000 　　所得税费用　　　　　206 625

（3）利润表

利 润 表

编制单位：云天公司　　　　　　　　20×1年　　　　　　　　单位：元

项目	本期金额	上期金额（略）
一、营业收入	3 240 000	
减：营业成本	1 908 000	
税金及附加	300 000	
销售费用	114 000	
管理费用	60 000	
研发费用		
财务费用	48 000	
加：其他收益	—	
投资收益（损失以"－"号填列）	—	
公允价值变动收益（损失以"－"号填列）	—	
信用减值损失（损失以"－"号填列）	—	
资产减值损失（损失以"－"号填列）	—	
资产处置收益（损失以"－"号填列）	—	
二、营业利润（亏损以"－"号填列）	810 000	
加：营业外收入	22 500	
减：营业外支出	6 000	

（续表）

项目	本期金额	上期金额（略）
三、利润总额（亏损总额以"－"号填列）	826 500	
减：所得税费用	206 625	
四、净利润（净亏损以"－"号填列）	619 875	

试 卷 二

一、单项选择题

1. B　2. A　3. C　4. A　5. B　6. D　7. A　8. D　9. C　10. B　11. C　12. D　13. B　14. A　15. C　16. A　17. A　18. D　19. C　20. A

二、多项选择题

1. ABCE　2. BCD　3. BCD　4. ABD　5. ACE　6. BCDE　7. ABD　8. ADE　9. BCD　10. ACDE

三、判断题

1. √　2. ×　3. √　4. √　5. ×　6. √　7. √　8. ×　9. ×　10. √

四、会计处理题

1. 会计分录

序号	会计分录	序号	会计分录
(1)	借：银行存款　　　　　420 000 　　贷：短期借款　　　　　420 000	(2)	借：银行存款　　　　　200 000 　　固定资产　　　　　　500 000 　　贷：实收资本　　　　　700 000
(3)	借：在途物资　　　　　　91 000 　　应交税费——应交增值税（进项税额） 　　　　　　　　　　　　11 440 　　贷：应付账款　　　　　102 440	(4)	借：原材料　　　　　　　91 000 　　贷：在途物资　　　　　　91 000
(5)	借：应付账款　　　　　102 440 　　贷：银行存款　　　　　102 440	(6)	借：生产成本　　　　　107 500 　　制造费用　　　　　　2 600 　　管理费用　　　　　　1 400 　　贷：原材料　　　　　　111 500
(7)	借：库存商品　　　　　420 000 　　贷：生产成本　　　　　420 000	(8)	借：财务费用　　　　　　1 750 　　贷：应付利息　　　　　　1 750
(9)	借：资本公积　　　　　200 000 　　贷：实收资本　　　　　200 000	(10)	借：信用减值损失——计提的坏账准备 　　　　　　　　　　　　1 500 　　贷：坏账准备　　　　　　1 500

2. 银行存款余额调节表

银行存款余额调节表

20×5 年 6 月 30 日   单位:元

项目	金额	项目	金额
公司银行存款日记账余额	413 530	银行对账单余额	438 350
加:银行已收款入账,公司尚未入账款项	41 500	加:公司已收款入账,银行尚未入账款项	17 650
减:银行已付款入账,公司尚未入账款项	3 830	减:公司已付款入账,银行尚未入账款项	4 800
调节后存款余额	451 200	调节后存款余额	451 200

艾华公司月末可动用的银行存款实有数额为 451 200 元。

3. (1)制造费用分配率=制造费用/生产人工费用=6 520 / 32 600 =0.20

甲产品应负担的制造费用=19 560×0. 20=3 912(万元)

乙产品应负担的制造费用=13 040×0. 20=2 608(万元)

(2)填列生产成本计算表

生产成本——甲产品(完工产品:16 000 件,在产品:1 000 件)   单位:万元

项目	原材料费用	生产人工费用	制造费用	合计
月初在产品成本	0	0	0	0
原材料费用	12 050			12 050
生产工人费用		19 560		19 560
制造费用			3 912	3 912
生产成本	12 050	19 560	3 912	35 522
完工产品成本	11 830	19 290	3 752	34 872
在产品成本	220	270	160	650

生产成本——乙产品(完工产品:2 500 件,在产品:0 件)   单位:万元

项目	原材料费用	生产人工费用	制造费用	合计
月初在产品成本	348	182	200	730
原材料费用	10 040			10 040
生产工人费用		13 040		13 040
制造费用			2 608	2 608
生产成本	10 388	13 222	2 808	26 418
完工产品成本	10 388	13 222	2 808	26 418
在产品成本	0	0	0	0

五、综合题

（1）相关会计分录

序号	会计分录	序号	会计分录
（1）	借：短期借款　　　　1 000 000 　　　应付利息　　　　　 50 000 　　　贷：银行存款　　　　1 050 000	（2）	借：在途物资——A材料　5 440 000 　　　应交税费——应交增值税（进项 　　　税额）　　　　　　 707 200 　　　贷：银行存款　　　　6 147 200
（3）	借：应收票据　　　　5 650 000 　　　贷：主营业务收入　　5 000 000 　　　　应交税费——应交增值税（销项税 　　　额）　　　　　　650 000 借：主营业务成本　　2 500 000 　　　贷：库存商品　　　　2 500 000	（4）	借：管理费用　　　　　 5 000 　　　贷：银行存款　　　　　 5 000
（5）	借：原材料——A材料　5 440 000 　　　贷：在途物资——A材料　5 440 000	（6）	借：制造费用　　　　　18 000 　　　贷：银行存款　　　　　18 000
（7）	借：生产成本　　　　3 400 000 　　　贷：原材料　　　　　3 400 000	（8）	借：应收账款　　　　1 243 000 　　　贷：主营业务收入　　1 100 000 　　　　应交税费——应交增值税（销项税 　　　额）　　　　　　143 000 借：主营业务成本　　 560 000 　　　贷：库存商品　　　　 560 000
（9）	借：销售费用　　　　　50 000 　　　贷：银行存款　　　　　50 000	（10）	借：制造费用　　　　 300 000 　　　管理费用　　　　 200 000 　　　贷：累计折旧　　　　 500 000 借：管理费用　　　　　20 000 　　　贷：无形资产　　　　　20 000
（11）	借：生产成本　　　　1 140 000 　　　制造费用　　　　 570 000 　　　管理费用　　　　 590 000 　　　贷：应付职工薪酬　　2 300 000	（10）	借：应付职工薪酬　　2 300 000 　　　贷：银行存款　　　　2 300 000
（13）	借：生产成本　　　　 888 000 　　　贷：制造费用　　　　 888 000	（14）	借：库存商品　　　　5 428 000 　　　贷：生产成本　　　　5 428 000
（15）	借：主营业务收入　　6 100 000 　　　贷：本年利润　　　　6 100 000 借：本年利润　　　　3 925 000 　　　贷：主营业务成本　　3 060 000 　　　　销售费用　　　　　50 000 　　　　管理费用　　　　 815 000	（16）	总利润＝6 100 000－3 925 000 　　　＝2 175 000（千元） 计算应交所得税： 应交所得税＝2 175 000×25% 　　　＝543 750（千元） 借：所得税费用　　　 543 750 　　　贷：应交税费——应交所得税　543 750 将所得税费用结转至本年利润账户： 借：本年利润　　　　 543 750 　　　贷：所得税费用　　　 543 750

（2）利润表

利 润 表

编制单位：佳园公司　　　　　　　　20×1 年 12 月　　　　　　　　单位：元

项目	本期金额	上期金额（略）
一、营业收入	6 100 000	
减：营业成本	3 060 000	
税金及附加		
销售费用	50 000	
管理费用	815 000	
研发费用		
财务费用		
加：其他收益		
投资收益（损失以"－"号填列）		
公允价值变动收益（损失以"－"号填列）		
信用减值损失（损失以"－"号填列）		
资产减值损失（损失以"－"号填列）		
资产处置收益（损失以"－"号填列）		
二、营业利润（亏损以"－"号填列）	2 175 000	
加：营业外收入		
减：营业外支出		
三、利润总额（亏损总额以"－"号填列）	2 175 000	
减：所得税费用	543 750	
四、净利润（净亏损以"－"号填列）	1 631 250	

试 卷 三

一、单项选择题

1. C　2. B　3. A　4. C　5. C　6. D　7. C　8. B　9. A　10. C　11. A　12. D　13. C　14. B　15. A　16. B　17. A　18. D　19. A　20. B

二、多项选择题

1. ACD　2. ABE　3. ABCDE　4. AC　5. ABCDE　6. DE　7. BD　8. ABE　9. ABCE　10. ABCDE

三、判断题

1. √　2. √　3. ×　4. ×　5. ×　6. ×　7. ×　8. ×　9. ×　10. ×

四、综合题

（一）会计分录

序号	会计分录	序号	会计分录
(1)	借：银行存款　　　　200 000 　　贷：短期借款　　　　200 000	(2)	借：银行存款　　　　1 500 000 　　贷：实收资本　　　　1 000 000 　　　　资本公积　　　　500 000
(3)	借：固定资产　　　　202 000 　　应交税费——应交增值税（进项税 　　额）　　　　26 000 　　贷：银行存款　　　　228 000	(4)	借：应付账款——飞跃公司　　120 000 　　贷：银行存款　　　　120 000
(5)	借：在途物资——A材料　400 000 　　　　——B材料　800 000 　　应交税费——应交增值税（进项税 　　额） 　　　　156 000 　　贷：应付账款——飞跃公司 　　　　1 356 000	(6)	借：原材料——A材料　　　400 000 　　　　——B材料　　　800 000 　　贷：在途物资——A材料　400 000 　　　　——B材料　800 000
(7)	借：管理费用　　　　1 200 　　贷：银行存款　　　　1 200	(8)	借：销售费用　　　　25 000 　　贷：银行存款　　　　25 000
(9)	借：银行存款　　　　4 859 000 　　贷：主营业务收入　　4 300 000 　　　　应交税费——应交增值税（销 　　　　项税额） 　　　　559 000	(10)	借：银行存款　　　　180 000 　　贷：预收账款——大通公司　180 000
(11)	借：应收账款　　　　13 560 　　贷：其他业务收入　　12 000 　　　　应交税费——应交增值税（销 　　　　项税额） 　　　　1 560	(12)	借：银行存款　　　　5 000 　　贷：营业外收入　　　　5 000
(13)	借：制造费用　　　　82 000 　　管理费用　　　　40 000 　　贷：银行存款　　　　122 000	(14)	借：财务费用　　　　800 　　贷：应付利息　　　　800
(15)	借：生产成本——甲产品　960 000 　　　　——乙产品　600 000 　　制造费用　　　　120 000 　　贷：原材料——A材料　960 000 　　　　——B材料　720 000	(16)	借：生产成本——甲产品　　720 000 　　　　——乙产品　　480 000 　　制造费用　　　　160 000 　　管理费用　　　　520 000 　　贷：应付职工薪酬　　1 880 000
(17)	借：制造费用　　　　420 000 　　管理费用　　　　160 000 　　贷：累计折旧　　　　580 000	(18)	借：生产成本——甲产品　　469 200 　　　　——乙产品　　312 800 　　贷：制造费用　　　　782 000

（续表）

序号	会计分录	序号	会计分录
(19)	借：库存商品——甲产品 2 149 200 　　　　　——乙产品 1 392 800 　贷：生产成本——甲产品 2 149 200 　　　　　——乙产品 1 392 800	(20)	借：主营业务成本　　　　2 580 000 　贷：库存商品——甲产品　1 680 000 　　　　　——乙产品　900 000
(21)	借：其他业务成本　　　10 000 　贷：原材料——B材料　10 000	(22)	借：主营业务收入　　　4 300 000 　其他业务收入　　　12 000 　营业外收入　　　5 000 　贷：本年利润　　　4 317 000
(23)	借：本年利润　　　3 337 000 　贷：主营业务成本　2 580 000 　其他业务成本　10 000 　管理费用　721 200 　销售费用　25 000 　财务费用　800	(24)	借：所得税费用　　　245 000 　贷：应交税费——应交所得税　245 000
(25)	借：本年利润　　　245 000 　贷：所得税费用　245 000		

（二）宏运公司资产负债表（11月30日）与利润表（11月）部分项目金额

报表项目	计算过程及结果（单位：元）
货币资金	8 000＋350 000＋200 000＋1 500 000－228 000－120 000－1 200－25 000 ＋4 859 000＋180 000＋5 000－122 000＝6 605 800
存货	875 000＋1 200 000－1 680 000－10 000＋925 000＋3 542 000－2 580 000 ＝2 272 000
固定资产	（7 800 000－860 000）＋202 000－580 000＝6 562 000
营业收入	4 300 000＋12 000＝4 312 000
营业利润	4 312 000－（2 580 000＋10 000）－721 200－25 000－800＝975 000
利润总额	975 000＋5 000＝980 000
净利润	980 000－245 000＝735 000

试　卷　四

一、单项选择题

1. B　2. B　3. A　4. A　5. D　6. C　7. C　8. B　9. C　10. C　11. A　12. A　13. B　14. D　15. A　16. D　17. B　18. C　19. C　20. B

二、多项选择题

1. ABDE　2. AC　3. ACD　4. ABCD　5. ACE　6. AD　7. ABCD　8. ADE　9. ABD　10. ABCDE

三、判断题

1. √ 2. √ 3. × 4. √ 5. √ 6. × 7. × 8. × 9. √ 10. ×

四、会计处理题

1. 应填制的记账凭证与会计分录

序号	会计分录	序号	会计分录
(1)	应填制转账记账凭证 借：资本公积　　　　　200 000 　贷：股本　　　　　　　　200 000	(2)	应填制转账记账凭证 借：原材料——A材料　　　9 500 　　　　——B材料　　　　9 800 　贷：在途物资——A材料　　　9 500 　　　　——B材料　　　　9 800
(3)	应填制转账记账凭证 借：应收账款——华盛公司　282 500 　贷：主营业务收入　　　250 000 　　应交税费——应交增值税(销 　　项税额)　　　　32 500	(4)	应填制收款记账凭证 借：银行存款　　　　　　11 300 　贷：其他业务收入　　　10 000 　　应交税费——应交增值税(销 　　项税额)　　　　1 300
(5)	应填制付款记账凭证 借：财务费用　　　　　　3 000 　贷：银行存款　　　　　　3 000	(6)	应填制转账记账凭证 借：待处理财产损溢——待处理流动资产损 　　溢　　　　　3 000 　贷：库存商品　　　　　3 000 借：营业外支出　　　　　3 000 　贷：待处理财产损溢——待处理流动资 　　产损溢　　　　3 000
(7)	应填制转账记账凭证 借：制造费用　　　　　　5 000 　管理费用　　　　　　3 000 　贷：累计折旧　　　　　　8 000	(8)	应填制转账记账凭证 借：本年利润　　　　　　87 500 　贷：利润分配——未分配利润　87 500

2. (1)在永续盘存制下假设采用"先进先出法"的N材料明细账

N材料明细账(先进先出法)

单位:元

20×1年		摘要	收入			发出			结存		
月	日		数量	单价	金额	数量	单价	金额	数量	单价	金额
3	1	期初余额							500	5.04	2 520
	5	购入	600	5.50	3 300				500 600	5.04 5.50	5 820
	11	发出				500 200	5.04 5.50	2 520 1 100	400	5.50	2 200
	15	购入	200	5.70	1 140				400 200	5.50 5.70	3 340

（续表）

20×1年		摘要	收入			发出			结存		
月	日		数量	单价	金额	数量	单价	金额	数量	单价	金额
	18	发出				300	5.50	1 650	100 200	5.50 5.70	1 690
	24	购入	800	6.00	4 800				100 200 800	5.50 5.70 6.00	6 490
	30	发出				100 200 280	5.50 5.70 6.00	550 1 140 1 680	520	6.00	3 120
3	31	本月发生额 及月末余额	1 600		9 240	1 580		8 640	520	6.00	3 120

（2）在实地盘存制下 N 材料月末结存的实际成本与本月发出的实际成本

平均单价＝(2 520＋9 240)/(500＋1 600)＝5.60(元/件)

N 材料月末结存的实际成本＝510×5.60＝2 856(元)

N 材料本月发出数量＝500＋1 600－510＝1 590(件)

N 材料本月发出成本＝2 520＋9 240－2 856＝8 904(元)

3．（1）按权责发生制与收付实现制确认本月收入和费用（单位:元）

经济业务	权责发生制		收付实现制	
	收入	费用	收入	费用
（1）				200
（2）				2 400
（3）		100		
（4）		1 000		
（5）			23 400	
（6）	58 500	38 000		
合计	58 500	39 100	23 400	2 600

（2）有关利润表项目计算

营业利润＝(600 000＋58 500)＋50 000－(300 000＋38 000)－30 000－45 000－35 000－(86 000＋1 100)－53 000＋16 000＝136 400(元)

利润总额＝136 400＋13 500－9 900＝140 000(元)

所得税费用＝140 000×25%＝35 000(元)

净利润＝140 000－35 000＝105 000(元)

五、综合题

（1）（1）至（4）项经济业务的会计分录

序号	会计分录		序号	会计分录	
（1）	借：银行存款	610 200	（2）	借：应收账款——红运公司	453 000
	贷：主营业务收入	540 000		贷：主营业务收入	400 000
	应交税费——应交增值税（销			应交税费——应交增值税（销项税	
	项税额）	70 200		额）	52 000
	借：主营业务成本	350 000		银行存款	1 000
	贷：库存商品	350 000		借：主营业务成本	250 000
				贷：库存商品	250 000
（3）	借：银行存款	169 500	（4）		
	贷：预收账款——红图公司	169 500			
	借：预收账款——宏图公司	565 000		借：信用减值损失——计提的坏账准备	
	贷：主营业务收入	500 000			1 200
	应交税费——应交增值税（销项税			贷：坏账准备	1 200
	额）	65 000			
	借：主营业务成本	300 000			
	贷：库存商品	300 000			

（2）利润表

利 润 表

编制单位：中宇公司　　　　　　　　20×1年12月　　　　　　　　单位：元

项目	本期金额	上期金额（略）
一、营业收入	1 470 000	
减：营业成本	920 000	
税金及附加	15 000	
销售费用	40 000	
管理费用	60 000	
研发费用	10 000	
财务费用	12 000	
加：其他收益		
投资收益（损失以"－"号填列）	24 200	
公允价值变动收益（损失以"－"号填列）		
信用减值损失（损失以"－"号填列）	－1 200	
资产减值损失（损失以"－"号填列）		
资产处置收益（损失以"－"号填列）		

（续表）

项目	本期金额	上期金额（略）
二、营业利润（亏损以"－"号填列）	436 000	
加:营业外收入	70 000	
减:营业外支出	16 000	
三、利润总额（亏损总额以"－"号填列）	490 000	
减:所得税费用	122 500	
四、净利润（净亏损以"－"号填列）	367 500	

试 卷 五

一、单项选择题

1. B 2. D 3. B 4. C 5. B 6. B 7. C 8. B 9. C 10. C 11. B 12. B 13. A 14. B 15. C 16. A 17. D 18. C 19. C 20. C

二、多项选择题

1. ABD 2. ACDE 3. BCD 4. AE 5. CD 6. ABE 7. AC 8. BC 9. ACDE 10. ABCDE

三、判断题

1. √ 2. × 3. √ 4. × 5. × 6. × 7. × 8. × 9. √ 10. ×

四、会计处理题

1. 应填制的记账凭证与会计分录

序号	会计分录	序号	会计分录
(1)	应填制收款记账凭证 借:银行存款　　　　600 000 　贷:短期借款　　　　600 000	(2)	应填制收款记账凭证 借:银行存款　　　　1 200 000 　贷:实收资本　　　　1 000 000 　　资本公积　　　　　200 000
(3)	应填制转账记账凭证 借:在途物资——A材料　30 000 　应交税费——应交增值税(进项税额) 　　　　　　　　　　3 900 　贷:应付账款　　　　33 900	(4)	应填制转账记账凭证 借:原材料——A材料　30 000 　贷:在途物资——A材料　30 000
(5)	应填制转账记账凭证 借:应付账款　　　33 900 　贷:应付票据　　　33 900	(6)	应填制转账记账凭证 借:资本公积　　　800 000 　贷:实收资本　　　800 000
(7)	应填制转账记账凭证 借:财务费用　　　2 000 　贷:应付利息　　　2 000	(8)	应填制转账记账凭证 借:信用减值损失——计提的坏账准备 　　　　　　　　　　3 500 　贷:坏账准备　　　　3 500

2. 产品完工入库与产品出售出库结转成本的会计分录

序号	产品完工入库的会计分录	序号	产品出售出库结转成本的会计分录
(1)	借：库存商品——甲产品　　530 000 　　　　　　　——乙产品　　850 000 　　贷：生产成本——甲产品　　530 000 　　　　　　　——乙产品　　850 000	(2)	月末一次加权平均法下甲产品成本 ＝(1 000 000＋530 000)/(2 000＋1 000) ＝510(元/件) 月末一次加权平均法下乙产品成本 ＝(1 350 000＋850 000)/(3 000＋2 000) ＝440(元/件) 借：主营业务成本　　　　　　1 916 000 　　贷：库存商品——甲产品　　816 000 　　　　　　　——乙产品　1 100 000

（3）"库存商品"的明细分类账户本期发生额及余额表（单位：元）

明细分类账户	期初余额	本期发生额		期末余额
		借方	贷方	
甲产品	1 000 000	530 000	816 000	714 000
乙产品	1 350 000	850 000	1 100 000	1 100 000
合计	2 350 000	1 380 000	1 916 000	1 814 000

3. 会计分录

序号	会计分录	序号	会计分录
(1)	借：原材料——A材料　　3 000 　　贷：待处理财产损溢——待处理流 　　　　动资产损溢　　3 000	(2)	借：待处理财产损溢——待处理流动资产损 　　溢　　　　　　　3 000 　　贷：管理费用　　　3 000
(3)	借：应付账款——正达公司　　8 000 　　贷：营业外收入　　8 000	(4)	借：应收股利——联新公司　　120 000 　　贷：投资收益　　　120 000
(5)	借：营业外支出　　10 000 　　贷：银行存款　　10 000	(6)	借：本年利润　　　　520 000 　　贷：利润分配——未分配利润　520 000
(7)	借：利润分配——提取法定盈余公积 　　　　　　　　　52 000 　　　　　　——提取任意盈余公积 　　　　　　　　　26 000 　　贷：盈余公积——法定盈余公积 52 000 　　　　　　——任意盈余公积 26 000	(8)	借：利润分配——应付现金股利 221 000 　　贷：应付股利　　　221 000

五、综合题

（1）相关会计分录

序号	会计分录		序号	会计分录	
（1）	借：在途物资 　　应交税费——应交增值税（进项税额） 　　贷：银行存款 借：原材料 　　贷：在途物资	300 000 39 000 339 000 300 000 300 000	（2）	借：银行存款 　　贷：主营业务收入 　　　　应交税费——应交增值税（销 　　　　项税额） 借：主营业务成本 　　贷：库存商品	5 198 000 4 600 000 598 000 2 400 000 2 400 000
（3）	借：固定资产 　　应交税费——应交增值税（进项税额） 　　贷：银行存款	500 000 65 000 565 000	（4）	借：应付职工薪酬 　　贷：银行存款	1 780 000 1 780 000
（5）	借：管理费用 　　贷：库存现金	500 500	（6）	借：短期借款 　　财务费用 　　贷：银行存款	600 000 2 500 602 500
（7）	借：制造费用 　　管理费用 　　贷：银行存款	22 000 6 000 28 000	（8）	借：生产成本 　　制造费用 　　管理费用 　　贷：原材料	600 000 20 000 10 000 630 000
（9）	借：生产成本 　　制造费用 　　管理费用 　　贷：应付职工薪酬	1 500 000 160 000 240 000 1 900 000	（10）	借：制造费用 　　管理费用 　　贷：累计折旧	100 000 50 000 150 000
（11）	借：生产成本 　　贷：制造费用	302 000 302 000	（12）	借：库存商品 　　贷：生产成本	2 402 000 2 402 000
（13）	借：主营业务收入 　　贷：本年利润 借：本年利润 　　贷：主营业务成本 　　　　管理费用 　　　　财务费用 利润总额＝4 600 000－2 709 000 　　　　＝1 891 000	4 600 000 4 600 000 2 709 000 2 400 000 306 500 2 500	（14）	借：所得税费用 　　贷：应交税费——应交所得税 借：本年利润 　　贷：所得税费用	472 750 472 750 472 750 472 750

（2）资产负债表有关项目期末数金额

报表项目	计算过程及结果（单位：元）
货币资金	（60 000－500）＋（2 600 000－339 000＋5 198 000－565 000－1 780 000 －602 500－28 000）＝59 500＋4 483 500＝4 543 000
存货	（650 000＋300 000－630 000）＋（2 760 000－2 400 000＋2 402 000） ＝320 000＋2 762 000＝3 082 000

（续表）

报表项目	计算过程及结果（单位：元）
流动资产合计	4 543 000＋680 000＋3 082 000＝8 305 000
固定资产净值	（5 400 000＋500 000）－（1 320 000＋150 000）＝5 900 000－1 470 000 ＝4 430 000
资产总计	8 305 000＋1 800 000＋4 430 000＋500 000＝15 035 000
应交税费	340 000－39 000＋598 000－65 000＋472 750＝1 306 750
流动负债合计	760 000＋150 000＋1 900 000＋1 306 750＝4 116 750
负债合计	4 116 750
未分配利润	2 450 000＋（4 600 000－2 709 000－472 750）＝2 450 000＋1 418 250＝3 868 250
所有者权益合计	7 050 000＋3 868 250＝10 918 250
负债与所有者权益总计	4 116 750＋10 918 250＝15 035 000